Besetzung von
Gemeinderatsausschüssen

Europäische Hochschulschriften
Publications Universitaires Européennes
European University Studies

**Reihe II**
**Rechtswissenschaft**

Série II Series II
Droit
Law

**Bd./Vol. 3137**

PETER LANG
Frankfurt am Main · Berlin · Bern · Bruxelles · New York · Oxford · Wien

Jörg Berwanger

# Besetzung von Gemeinderatsausschüssen

## Rechte von einzelnen Ratsmitgliedern und Fraktionen

PETER LANG
Europäischer Verlag der Wissenschaften

Die Deutsche Bibliothek - CIP-Einheitsaufnahme

Berwanger, Jörg:

Besetzung von Gemeinderatsausschüssen : Rechte von einzelnen Ratsmitgliedern und Fraktionen. - Frankfurt am Main ; Berlin ; Bern ; Bruxelles ; New York ; Oxford ; Wien : Lang, 2001

(Europäische Hochschulschriften : Reihe 2, Rechtswissenschaft ; Bd. 3137)

Zugl.: Saarbrücken, Univ., Diss., 2000

ISBN 3-631-37725-8

D 291

ISSN 0531-7312

ISBN 3-631-37725-8



www.peterlang.de

Für meine Frau Gabi – für viele Ratschläge
und wegen mancher Entbehrung

# Inhaltsverzeichnis

# BESETZUNG VON GEMEINDERATSAUSSCHÜSSEN - RECHTE VON EINZELNEN RATSMITGLIEDERN UND FRAKTIONEN

Einführung

Ausschüsse in Gemeinde- und Stadträten erfüllen in der kommunalen Praxis wichtige Aufgaben. Als fachlich spezialisierte Untergliederungen des Plenums sind sie für ihr jeweiliges Aufgabengebiet als dessen "verkleinerte Abbilder" tätig, wobei ihre Zusammensetzung grundsätzlich der des Plenums entsprechen muß [1]). Ihre wesentliche Funktion liegt darin, daß sie das Plenum entlasten, indem sie dessen Entscheidungen durch Vorklärung und -beratung vorbereiten (beratende Ausschüsse), teilweise ersetzt ihre Entscheidung sogar insgesamt die Entscheidung des Plenums (beschließende Ausschüsse). Wegen der alle politischen Kräfte einschließenden Organisationsstruktur sind die Ausschüsse imstande, die dem Plenum aufgetragene Repräsentation des Volkes weitgehend vorwegzunehmen bzw. zu ersetzen [2]).

Aufgrund dieser Wichtigkeit der Ausschüsse kommt es nicht von ungefähr, daß alle in den Rat gewählten Gruppierungen ein elementares Interesse an einer möglichst intensiven Teilnahme an der Ausschußarbeit haben.

Trotz dem o.a. Grundsatz des "verkleinerten Abbilds" und der weitgehend unbestrittenen Erkenntnis, daß auch für die in Vertretungsorgane der kommunalen Gebietskörperschaften Gewählten Minderheitenrechte bestehen [3]), kommt es bei der Ausschußbildung des öfteren vor, daß kleinere Fraktionen oder einzelne, fraktionslose Ratsmitglieder dabei leer ausgehen, also nicht alle politischen Kräfte in Ausschüssen vertreten sind. Neben kommunalpolitischen Auseinandersetzungen hat dies nicht selten auch die verwaltungsgerichtliche Überprüfung der Ausschußbesetzung zur Folge [4]). Es stellt sich dann die Frage, ob die so Übergangenen dennoch ihre Berücksichtigung beanspruchen können, wobei die Problemlösung unter Zuhilfenahme von parlamentarischen Grundsätzen versucht wird. Ob diese Grundsätze auch auf die Ebene der kommunalen

---

[1]) BVerwG, NVwZ-RR 1993, 209.

[2]) Vgl. BVerwGE 90, 104 (109).

[3]) Vgl. z.B. BayVGH, NVwZ 1990, 1197 (1198); Scholtis, S. 284 (m.w.N.); Schmidt-Jortzig, DVBl. 1980, 719 (722).

[4]) Schreiber, BayVBl. 1996, 134; Schuegraf, BayVBl. 1969, 116, verweist ebenfalls auf eine "hervorragende Rolle" dieser Fälle bei Verwaltungsstreitverfahren. Symptomatisch für die Verbissenheit, mit der diese Auseinandersetzungen geführt werden, ist der Vorwurf, Minderheiten würden "systematisch ausgebootet", vgl. BayVGH, BayVBl. 1993, 180 (182).

Volksvertretung im Gemeinderat [5]) übertragbar sind, ist in Rechtsprechung und Literatur umstritten. Die Befürworter dieser Möglichkeit bejahen insoweit eine zumindest strukturelle Ähnlichkeit des Gemeinderats mit den staatlichen Parlamenten [6]), die nach anderer Ansicht nicht bzw. nicht in ausreichendem Maß vorliegt [7]).

Gang der Untersuchung

Der Gang der Untersuchung ist durch die geschilderte Problematik vorgegeben: Da zu prüfen ist, ob einzelnen fraktionslosen Ratsmitgliedern oder kleinen Fraktionen und Gruppen Ansprüche auf Berücksichtigung bei der Ausschußbesetzung zustehen oder nicht, ist in einem ersten Abschnitt (I.) zu klären, ob und gegebenenfalls warum eine Teilnahme aller Gemeinderatsmitglieder und -fraktionen an den Ausschußberatungen rechtlich geboten ist.

Da die Ratsmitglieder Rechte möglicherweise aus ihrer Wahl in das Organ "Gemeinderat" herleiten können, ist insoweit zunächst die Bedeutung dieses Wahlvorgangs herauszuarbeiten. Unter Einbeziehung aller maßgeblichen Aussagen der Verfassung, insbesondere der aus Art. 28 I S. 2 GG, wird dabei aufzuzeigen sein, daß die in Art. 20 I, II GG getroffene Grundentscheidung der Verfassung für die Prinzipien der Volkssouveränität und der Demokratie auch auf Gemeindeebene gilt. Insbesondere das hieraus abzuleitende freie Mandat der Ratsvertreter und das Gebot, daß alle Mitglieder des Gemeinderats mit grundsätzlich gleichen Mitwirkungsrechten zur Repräsentation des Volkes berufen sind, spielen bei diesen Betrachtungen ebenso eine zentrale Rolle wie Erörterungen zum Minderheitenschutz.

In entsprechender Weise sind diese Punkte im Hinblick auf die Situation der kommunalen Fraktionen zu erörtern.

In einem weiteren Schritt in diesem Abschnitt ist zu beleuchten, wie sich die Strukturen der gemeindlichen Ratsausschüsse mit Differenzierung zwischen beratenden und beschließenden Ausschüssen darstellen. Insbesondere die Macht und Bedeutung der Ausschüsse in der Praxis mit der für den Rat

---

[5]) Bei der Untersuchung soll einheitlich dieser Begriff verwandt werden, wobei in den Gemeindeordnungen divergierende Bezeichnungen (Rat, Gemeindevertretung etc.) zu finden sind, vgl. Tettinger, S. 47 Rdnr. 67.

[6]) Vgl. z.B.: Ladeur, BayVBl. 1992, 387, (388 f.); Waechter, S. 229 Rdnr. 327; in bezug auf die beratenden Ausschüsse dazu tendierend auch Schmidt-Jortzig, Kommunalrecht, S. 43 Rdnr. 72; OVG Bremen, NVwZ 1990, 1195.

[7]) Vgl. z.B. BayVGH, NVwZ 1990, 1197; VGH Baden-Württ., NVwZ 1990, 893; Wohlfarth, VR 1992, 219 (220).

"vorwegnehmenden bzw. ersetzenden Wirkung" ihrer Arbeit wird hier aufzuzeigen sein.

Sodann sind in einem zweiten Abschnitt (II.) die Gemeindeordnungen der Bundesländer [8]) auf Ansatzpunkte für eine Lösung des Problems zu untersuchen, wobei zu Beginn die Grundzüge der Verwaltungsrechtsprechung zur Problematik dargestellt werden. Bei der anschließenden Analyse des Gemeindeverfassungsrechts ist zu klären, ob die gesetzliche Ausgestaltung der Rechtsstellung der Ratsvertreter den o.g. Vorgaben Rechnung trägt. Dabei ist unter anderem zu beleuchten, nach welchen Regeln die Ausschüsse als "verkleinerte Abbilder" des Gemeinderats gebildet werden. Hierbei ist darzustellen, welche einfachgesetzlichen Minderheitenrechte es gibt und ob eine Nichtberücksichtigung von Minderheiten bei der Ausschußbesetzung durch vorhandene Rechte, wie z.B. durch Gewährung eines Zuhörerrechts in den Ausschüssen [9]) oder durch die Mitarbeit im Plenum, kompensiert werden kann.

Sollte sich zeigen, daß das geltende Kommunalverfassungsrecht den im ersten Abschnitt dargestellten verfassungsrechtlichen Postulaten nicht genügt, ist in einem dritten Abschnitt (III.) zu erörtern, ob und inwieweit ein Rückgriff auf Prinzipien des Parlamentsrechts, wie z.B. dessen Ausprägungen des Minderheitenschutzes, möglich und geboten ist.

Dabei sind die Stellung und die Aufgaben der Gemeinden im Staat aufzuzeigen, um sodann die Unterschiede und Gemeinsamkeiten von Volksvertretungen darzustellen und zu gewichten. Die Untersuchung in diesem Bereich darf sich nicht damit begnügen, die im gemeindlichen Selbstverwaltungsbereich anzutreffenden Affinitäten zum staatlichen Parlament zum Anlaß zu nehmen, dessen Grundsätze ohne weiteres zu übernehmen.

Immerhin, rein äußerliche Parallelen zwischen Gemeinderat und staatlichem Parlament drängen sich auf den ersten Blick geradezu auf. Hier wie dort existiert ein nach den gleichen demokratischen Grundsätzen gewähltes Kollegium, das unabhängig von seinen Wählern Entscheidungen trifft, die von einem "ausführenden Organ" verwirklicht werden. Beide Bereiche sind politisch bestimmt. Die innere Organisation, insbesondere auch die Ausbildung eines Ausschußwesens, erscheint sehr ähnlich. Eine Angleichung der Arbeitsweise der

---

[8]) Die sog. Stadtstaaten Berlin und Hamburg bleiben außer Betracht, weil insbesondere in Berlin und Hamburg durch die vorhandenen örtlichen Verwaltungseinheiten keine Selbstverwaltung im Sinne Art. 28 I S. 2 GG ausgeübt wird; vgl. z.B. zum Bezirksverwaltungsgesetz in Hamburg BVerfG, NJW 1991, 159 (161). Miteinbezogen wird die Verfassung der Stadt Bremerhaven, die mit der Stadt Bremen den bremischen Staat bildet (Art. 143 Verf. Brem.). Während Bremerhaven Selbstverwaltungsbefugnisse ausübt, hat die Stadt Bremen keine eigene Gemeindeordnung, für sie gilt die Landesverfassung teilweise entsprechend (Art. 148 I S. 2 Verf. Brem.); vgl. zur Rechtslage in Bremen Gern, S. 102 f. Rdnrn. 121 f. und Thieme, DÖV 1993, 361.

[9]) Vgl. z.B. §§ 46 IV S. 2 GO-RP; 62 IV S. 3 HGO.

kommunalen Vertretungskörperschaften an jene des Bundestages und der Landtage ist jedenfalls für größere Städte empirisch belegt [10]).

Dennoch muß die Übernahme konkreter parlamentsrechtlicher Grundsätze - hier insbesondere Art. 38 I S. 2 GG in der besonderen Ausprägung durch BVerfGE 80, 188 - zur Lösung der genannten Probleme beim Ausschußrecht von Gemeinderäten davon abhängig gemacht werden, ob zwischen Bundestag und seinen Abgeordneten einerseits und Gemeinderat und den Ratsherren andererseits auch in *rechtlicher* Hinsicht ein zum Transfer der Prinzipien ausreichendes Maß an Übereinstimmung vorhanden ist.

Erst wenn dann die jeweils typusbestimmenden Strukturen [11]) des Organs "Gemeinderat" und des Organs "Bundestag" [12]) feststehen, können Vergleiche gezogen werden. Vor allem die Funktion des Gemeinderats als "zentrale Führungsinstanz der Gemeinde" [13]) und insbesondere der Status seiner Mitglieder im Vergleich zur Situation bei staatlichen Parlamenten ist dabei maßgeblich. Sollten gerade insoweit weitgehende Parallelen festzustellen sein, kann dies möglicherweise eine Übernahme dieser Rechtsprechung rechtfertigen, auch wenn sich in anderen Vergleichsbereichen eine weniger stark ausgeprägte Kongruenz zeigen sollte [14]).

Es muß schließlich eine erneute Auseinandersetzung mit dem Grundsatz der demokratischen Repräsentation ("Prinzip des verkleinerten Abbilds") und dem Gebot zur Schaffung eines effizienten Ausschußwesens stattfinden, wobei die von BVerfGE 80, 188 insoweit aufgestellten Postulate zu beachten sind. Deren Vorgaben können der Berücksichtigung von Minderheiten bei der Ausschußbesetzung entgegenstehen, da hierdurch eine überdimensionale Begünstigung von kleinen Gruppierungen möglich ist. Die zur Wahrung der Proportionalität vorzuschlagende Aufstockung der Mitgliederzahlen in den Ausschüssen, damit auch Minderheiten dort vertreten sein können, muß sich im weiteren mit dem Argument auseinandersetzen, daß so die Gefahr des Effektivitätsverlusts für die

---

[10]) Vgl. Gabriel, Opposition, S. 101 ff., unter Vorstellung empirischer Forschungsergebnisse (m.N.); die Aussage ist allerdings ausdrücklich beschränkt auf großstädtische Vertretungskörperschaften.

[11]) Schröder untersucht und vergleicht die "Formprinzipien" des Parlamentsrechts und des Kommunalrechts, vgl. S. 327 ff.

[12]) Bei der Betrachtung der Rechtsstellung des Parlaments soll im wesentlichen auf den Bundestag abgestellt werden.

[13]) Vgl. BVerfGE 47, 253 (275).

[14]) So zutreffend auch Hubert Meyer, S. 226 f., der es insbesondere bezüglich des Grundsatzes des freien Mandats bei Vorliegen von vergleichbaren normativen und empirischen Voraussetzungen als unter Umständen verfassungsrechtlich geboten erachtet, parlamentsrechtliche Prinzipien zu übertragen.

Ausschußarbeit entstehen kann, was auszuschließen ist [15]). Da eine Verschaffung von weitergehenden Zugangsmöglichkeiten für Minderheiten in die Ausschüsse auch die Gefahr der Arbeitsüberlastung für die betroffenen Ratsmitglieder mit sich bringen kann, ist zu prüfen, ob dies noch mit dem Ehrenamtsgedanken zu vereinbaren ist.

Am Ende dieser Überlegungen steht die Antwort auf die Frage, ob auf den Gemeinderat und auf dessen Ausschüsse parlamentsrechtliche Grundsätze - wenn auch vielleicht nur differenziert - anwendbar sind oder nicht.

Erörterungen zu Rechtsschutzmöglichkeiten Übergangener unter Verarbeitung der gefundenen Arbeitsergebnisse beschließen diesen Abschnitt.

In einem letzten Abschnitt (IV.) sollen die gefundenen Ergebnisse schließlich thesenartig zusammengefaßt werden.

---

[15]) Die Rechtsprechung weist zu Recht darauf hin, daß die Ausschüsse ihrer Aufgabe in effektiver, rationeller und sinnvoller Weise nur gerecht werden können, wenn sie erheblich kleiner sind als das Plenum. Das Argument wird wesentlich mit dazu herangezogen, die Ansprüche Übergangener zu verneinen, vgl. z.B. VGH Baden-Württ., NVwZ-RR 1993, 657 (658).

## I. Zum verfassungsrechtlichen Gebot der Zulassung aller Gemeinderatsmitglieder, Fraktionen und Gruppen zur Ausschußarbeit des Gemeinderats

### 1. Ausgangssituation in der Verfassung

Das Grundgesetz trifft in bezug auf die Entstehung von Volksvertretungen in Gemeinden Aussagen, die identisch sind mit den Feststellungen, die die Verfassung insoweit zum Bundestag macht.

Nach Art. 28 I S. 2 GG muß das Volk auch in den Gemeinden eine Vertretung haben, "die aus allgemeinen, unmittelbaren, freien, gleichen und geheimen Wahlen hervorgegangen ist". Es sind dies dieselben Prinzipien, nach denen die Abgeordneten des Deutschen Bundestages entsprechend Art. 38 I S. 1 GG gewählt werden.

Art. 28 I S. 2 GG sieht demnach zwingend [16]) vor, daß die von der Verfassung mit "Vertretung" unter anderem angesprochenen Gemeinderäte der Gemeinden nach den gleichen Grundsätzen gebildet werden wie der allgemein [17]) auch als (Bundes-) Parlament bezeichnete Bundestag. Dieser Umstand und die Tatsache, daß Art. 28 I S. 2 GG darüber hinaus die "Vertretung" der Gemeinden in einem Atemzug mit der "Vertretung" der Länder nennt [18]), scheint sogar den Schluß oder zumindest doch die Möglichkeit nahezulegen, auch Gemeinderäten Parlamentscharakter zuschreiben zu können [19]).

Unabhängig davon, ob dem Gemeinderat ein solcher Charakter zukommt oder nicht [20]), kann festgestellt werden, daß er als das hervorgehobene Repräsentationsorgan der Gemeinde bezeichnet werden kann, welches die politischen und sozialen Gruppierungen der Bürgerschaft widerspiegelt und das maßgebliche Beschlußgremium zumindest in grundsätzlichen Angelegenheiten der kommunalen Selbstverwaltung darstellen soll [21]). Der Gemeinderat verkörpert

---

[16]) Vgl. v. Münch/Kunig-Löwer, Art. 28 Rdnr. 23.

[17]) Der Begriff "Parlament" wird im Grundgesetz nicht gebraucht. Die Verfassung spricht von der "Vertretung" oder "Volksvertretung", vgl. etwa Art. 10 II S. 3, 17 GG.

[18]) Vgl. hierzu auch Janssen, AfK 1987, 206 (211).

[19]) Auch die Landtage der Bundesländer sind im Gefüge des "zweigliedrigen" Bundesstaats Bundesrepublik Deutschland Parlamente, vgl. etwa Schneider, Handbuch, § 13 Rdnrn. 54 ff. Tatsächlich wird der Gemeinderat in der Öffentlichkeit (Presse etc.), aber auch in Rechtsprechung und Literatur oftmals als "Kommunalparlament" o.ä. bezeichnet, vgl. Fundstellennachweise bei Schröder S. 28 (FN 2), der diesen Umstand kritisiert, vgl. S. 31 ff.

[20]) Hierzu wird auf die Ausführungen unten zu III. 2.2, S. 98 ff. verwiesen.

[21]) Scholtis, S. 247 (m.w.N.). Engelken, NVwZ 1995, 432 (434): "Hauptorgan"; so auch z.B. § 24 I S. 1 BW-GO.

damit auf kommunaler Ebene das System der repräsentativen Demokratie wie die Landtage auf Landes- und der Bundestag auf Bundesebene [22]).

## 2. Die Organisation staatlicher Herrschaft aufgrund des Demokratieprinzips

### 2.1 Der Grundsatz der Volkssouveränität

"Demokratie" im vom Grundgesetz verstandenen Sinn baut vor allem auf dem Prinzip der Volkssouveränität auf. Nach Art. 20 II S. 1 GG geht "Alle Staatsgewalt vom Volke aus", so daß hiernach die Staatsgewalt in einer Weise zu organisieren ist, daß sie sich in ihrer Einrichtung und Ausübung stets vom Willen des Volkes herleitet bzw. auf ihn zurückgeführt werden kann [23]). "Volkssouveränität" gebietet, daß die politische Herrschaftsgewalt in Form der Zulassung von "Herrschaft von Menschen über Menschen" [24]) direkt auf den Willen des Volkes zurückgeführt werden kann. Das von Art. 20 II S. 1 GG umschriebene Prinzip, wonach das Volk "Rechtsinhaber" ist, wird ergänzt und komplettiert durch die Benennung der "Rechtsausübungsberechtigten" in Art. 20 II S. 2 GG [25]).

### 2.2 Bedeutung des Volksbegriffs

Da das Volk Inhaber und Träger aller Staatsgewalt ist und dementsprechend bei der Verteilung von Herrschaftsgewalt ein Legitimationsmonopol innehat, ist der Begriff des Volkes ein Grundbegriff der Demokratie. Der Volksbegriff in Art. 28 I S. 2 GG entspricht dem in Art. 20 II S. 1 u. 2 GG. Staatsvolk ist die Gesamtheit von Menschen, die im Staat aufgrund ihrer gemeinsamen Staatsangehörigkeit als politische Handlungs- und Wirkeinheit zusammengeschlossen sind und die sie tragen als der "Staatsbürgerverband der Deutschen" [26]). Der Volksbegriff entfaltet insbesondere einen Anspruch auf Gesamtheit im Sinne einer unbestimmt-gleichheitlichen Allgemeinheit. Alle Mitglieder der Gemeinschaft sind davon unabhängig und ohne Differenzierung nach persönlichen, funktions- oder interessenbestimmten Merkmalen einbezogen und umfaßt. Gruppen und Organisationen von Bürgern, auch wenn sie zahlenmäßig stark sind, können sich daher nicht auf die demokratische Legitimation durch das Volk berufen [27]).

---

[22]) BayVerfGH, BayVBl. 1984, 621 (622).

[23]) Böckenförde, HStR I, § 22 Rdnr. 1.

[24]) Böckenförde, HStR I, § 22 Rdnr. 3.

[25]) Vgl. v. Münch/Kunig-Löwer, Art. 28 Rdnr. 25.

[26]) Böckenförde, HStR I, § 22 Rdnr. 26; BVerfGE 83, 37 (50 f.).

[27]) Böckenförde, HStR I, § 22 Rdnrn. 29, 31.

### 2.3 Repräsentative Demokratie als die vom Grundgesetz als maßgeblich zugrunde gelegte Demokratieform

#### 2.3.1 Verhältnis zur plebiszitären Demokratie

Der in Art. 20 II S. 1 GG angesprochene Gedanke der "Rechtsinhaberschaft" des Volks gebietet in seinem Kern an sich die Bevorzugung einer "unmittelbaren Selbstherrschaft des bei sich bleibenden Volkes, nicht die Konstituierung und Legitimierung selbsthandelnder Leitungsorgane, die für das Volk und als Volk, wenngleich ihm gegenüber verantwortlich, handeln" [28]). Die Verwirklichung dieses Ideals einer Selbstregierung des Volkes erweist sich jedoch für die Praxis aus verschiedenen Gründen als nicht umsetzbar [29]). Neben rein organisatorischen Schwierigkeiten und einer Manipulationsgefahr bei der Ermittlung des Volkswillens werden in diesem Zusammenhang außer pluralismustheoretischen Ansätzen insbesondere auch sozialwissenschaftlich bzw. organisationstheoretisch geprägte Gegenargumente ins Feld geführt [30]). Wegen der Unzulänglichkeiten der unmittelbaren Demokratie wird daher die repräsentative Demokratie mitunter nicht nur nicht als "defizitäre Form oder als zweiter Weg", sondern sogar als "ursprünglich notwendige" Form der Demokratie angesehen [31]).

Art. 20 II S. 2 GG weist die "Rechtsausübungsberechtigung" besonderen Organen der Gesetzgebung, der vollziehenden Gewalt und Rechtsprechung zu. Volksabstimmungen haben in der Praxis selten stattgefunden [32]) und sind auch im Grundgesetz nur ausnahmsweise vorgesehen [33]). Überdies ist rechtlich nicht unumstritten, ob und gegebenenfalls wie Volksentscheide über die Anwendung von Art. 20 II S. 2 GG eingeführt werden können [34]).

Offen bleiben kann im Rahmen dieser Untersuchung, ob diese Zurückhaltung des Grundgesetzes gegen unmittelbare Demokratieformen einen Umkehrschluß als

---

[28]) Böckenförde, HStR II, § 30 Rdnr. 2.

[29]) Unmittelbare Demokratie als eine "nur theoretische Vorstellung einer Volksherrschaft ohne Staat", so Badura, HStR I, § 23 Rdnr. 35.

[30]) Vgl. hierzu näher Böckenförde, HStR II, § 30 Rdnrn. 4 ff.(m.w.N.), der außer der Gefahr der verfälschten Wiedergabe des Volkswillens aufgrund Passivität der großen Masse beim plebiszitären Entscheidungsprozeß unter anderem darauf verweist, daß die politische Wirkeinheit "Volk" aus sich heraus handlungsunfähig sei und notwendigerweise selbsthandelnde Leitungsorgane benötigt.

[31]) Böckenförde, HStR II, § 30 Rdnrn. 2 u. 12.

[32]) Vgl. Fliegauf, JR 1992, 485 (488), bezogen auf Plebiszite in den Bundesländern.

[33]) Vgl. Art. 29 II bis VIII GG, wobei die hier vorgesehenen Abstimmungen in der Staatspraxis kaum Bedeutung gewonnen haben, v. Münch/Kunig-Philip Kunig, Art. 29 Rdnr. 1.

[34]) Vgl. hierzu näher v. Danwitz, DÖV 1992, 601, und Fliegauf, JR 1992, 485 (487).

zulässig erscheinen läßt, woraus eine Sperre gegenüber einer Modifizierung des grundsätzlich auf Repräsentation ausgerichteten demokratischen Systems hergeleitet werden kann [35]). Wichtig erscheint es hier festzustellen, daß auch die "plebiszitfreundliche Auffassung" anerkennt, daß Volksabstimmungen immer nur punktuell sein können, so daß keine "Verdrängung" der Volksvertretung stattfinden darf [36]).

### 2.3.2 Demokratische Legitimationsformen

Die Sicherstellung eines effektiven Einflusses des Volkes auf die Ausübung der Staatsgewalt wird durch verschiedenartige Legitimationsformen bewirkt, die zum Teil nebeneinander wirksam sind bzw. sich ergänzen [37]). Aus verfassungsrechtlicher Sicht ist nicht die konkrete Form von Legitimation staatlichen Handelns entscheidend, sondern deren Effektivität, notwendig ist ein bestimmtes Legitimationsniveau [38]). Demokratie ist insoweit als ein organisatorisch-formales Formprinzip anzusehen [39]).

Funktionelle und institutionelle Legitimation beschreiben die Notwendigkeit, daß sich das Volk als Verfassungsgeber selbst die gesetzgebende, vollziehende und rechtsprechende Gewalt als je eigenständige Funktionen und Organe (Gewalten im organisatorischen Sinn) gegeben hat, sie konstituiert haben muß. Das bedeutet, daß die drei Gewalten hierdurch je für sich als demokratisch autorisierte Ausübung von Staatsgewalt anerkannt sind, woraus sich auch die Gewährleistung einer gegenseitigen Schutzfunktion ergibt [40]).

Neben diese funktionelle und institutionelle Legitimation tritt eine organisatorisch-personelle Legitimationsform. Diese gebietet, daß eine ununterbrochene, auf das Volk zurückzuführende Legitimationskette der für die mit der Wahrnehmung staatlicher Angelegenheiten betrauten Amtswalter existieren muß. Notwendig ist dabei eine konkrete, auf den einzelnen Amtswalter individuell bezogene Legitimation [41]). Diese Legitimation des einzelnen

---

[35]) Verneinend v. Münch/Kunig-Löwer, Art. 28 Rdnr. 19 und v. Münch/Kunig-Philip Kunig, Art. 29 Rdnr. 6, jeweils m.w.N. zur Gegenmeinung.

[36]) Vgl. v. Münch/Kunig-Löwer, Art. 28 Rdnr. 20, zur Einführung von Plebisziten im Landesverfassungsrecht.

[37]) BVerfGE 93, 37 (66 f.).

[38]) BVerfGE, ebd.

[39] Böckenförde, HStR I, § 22 Rdnr. 83.

[40]) Böckenförde, HStR I, § 22 Rdnr. 15, verweist darauf, daß es deshalb z.B. nicht möglich ist, die Exekutive einem umfassenden Parlamentsvorbehalt zu unterwerfen; zum Verhältnis des Demokratieprinzips zum Rechtsstaatsprinzip vgl. dens., HStR I, § 22 Rdnrn. 82 ff.

[41]) Böckenförde, HStR I, § 22 Rdnr. 16.

Amtswalters muß jedoch nicht unmittelbar auf das Volk zurückzuführen sein, es genügt grundsätzlich eine mittelbare Berufung durch das Volk, wenngleich eine unmittelbare Herleitung eine "höhere demokratische Dignität" [42]) zu begründen vermag. Im parlamentarischen Regierungssystem ist das Parlament als das Repräsentationsorgan des Volkes ein notwendiges Glied innerhalb jeder Legitimationskette [43]).

Die sachlich-inhaltliche Form demokratischer Legitimation schließlich soll in Ergänzung zur organisatorisch-personellen Legitimation gewährleisten, daß die Ausübung der Staatsgewalt auch ihrem Inhalt nach vom Volk herzuleiten bzw. mit dem Volkswillen zu vermitteln ist [44]). Das Volk übt die Staatsgewalt nur dann wirklich durch das Organ der gesetzgebenden Gewalt aus, wenn die Volksvertretung auch inhaltlich den tatsächlichen Willen des Volkes beachtet [45]).

Umgesetzt wird diese Legitimationsform durch die Bindung aller anderen Staatsorgane an die vom Parlament als dem Repräsentationsorgan des Volkes beschlossenen Gesetze (Art. 20 III GG), dem das Gesetzgebungsrecht ausschließlich zusteht [46]). Sie beinhaltet zudem eine Verantwortlichkeit der Gewählten direkt gegenüber dem Volk, die periodisch durch Wahl durch dieses neu sanktioniert werden muß. Für die "nur" mittelbar Legitimierten, wie z.B. für die Regierung als Spitze der Exekutive, besteht diese Verantwortlichkeit gegenüber der Volksvertretung.

### 2.3.3 Zum Begriff der "Repräsentation"

#### 2.3.3.1 Allgemeines und Einteilung des Begriffs in eine inhaltliche und in eine formale Kategorie

Die aufgrund der organisatorisch-personellen Legitimation durch das Volk bestimmten Vertreter repräsentieren dieses. Dem Gedanken der Repräsentation, "dem fundamentalen Terminus jeglicher Demokratietheorie, mit dem alle indirekte Herrschaftsausübung durch das Volk umschrieben wird" [47]), kommt eine besondere Bedeutung zu.

Art. 38 I S. 2 GG, der als Ausprägung und Konkretisierung des Art. 20 II S. 2 GG gedeutet wird [48]), bezeichnet die Abgeordneten des Deutschen Bundestages

---

[42]) Böckenförde, ebd.

[43]) Böckenförde, ebd.

[44]) Böckenförde, HStR I, § 22 Rdnr. 21.

[45]) Böckenförde, HStR I, § 22 Rdnr. 11; Demmler, S. 74.

[46]) Mit der Möglichkeit der Delegation auf die Exekutive nach Art. 80 GG.

[47]) Rausch, Repräsentation, S. VII (Vorwort).

[48]) Schröder, S. 274 (m.w.N.).

als "Vertreter des ganzen Volkes", die an Aufträge und Weisungen nicht gebunden sind. Unter Verarbeitung englischer Einflüsse, die teilweise ins 18. Jh. zurückreichen [49]), wird der Begriff der Repräsentation heute derart verstanden, daß das Volk als etwas "nicht real Präsentes wieder präsent wird, etwas, was nicht gegenwärtig ist, wieder anwesend gemacht wird" [50]). Die Volksvertretung hat die Aufgabe, das rechtsabwesende Volk gegenwärtig zu machen, umgekehrt gesagt, das Volk bedient sich der Volksvertretung, um seine Rechte auszuüben, ihre Entscheidungen werden dem Volk zugerechnet [51]).

Aus den vorgenannten Eigentümlichkeiten der Repräsentation läßt sich der höchstpersönliche Charakter der Position des Repräsentanten erschließen. Aus dieser ganz besonderen Stellung ist auch ein grundsätzliches Vertretungsverbot abzuleiten, wodurch sich die Repräsentativverfassung des Grundgesetzes von einer ständischen Verfassung unterscheidet [52]).

Entsprechend der Unterscheidung zwischen organisatorisch-personeller und sachlich-inhaltlicher Legitimationsform kann auch der Begriff der Repräsentation selbst in eine formale und inhaltliche Kategorie unterschieden werden.

Die formale Seite beschreibt das Verfahren der Zurechnung zwischen Parlament und Volk, das auf der Ermächtigung beruht, die das Volk im Wahlakt erteilt hat. Hieraus ergibt sich die Berechtigung der Volksvertretung, durch ihr Handeln das Volk zu verpflichten, getroffene Entscheidungen werden damit für das Volk verbindlich [53]).

Neben dem so begründeten rechtsförmlichen Autorisations- und Legitimationszusammenhang stellt die inhaltliche Seite der Repräsentation darauf ab, daß das Handeln der Leitungsorgane so beschaffen sein muß, daß sich die einzelnen und die Bürger insgesamt in diesem Handeln wiederfinden können. Ungeachtet von Meinungsverschiedenheiten und Auffassungsunterschieden zu Sachfragen im einzelnen, muß so eine übergreifende und stets zu erneuernde sachliche Identifikation durch das Volk mit seinen Repräsentanten stattfinden [54]).

---

[49]) Schon 1774 ging der englische Abgeordnete Edmund Burke in einer berühmt gewordenen Wahlrede davon aus, daß der einzelne Abgeordnete nicht nur seinen Wahlkreis, sondern die ganze Nation vertrete, vgl. hierzu Scheuner, S. 392, in: Rausch, Repräsentation.

[50]) Leibholz, Repräsentation, S. 26. Ähnlich auch Carl Schmitt unter Hervorhebung des Merkmals der "Öffentlichkeit", vgl. S. 208.

[51]) Vgl. Hättich, S. 498 ff. (m.N.), in: Rausch, Repräsentation.

[52]) Bluntschli, S. 51 (Nr. 4).

[53]) Demmler, S. 73 f.

[54]) Böckenförde, HStR II, § 30 Rdnr. 18.

Diese Form der inhaltlichen Repräsentation bedeutet indes nicht, daß die Volksvertretung bei ihren Entscheidungen inhaltlich gebunden wäre an Meinungen, die in der Bevölkerung vorherrschen. Notwendig und ausreichend ist vielmehr, daß die Volksvertretung öffentliche Positionen und Interessen in seine Entscheidungsfindung miteinbezieht, in Dialog tritt mit dem Volk. Dieser Dialog muß sich auch nach der Entscheidung fortsetzen, indem die Entscheidung erläutert wird und gegenüber dem Volk die Verantwortung dafür übernommen wird [55]). Die öffentliche politische Meinungsbildung stellt daher einen ständigen Prozeß dar [56]).

2.3.3.2 Abgrenzung zur Vertretung

An diesen Grundaussagen zur Repräsentation ist festzuhalten, obwohl das Gesetz den Begriff nicht verwendet, sondern von "Vertretung" spricht. Dieser Umstand macht eine Abgrenzungsdiskussion notwendig.

Es ist festzustellen, daß beide Institute zumindest eine Teilkongruenz aufweisen, indem es hier wie da um ein "Handeln für Andere" geht. Repräsentation im hier verstandenen Sinn geht jedoch wesentlich weiter, stellt letzten Endes gegenüber allen Formen der "Stellvertretung", sowohl im zivil- wie auch im öffentlich-rechtlichen Bereich, ein aliud dar.

Auffällig ist zunächst, daß sich der Grundgesetzgeber bewußt nicht an die Terminologie beispielsweise der §§ 164 ff. BGB angelehnt hat. Er wollte also einen Unterschied zur "Stellvertretung" machen.

Einen weiteren wichtigen Ansatzpunkt für eine Abgrenzung bietet das Gesetz, indem Art. 38 I S. 2 GG [57]) feststellt, daß die Abgeordneten an Aufträge und Weisungen nicht gebunden sind. Eine solche Abhängigkeit stellt jedoch ein wesentliches Merkmal der Stellvertretung dar. Dies gilt gerade auch für die sog. Generalvollmacht und die Prokura, aber auch für Fälle einer weitgehenden organschaftlichen Vertretung (z.B. GmbH-Geschäftsführung). Zwar wird das Handeln dieser Stellvertreter oftmals nicht durch konkrete Weisungen des Vertretenen bestimmt, es ist zum Teil nach außen hin rechtlich nicht beschränkbar. Es ist jedoch maßgeblich darauf abzustellen, daß dem Vertretenen im Innenverhältnis in den meisten Fällen der Vertretung [58]) die Rechtsmacht

---

[55]) Vgl. Demmler, S. 74 f., der zusätzlich auf den Gedanken der Repräsentation als "einer auf Vertrauen begründeten Treuhand" abstellt und darauf verweist, daß die inhaltliche Repräsentation Hauptaufgabe vor allem des einzelnen Abgeordneten sei, der Dialog weniger vom Parlament als Ganzem geführt werde, vgl. S. 77.

[56]) Vgl. BVerfGE 20, 56 (98); 85, 264, (284 f.).

[57]) Und auch die entsprechenden Vorschriften in den Länderverfassungen, vgl. z.B. Art. 41 II S. 2 LSA-Vf.; 11 I S. 2 SH-Vf.

[58]) Anders jedoch bei der gesetzlichen Vertretung, wo die Verantwortlichkeit des Vertreters von sachlichen Gegebenheiten bestimmt ist, vgl. hierzu Schröder, S. 136; Demmler, S. 80.

zukommt, dem Stellvertreter Weisungen zu erteilen, mag auch in vielen Fällen kein Gebrauch davon gemacht werden. Dieser Beschränkung unterliegt aber der Abgeordnete nicht.

Darüber hinaus ist festzustellen, daß die Volksvertreter bei der Erledigung konkreter Sachfragen insoweit regelmäßig keinen bereits vorhandenen Volkswillen verarbeiten, sondern diesen Willen für das Volk unter Einbeziehung dort vorhandener grundsätzlicher Standpunkte und Interessen vielmehr überhaupt erst herstellen bzw. bilden sollen [59]), was auf die Situation bei der Stellvertretung ebenfalls grundsätzlich nicht übertragbar erscheint.

Sehr maßgeblich gegen die Gleichsetzung von Repräsentation mit einer Stellvertretung steht schließlich der Umstand, daß im Falle der Vertretung das Verhalten des Vertreters dem Vertretenen auch rechtlich zugerechnet wird. Davon unterscheidet sich die Repräsentation grundlegend, indem weder das Verhalten der gesamten Volksvertretung noch gar die des einzelnen Volksvertreters dem Volk selbst zugerechnet werden, sondern vielmehr eine Zurechnung ausschließlich im Verhältnis der Volksvertretung zur gesamten Körperschaft stattfindet. Die Verbindung zum Volk ist nur eine politisch-ideologische [60]). Auf Bundesebene bewirkt dies, daß das Handeln des Parlaments in rechtlicher Hinsicht nur als staatliches Handeln zu qualifizieren ist.

### 2.3.4 Demokratische Wahl, Wahlgleichheit, Abgeordneten- und Fraktionsgleichheit

Die organisatorisch-personelle Legitimationsform als Baustein für einen bestimmten Gehalt an demokratischer Legitimation gebietet, daß eine ununterbrochene, auf das Volk zurückgehende Legitimationskette vorhanden ist [61]). Dabei ist die Wahl der staatlich reglementierte Akt, durch den das in Art. 20 II GG zum Ursprung aller staatlichen Gewalt erklärte Volk seinen Willen über die Zusammensetzung der Volksvertretung verbindlich kundtut und damit die Staatsgewalt selbst ausübt [62]). Die Wahl stellt die wichtigste Verbindung zwischen dem staatsorganisatorischen Bereich auf der einen und dem privaten (gesellschaftlichen) Bereich auf der anderen Seite dar, ihre Organisation entscheidet über die Chancen und das Maß der Durchsetzung des vorhandenen und des artikulierten politischen Willens [63]). Die hervorgehobene Bedeutung der Wahl wird auch nicht dadurch in Frage gestellt, daß sie nicht die einzige Form der

---

[59]) Sobolewski beschreibt Repräsentation als dynamischen Prozeß der steten Angleichung von Politik und Meinungen in der Absicht, sie einander näherzubringen, a.a.O., S. 429.

[60]) Demmler, S. 80 (m.N.).

[61]) Böckenförde, HStR I, § 22 Rdnr. 14.

[62]) Hans Meyer, HStR II, § 37 Rdnr. 1; BVerfG, NJW 1997, 1553 (1558).

[63]) Hans Meyer, ebd.

politischen Willensbildung des Volks darstellt, sondern daneben weitere "Interaktionen" zwischen dem Volk und den Staatsorganen stattfinden [64]).

2.3.4.1 Der Grundsatz der Wahlgleichheit

Unter den Wahlgrundsätzen kommt im Rahmen dieser Untersuchung dem Grundsatz der Wahlgleichheit im Vergleich zu den anderen Wahlgrundsätzen eine hervorgehobene Bedeutung zu, weil er wegen seines "formalen Ansatzes" Parallelen zur danach darzustellenden Abgeordnetengleichheit aufweist.

Demokratie und Gleichheit sind untrennbar miteinander verbunden [65]). Es handelt sich dabei um eine politische Gleichheit, die sich auf die Gewinnung (oder Behauptung) politischer Macht bezieht, die in staatlichen Organen und Ämtern ausgeübt wird [66]). Das Prinzip, die gleiche Chance politischer Machtgewinnung zu gewährleisten, erstreckt sich auf alle sog. politischen Mitwirkungsrechte, wozu auch das Wahlrecht des Art. 38 I S. 1 GG gehört [67]).

Der Grundsatz der Wahlgleichheit - der in der Praxis bedeutsamste Wahlrechtsgrundsatz [68]) - fordert in seinem Kern, daß jeder Wähler die gleiche Stimmenzahl hat und jede Stimme bei der Umsetzung der Stimmen gleich berücksichtigt werden muß [69]). Diese Gleichheit im Zähl- und Erfolgswert der Stimmen ist fundamental mit der Idee der Demokratie verbunden, alle Menschen sind danach unabhängig von ihren persönlichen Merkmalen strikt gleich zu behandeln, so daß sich hieraus der Gedanke einer formalen Gleichheit im Sinne "einer strikten Gleichheit" [70]) ergibt. Dieser Gedanke wurde ausgedehnt auf das passive Wahlrecht, wodurch das Wahlverfahren bis hin zur Zuteilung der Mandate erfaßt wird; wegen dieser Wirkungen wird die Wahlrechtsgleichheit als Anwendungsfall des allgemeinen Gleichheitssatzes in Art. 3 I GG angesehen [71]).

Für das BVerfG stellt sich das Problem einer genauen Abgrenzung zwischen der Wahlrechtsgleichheit in Art. 38 I S. 1 GG und Art. 3 I GG nicht. Art. 3 I GG wird

---

[64]) Vgl. zur "Rückkopplung" BVerfGE 85, 264 (284).

[65]) Vgl. Leibholz, Strukturprobleme, S. 147: Gleichheit ein "Kardinalprinzip" der Demokratie.

[66]) Böckenförde, HStR I, § 22 Rdnr. 41.

[67]) Böckenförde, ebd.

[68]) Vgl. v. Münch/Kunig-v. Münch, Art. 38 Rdnr. 45; Hans Meyer, HStR II, § 38 Rdnr. 20: "heute der politisch brisanteste Wahlrechtsgrundsatz".

[69]) Vgl. v. Münch/Kunig-v. Münch, Art. 38 Rdnr. 45; BVerfG, NJW 1997, 1553 (1554).

[70]) Vgl. v. Münch/Kunig-v. Münch, Art. 38 Rdnr. 50.

[71]) Vgl. v. Münch/Kunig-v. Münch, Art. 38 Rdnr. 47; BVerfGE 12, 10 (25).

nach seiner Auffassung von Art. 38 I S. 1 GG überlagert, nicht aber verdrängt [72]). Dies hat vor allem prozessuale Gründe, da so für Landtags- und Kommunalwahlen die Verfassungsbeschwerde bei Verstößen gegen die Wahlrechtsgleichheit ermöglicht werden soll [73]). Auf eine Verletzung von Art. 28 I S. 2 GG bzw. auf eine Verletzung des Demokratieprinzips kann eine Verfassungsbeschwerde nicht gestützt werden [74]).

2.3.4.2 Einschränkungen der Wahlgleichheit

Ungeachtet der Frage nach seiner dogmatischen Herleitung ist damit das Prinzip nicht streitig, jedoch entzündet sich Streit, ob und inwieweit seine vorbehaltlose Anwendung möglich ist bzw. inwieweit es Einschränkungen hinnehmen muß [75]). Das BVerfG hat in ständiger Rechtsprechung festgestellt, daß sich aus dieser Formalisierung der Wahlrechtsgleichheit für den Gesetzgeber nur ein besonders eng bemessener Spielraum für Differenzierungen ergebe, Differenzierungen bedürfen danach besonderer rechtfertigender zwingender Gründe [76]).

Gleichwohl hat diese Gleichheit in einem strikten Sinn durchaus Ausnahmen erfahren, wobei insoweit vor allem wahlrechtliche Sperrklauseln zu nennen sind. § 6 VI BWahlG schließt Parteien von der Sitzverteilung im Bundestag aus, wenn sie nicht mindestens 5% der Zweitstimmen auf sich vereinigt haben [77]). BVerfGE 1, 208 nimmt als Grund die Abwehr der Gefahr eines handlungsunfähigen Parlaments an [78]), so daß sich im Hinblick auf die Einschränkbarkeit der Wahlrechtsgleichheit eine Parallele zur Einschränkung der formalen Abgeordnetengleichheit zeigt [79]). Diese Parallele ergibt sich nicht zuletzt aus der teilweise gemeinsamen Entwicklung beider Formen der Gleichheit.

---

[72]) Vgl. z.B. BVerfGE 34, 81 (98); 51, 222 (232).

[73]) Vgl. auch Hans Meyer, HStR II, § 38 Rdnrn. 23 ff.; dag. und für eine Spezialität von Art. 38 I S. 1 GG: v. Münch/Kunig-v. Münch, Art. 38 Rdnr. 48.

[74]) BVerfGE 47, 253 (270).

[75]) Hans Meyer, HStR II, § 38 Rdnr. 21, mit Hinw. auf die Rechtsprechungspraxis des BVerfG, die er als unstetig kritisiert.

[76]) BVerfGE 34, 81 (99); 41, 399 (413); 58, 177 (190); 78, 350 (358); 82, 322 (338).

[77]) Als den "gravierendsten Eingriff in das Verfassungsrecht auf gleiche Wahl" bezeichnet Hans Meyer, HStR II, § 38 Rdnr. 26, die 5%-Klausel des § 6 VI BWahlG.

[78]) Vgl. BVerfG, a.a.O., S. 248; vgl. auch BVerfG, NJW 1997, 1568; das "einzige seriöse Argument", wie Hans Meyer, HStR II, § 38 Rdnr. 27, anmerkt, wobei er bemängelt, daß mangels Realanalyse ungeklärt sei, ob dieser Grund tatsächlich zwingend vorliege.

[79]) Vgl. BVerfGE 80, 188 (222), das die "Funktionsfähigkeit des Parlaments" als möglichen Grund für die Nichtwahrung der formalen Abgeordnetengleichheit andeutet, sich jedoch damit nicht dezidiert auseinandersetzt.

### 2.3.4.3 Formale Abgeordnetengleichheit

Unstreitig ist auch das Verhältnis der einzelnen Volksvertreter untereinander geprägt durch eine formale Gleichheit. Bezogen auf den Bundestag bedeutet dies, daß alle seine Mitglieder gleiche Rechte und Pflichten haben [80]).

Keine Einigkeit besteht hingegen über die verfassungsrechtliche Ableitung dieser Gleichheit.

Die formale Gleichstellung findet ihre verfassungsrechtliche Grundlage nach Auffassung des BVerfG [81]) in Art. 38 I S. 2 GG, nicht im Grundsatz der Wahlrechtsgleichheit aus Art. 38 I S. 1 GG, dessen Anwendungsbereich auf Wahlen beschränkt sei, so daß hieraus nicht die Stellung von Volksvertretern im Parlament betroffen sein könne.

Die Gleichheit der Abgeordneten ist vom BVerfG in seiner frühen Rechtsprechung [82]) aus dem allgemeinen Gleichheitssatz in Art. 3 I GG hergeleitet worden. Differenzierungen zwischen den einzelnen Abgeordneten wären insoweit jedoch in einem relativ weitem Umfang möglich, weil der Gleichheitssatz nur verletzt ist, wenn eine Rechtsregelung als willkürlich im objektiven Sinn bezeichnet werden kann [83]), wobei dieser Vorwurf nur relativ selten zu erheben ist [84]).

Die bloße Willkürfreiheit einer Differenzierung wurde dann vom BVerfG im Diätenurteil [85]) als nicht mehr ausreichend erachtet, gleichwohl wurde auch bei dieser Entscheidung der allgemeine Gleichheitssatz als rechtlicher Prüfungsmaßstab beibehalten [86]), was mit dazu führte, daß das Gericht die eigentliche verfassungsrechtliche Verortung der formalen Abgeordnetengleichheit nicht deutlich zum Ausdruck brachte [87]).

---

[80]) V. Münch/Kunig-v. Münch, Art. 38 Rdnr. 71; BVerfGE 80, 188 (218); 93, 195 (204).

[81]) Vgl. BVerfGE 84, 304 (324 f.), weniger deutlich insoweit noch BVerfGE 80, 188 (220 f.); wie BVerfGE 84, 304, auch v. Münch/Kunig-v. Münch, Art. 38 Rdnr. 71.

[82]) Vgl. BVerfGE 4, 144 (155).

[83]) BVerfGE 4, 144 (155); 51, 60 (76).

[84]) Vgl. Demmler, S. 134.

[85]) BVerfGE 40, 296 (318).

[86]) Da es in dieser Entscheidung um Diäten der Mitglieder des saarländischen Landtages ging, wäre eine unmittelbare Heranziehung von Art. 38 GG nicht möglich gewesen, vgl. Demmler, S. 136; "handfeste prozessuale Gründe", die die Anwendung von Art. 3 GG bei Landeswahlen bedingen können, sieht auch Hans Meyer, HStR II, § 38 Rdnr. 23.

[87]) Demmler, S. 136.

Das Gericht wandte jedoch im Diätenurteil materiell die strengeren Maßstäbe einer formalisierten Gleichheit an, wonach Ungleichbehandlungen nur aus zwingenden Gründen und in engen Grenzen zulässig sind [88]). Im Duktus seiner Begründung verband das Gericht dabei jedoch die Abgeordnetengleichheit bei der Mandatsausübung auch mit dem Grundsatz der gleichen Wahl, wobei es sich sowohl auf die aktive als auch auf die passive Seite der Wahlrechtsgleichheit stützte. Danach soll jedermann seine staatsbürgerlichen Rechte in formal möglichst gleicher Weise ausüben, die historische Entwicklung für den Sachbereich von Wahlen habe in Art. 38 I S. 1 GG seinen verfassungsrechtlich verbindlichen Ausdruck gefunden [89]). Aus dem egalitären Gleichheitssatz folge, daß jedermann die gleiche Chance haben müsse, Mitglied des Parlaments zu werden, aus ihm folge weiter, daß jedem Abgeordneten eine gleich hoch bemessene Entschädigung zustehen müsse [90]). Das Gericht bemühte im Diätenurteil schließlich auch das Prinzip einer "privilegienfeindlichen Demokratie" [91]) und vollzieht damit auch eine Anbindung der formalen Abgeordnetengleichheit an Art. 20 GG [92]).

Das BVerfG geht in seiner neueren Rechtsprechung einen anderen Weg, indem es die Abgeordnetengleichheit unmittelbar aus dem Gedanken demokratischer Repräsentation folgert, welcher in Art. 38 I S. 2 GG "insoweit seinen erschöpfenden Niederschlag gefunden" habe [93]). Nur das Parlament als Ganzes kann danach das Volk angemessen repräsentieren, wobei es die ihm zugewiesenen Aufgaben und Befugnisse jedoch nicht losgelöst von seinen Mitgliedern wahrnehme. Das Prinzip der repräsentativen Demokratie erfordere eine grundsätzliche Mitwirkung aller Abgeordneten mit gleichen Rechten und Pflichten [94]). Diese gleiche Mitwirkungsbefugnis wird also als Inhalt der Garantie des freien Mandats angesehen.

Die Auseinandersetzung des BVerfG zur Frage, welcher dogmatische Stellenwert der Wahlrechtsgleichheit des Art. 38 I S. 1 GG daneben zukommt, verläuft uneinheitlich. Einerseits erspart sich das Gericht im Hinblick auf die formale Abgeordnetengleichheit ein dezidiertes Eingehen auf das Verhältnis von Art. 38 I S. 1 GG zu Art. 38 I S. 2 GG, andererseits lehnt es die Anwendung des

---

[88]) BVerfGE 40, 296 (318); vgl. auch BVerfGE 93, 195 (204): "Differenzierungen zwischen Abgeordneten bedürfen stets eines besonderen rechtfertigenden Grundes".

[89]) Vgl. BVerfGE 40, 296 (317).

[90]) BVerfGE 40, 296 (318).

[91]) BVerfGE, ebd., 317.

[92]) Darauf verweist Demmler, S. 137.

[93]) BVerfGE 80, 188 (221).

[94]) BVerfGE 80, 188 (221); 84, 304 (321); 93, 195 (204).

Grundsatzes der formalisierten Wahlrechtsgleichheit auf die Abgeordnetenstellung grundsätzlich ab [95]).

So hat es in E 84, 304 (PDS-Urteil) die Erstreckung der Wahlrechtsgleichheit auf die Abgeordneten im Parlament ausdrücklich, allerdings ohne nähere Begründung, abgelehnt und daraus gefolgert, daß Sperrklausel-Regelungen im Wahlrecht nicht ohne weiteres auf die Ausübung der Befugnis des Bundestages, die Mindeststärke der Fraktion festzusetzen, übertragbar seien [96]).

Es zeigen sich aber auch andere Ansätze, bei denen die formale Abgeordnetengleichheit im Hinblick auf die Ausübung der parlamentarischen Befugnisse aus dem aktiven Wahlrecht hergeleitet wird.

Da der Grundsatz des gleichen Erfolgswerts aller Stimmen davon ausgeht, daß alle Stimmen grundsätzlich einen gleichen Einfluß auf das Wahlergebnis haben müssen [97]), wird die ungleiche Ausstattung der Abgeordneten mit Rechten als eine Verfälschung des Wahlergebnisses im Nachhinein angesehen, weil hierdurch der Erfolgswert der abgegebenen Stimmen, bezogen auf die Mitwirkung am parlamentarischen Prozeß, ungleich gewichtet werde. Die Bedeutung der Wahlrechtsgleichheit in einer repräsentativen Demokratie könne sich daher nicht statisch in der Feststellung des Wahlergebnisses erschöpfen, es müsse vielmehr im Laufe der Wahlperiode auch der gleiche Einfluß auf die Entscheidungsfindung im Parlament während der Legislaturperiode gewährleistet werden. Für die Gleichheit der Wählerstimmen sei es weniger bedeutsam, ob die Abgeordneten in den ihnen persönlich zustehenden Statusrechten gleichgestellt sind, aus Sicht der Wähler sei vielmehr entscheidend, daß im parlamentarischen Prozeß eine gleiche Wahrnehmung von Kompetenzen durch alle Abgeordneten sichergestellt ist [98]). Jede ungerechtfertigte Ungleichbehandlung von Abgeordneten beeinträchtige damit auch das gleiche Wahlrecht der Bürger [99]). In dem Bestellungsvorgang der Wahl liege auch "der tiefere Grund für die Gleichheit der Stimmen im Parlament

---

[95]) Vgl. BVerfGE 80, 188 (220 f.) bzw. BVerfGE 84, 304 (324 f.).

[96]) BVerfGE, a.a.O., 325.

[97]) Vgl. z.B. BVerfGE 34, 81 (99).

[98]) Demmler, S. 141.

[99]) So z.B. Demmler, S. 137 ff. (m.w.N.), der auch auf die objektiven Inhalte des grundrechtsgleichen Rechts des Art. 38 I S. 1 GG verweist, an die der Gesetzgeber bei der Ausgestaltung des Parlamentsrechts gebunden sei, wenngleich dem Wahlbürger hieraus nicht unbedingt ein subjektives Recht erwachse, vgl. S. 139.

selbst" [100]), die Abgeordnetengleichheit wird also als Fortsetzung des gleichen Wahlrechts der Aktivbürger verstanden [101]).

Dennoch ist davon auszugehen, daß die aus dem formalisierten Gleichheitssatz entwickelte Vorgabe, Differenzierungen nur aus zwingenden Gründen zuzulassen, auch für die ausschließlich aus dem Repräsentationsgedanken hergeleitete Abgeordnetengleichheit gilt.

Das BVerfG hat in E 80, 188 (220 f.), ausdrücklich festgestellt, daß aus dem formalisierten Gleichheitssatz, wie er zum Wahlrecht entwickelt wurde, nichts anderes folge als schon aus dem Repräsentationsgedanken, wie das Gericht ihn mit Art. 38 I S. 2 GG zur Begründung der Abgeordnetengleichheit herangezogen hat. Mithin kann das Gebot, nur zwingende Differenzierungen zuzulassen, grundsätzlich auch Geltung beanspruchen, auch wenn man - wie das BVerfG - die Gleichheit ausschließlich aus dem Repräsentationsgedanken herleitet [102]).

Diese unterschiedlichen verfassungsrechtlichen Herleitungen der Abgeordnetengleichheit können als gleichrangige Möglichkeiten nebeneinander bestehen bleiben, sie widersprechen sich nicht, sondern beleuchten den gleichen Sachverhalt nur aus einem anderen Blickwinkel [103]). Die gleichheitssatzbezogene Sicht stellt stärker auf den einzelnen Abgeordneten ab, der nicht benachteiligt werden darf, weil er von seinen Wählern in gleicher Weise wie seine Kollegen gewählt wurde, die Verankerung im Repräsentationsprinzip legt den Akzent stärker auf das Gesamtparlament [104]).

Dennoch ist festzustellen, daß durch diese unterschiedliche Sicht unter Umständen die Prämisse für unterschiedliche Ergebnisse angelegt sein kann [105]). BVerfGE 80, 188 hat dem fraktionslosen Abgeordneten aufgrund gleicher, aus dem Repräsentationsprinzip herzuleitender Rechte das Recht auf Mitgliedschaft

---

[100]) So Schröder, S. 308 (m.w.N.).

[101]) Vgl. z.B. Kürschner, S. 136; Hölscheidt, DVBl. 1989, 291 (292); vgl. auch Sondervotum Mahrenholz BVerfGE 70, 324 (367), der ebenfalls eine Verknüpfung des aktiven Wahlrechts mit dem Abgeordnetenstatus vornimmt; das Demokratieprinzip direkt als Grundlage für die Abgeordnetengleichheit bewertet Birk, NJW 1988, 2521 (2522): "...ein im Demokratieprinzip verwurzeltes Gleichheitsrecht...".

[102]) So zutreffend Demmler, S. 142.

[103]) Vgl. Demmler, S. 142 (m.w.N.).

[104]) Vgl. Demmler, S. 143, der die Ableitung aus dem gleichen Wahlrecht bevorzugt, um damit "das Erfordernis zwingender Gründe für eine Differenzierung besonders in Erinnerung" zu rufen.

[105]) Demmler, S. 143.

in einem Ausschuß zugestanden, ihm jedoch das Stimmrecht versagt. Auf diese Divergenz wird später zurückzukommen sein [106]).

2.3.4.4 Fraktionsgleichheit

Fraktionen sind als notwendige Einrichtungen des Verfassungslebens und als ständige Gliederungen des Bundestages in das System der organisierten Staatlichkeit eingefügt. Sie dienen der Schaffung und dem Erhalt eines funktionstüchtigen Parlaments, wobei sie dabei sowohl eine mehr technisch-formale Seite des parlamentarischen Geschehens, andererseits aber auch eine inhaltlich-materielle Ebene abdecken [107]).

Das Recht der Abgeordneten, sich mit anderen Abgeordneten zu einer Fraktion zu verbinden, gehört zu deren verfassungsrechtlichen Status, das Koalitionsrecht ist damit ein Element des Abgeordnetenstatus und beruht damit auf Art. 38 I S. 2 GG [108]).

Als Zusammenschluß von Abgeordneten bezieht die Fraktion daher aus deren Rechtsstellung auch die Gleichheit [109]).

Dabei geht es jedoch nicht um eine absolute Gleichbehandlung der einzelnen Fraktionen. Damit die zugrundeliegende Gleichheit der Abgeordneten gewahrt wird, ist vielmehr notwendig, daß sich, entsprechend der Anzahl der Fraktionsmitglieder eine verhältnismäßige Berücksichtigung nur nach der jeweiligen Fraktionsstärke ergeben kann. Dieser Gedanke kommt in verschiedenen Bereichen der Parlamentsarbeit zum Ausdruck, so unter anderem bei der Verteilung von Redezeiten oder bei der öffentlichen Finanzierung [110]).

Aus Art. 38 I S. 2 GG ergibt sich für alle Fraktionen auch ein grundsätzlich gleiches Recht auf Zugang auch zu den Bundestagsausschüssen, weil die Repräsentation in die Ausschüsse vorverlagert ist und weil dort der Sache nach die Entscheidungen fallen [111]).

Das Verfassungsgebot der proportionalen Zusammensetzung der Ausschüsse erbringt unter weiterer Berücksichtigung der Grundsätze des Minderheitenschutzes für jede Fraktion die Möglichkeit, mit mindestens einem Sitz in jedem Ausschuß berücksichtigt zu werden. Dieses Prinzip wird durch § 12 GOBT

---

[106]) Vgl. Ausführungen unten zu III. 4.1.3, S. 145 ff.

[107]) Demmler, S. 166.

[108]) Demmler, S. 160 f. (m.w.N.); BVerfGE 84, 304 (322).

[109]) BVerfGE 70, 324 (363); Demmler, S. 162, 165.

[110]) Vgl. Demmler, S. 165.

[111]) BVerfGE 44, 308 (319); 70, 324 (363).

bezüglich der Ausschüsse und durch § 55 III GOBT für die Unterausschüsse gewahrt [112]).

Vom Grundsatz der Beteiligung aller Fraktionen als "unverrückbarem Prinzip des Parlamentarismus - und nicht nur einer Maxime" [113]) -, kann nur ausnahmsweise und "in sachlich begründeten Fällen" [114]) abgewichen werden, so daß nur in solchen Fällen für Ausschüsse oder ähnliche Gremien eine Mitgliederzahl vorgesehen werden darf, die nicht alle Fraktionen berücksichtigt.

Neben den Belangen des Geheimschutzes [115]) zählt dazu auch die Arbeitsfähigkeit des Parlaments bzw. seiner Ausschüsse, die als verfassungsrechtlich abgesicherte Gegenrechte zu beachten sind.

Soweit ersichtlich, hat sich das BVerfG explizit mit der Problematik des Erhalts der Funktionstüchtigkeit des Parlaments und seiner Ausschüsse in bezug auf Minderheiten- und Gleichheitsrechte von Fraktionen noch nicht auseinandergesetzt. Auch BVerfGE 80, 188 hat sich bezüglich der Zulassung des einzelnen fraktionslosen Abgeordneten in einen Ausschuß nicht dezidiert damit befaßt. Die Frage ist also höchstrichterlich noch nicht geklärt [116]).

Alle Fraktionen in staatlichen Parlamenten haben grundsätzlich einen verfassungsrechtlich abgesicherten Anspruch auf Erhalt mindestens eines vollen Ausschußsitzes in allen Ausschüssen, sie haben ein sog. Grundmandat [117]).

---

[112]) Vgl. Sondervotum Mahrenholz, BVerfGE 70, 324 (370). Dieses Prinzip hat in Brandenburg, vgl. Art. 70 II S. 2 BbgVf., sogar Verfassungsrang erfahren; vgl. i.ü. Birk, NJW 1988, 2521 (2524 f.), der verschiedene Möglichkeiten aufzeigt, wie Parlamente ihrer Verpflichtung zur Schaffung politischer Chancengleichheit zugunsten kleiner Fraktionen bei der Ausschußbesetzung nachkommen können.

[113]) So Sondervotum Böckenförde, BVerfGE 70, 324 (382).

[114]) BVerfGE 70, 324 (364); BayVerfGH, NJW 1989, 1918; nach Sondervotum Böckenförde, BVerfGE 70, 324 (383), kommt eine Abweichung "nur aus zwingenden Gründen und nur als letztes Mittel" in Betracht.

[115]) BVerfGE 70, 324 (364).

[116]) Auch beim Verfahren Az. 2 BvE 6/93, bei dem ein fraktionsloser Bundestagsabgeordneter seine fehlende volle Mitwirkung im Ausschuß nach Art. 45 GG moniert hatte, ging das BVerfG nicht darauf ein, weil der Antrag durch Beschluß vom 27.5.1999 gem. § 24 BVerfGG verworfen wurde.

[117]) So - im Gegensatz zum BVerfG - erfreulich deutlich BayVerfGH, NJW 1989, 1918 (1919).

## 2.4 Weitere verfassungsrechtliche Implikationen für Volksvertretungen

### 2.4.1 Freies Mandat

Das freie Mandat, ein "Schlüsselbegriff des repräsentativ-parlamentarischen Regierungssystems" [118]), wird für Bundestagsabgeordnete aus Art. 38 I S. 2 GG hergeleitet [119]), wonach die Abgeordneten insbesondere "an Aufträge und Weisungen nicht gebunden sind und nur ihrem Gewissen unterworfen" sind. Das bedeutet im Kern, daß kein Abgeordneter rechtlich zu einem bestimmten Verhalten im Bundestag gezwungen werden kann [120]), wenngleich eine politische Bindung an Aufträge und Weisungen damit nicht ausgeschlossen ist [121]).

Diese Verbürgung der Abgeordnetenfreiheit in Art. 38 I S. 2 GG ist nach h.M.[122]) nicht als eine Art Grundrecht, sondern vielmehr als Ausdruck eines Freiraums innerhalb einer institutionalisierten Staatlichkeit, in die der Abgeordnete als Amtsträger eingegliedert ist, zu bewerten. Der Amtsbegriff ist hier nicht mit der Begriffsverwendung für den Amtswalter der Exekutive zu verwechseln, sondern als allgemein-organisatorische Definition anzusehen, so daß die Weisungsabhängigkeit des Beamten keine Rolle spielt. Die Charakterisierung des Abgeordnetenstatus als Amt hat jedoch zur Folge, daß der Abgeordnete allgemein verpflichtet ist, ausschließlich öffentlichen Interessen zu dienen, wenngleich für den Einzelfall die Unabhängigkeit gewahrt bleibt [123]). Art. 38 I S. 2 GG verleiht jedem Abgeordneten einen eigenen verfassungsrechtlichen Status und damit das Recht, unmittelbar am Verfassungsleben teilzuhaben [124]). Der einzelne Abgeordnete kann grundsätzlich selbstverantwortlich entscheiden, was er in den parlamentarischen Prozeß einführen will und wie er es einführen will [125]).

Aus dieser Freiheit bei der Kompetenzausübung lassen sich Rückschlüsse auf die einzelnen Kompetenzen des Abgeordneten ziehen. Der Freiraum wird nicht auf

---

[118]) Stern, Staatsrecht I, S. 1070, § 24 IV 2.

[119]) Vgl. für die Landtagsabgeordneten die entsprechenden Bestimmungen in allen Landesverfassungen, z.B. Art. 27 III S. 2 BW-Vf.; 13 II S. 2 BayVf.; 22 I M-V-Vf.

[120]) V. Münch/Kunig-v. Münch, Art. 38 Rdnr. 78.

[121]) Vgl. Frowein, Handbuch Bd. 2, § 28 S. 87, bezüglich der Repräsentanten auf Kommunalebene.

[122]) Vgl. z.B. BVerfGE 6, 445 (449); Demmler, S. 54, der i.ü. eine ausführlichen Überblick über die Diskussion gibt.

[123]) Vgl. Demmler, S. 54; gegen den Amtscharakter der Abgeordnetenstellung Schröder, S. 288 ff.

[124]) Vgl. schon BVerfGE 4, 144 (149).

[125]) Schröder, S. 310.

das Abstimmungsrecht als das wichtigste Recht des Abgeordneten reduziert, er umfaßt dessen gesamtes Tätigkeitsfeld und setzt damit weitere verfassungsrechtliche Aktionsmöglichkeiten [126]). Obwohl Art. 38 I S. 2 GG keine einzelnen Befugnisse nennt, können diese zum Teil direkt daraus hergeleitet werden bzw. sind diese aus anderen Verfassungsvorschriften zu gewinnen, die Verfassung insgesamt prägt daher ein bestimmtes Bild des Abgeordneten, in dessen Eigenverantwortlichkeit und Unabhängigkeit ein Wert erblickt wird [127]). Die Unabhängigkeit zeigt sich nicht nur in der Art und Weise der Wahrnehmung von Kompetenzen, sondern drängt danach, möglichst viele Befugnisse vom einzelnen Abgeordneten ausüben zu lassen, so daß hiervon die Auslegung einzelner Verfassungsbestimmungen ebenso beeinflußt wird wie bei der Konzipierung der Geschäftsordnung eine entsprechende Berücksichtigung stattfinden muß [128]).

Bezogen auf die parlamentarischen Befugnisse wird zugleich auch deutlich, daß sich der Inhalt des freien Mandats nicht nur auf das Verhältnis des Abgeordneten zu seiner Partei bzw. seiner Fraktion bezieht, sondern allen Mitgliedern der Volksvertretung und damit gerade auch den fraktionslosen Repräsentanten in einer Volksvertretung zusteht [129]).

Die Gewährleistung eines "offenen politischen Prozeßes" [130]) durch ein in dem geschilderten Sinn verstandenes freies Mandat ist seit der Parteienabhängigkeit des Repräsentativsystems als Widerspruch zur Wirklichkeit betrachtet worden. Insbesondere *Leibholz* [131]) vertrat die Auffassung, daß sich die Institution des freien Mandats durch die in Art. 21 GG erfolgte verfassungsrechtliche Anerkennung der politischen Parteien und durch deren Dominanz im Verfassungsleben weitgehend überlebt habe. Den Fraktionen als den "Parteien im Parlament" [132]) werden als Konsequenz aus dieser Meinung gegenüber dem Einzelnen Vorrangrechte eingeräumt.

---

[126]) Scholtis, S. 199.

[127]) Art. 38 I S. 2 GG als "unmittelbar kompetenzverleihende Norm, obwohl er keine Einzelbefugnisse aufführt", so Demmler S. 78 (FN 21); vgl. auch Scholtis, S. 199 f.

[128]) Scholtis, S. 200.

[129]) BVerfGE 80, 188 (218).

[130]) Stern, Staatsrecht I, S. 1071, § 24 IV 2 b.

[131]) Vgl. z.B. DVBl. 1951, 1 ff. (3); vgl. auch die eingehende Darstellung bei Demmler, S. 55 ff.

[132]) Zuleeg, Handbuch Bd. 2, § 28 S. 146; gegen eine solche Einschätzung Schröder, S. 312 f. (m.w.N.).

Diese Diskussion um das Spannungsverhältnis zwischen Art. 21 GG und Art. 38 I S. 2 GG [133]) setzt sich bis in die heutige Zeit fort, sie ist nicht nur von akademischer, sondern auch von höchst praktischer Relevanz [134]). Gleichwohl werden Art. 21 und Art. 38 GG heute nicht mehr als unversöhnliche Gegensätze angesehen, vielmehr sollen *beide* Rechtssätze ihren spezifischen Gehalt einbringen, im Wege "praktischer Konkordanz" [135]) ist jedem von ihnen die größtmögliche Wirksamkeit zu verschaffen [136]).

Art. 38 I S. 2 GG kann danach einerseits nicht isoliert von der Mitwirkung der Parteien an der politischen Willensbildung des Volkes gesehen werden, so daß die liberale Auffassung eines Abgeordneten als eines völlig ungebundenen Einzelwesens, das nur seiner Überzeugung folgt, nicht dem Abgeordnetenbild des Grundgesetzes entspricht. Andererseits bildet das freie Mandat mit der Garantie einer gewissen Eigenständigkeit des Abgeordneten ein Gegengewicht zum Einfluß der Parteien auf die staatliche Willensbildung, das deshalb auch als eine Sicherung gegen jede absolute Herrschaft der Parteienapparate verstanden werden kann [137]).

### 2.4.2 Minderheitenschutz

Der Grundsatz des Minderheitenschutzes verlangt eine organisatorische und verfahrensmäßige Gestaltung in der Volksvertretung durch Bereitstellung eines rechtlichen Rahmens, der es einer Minderheit erlaubt, nicht nur Bedenken und Kritik an den Vorstellungen der Mehrheit anzubringen, sondern auch ihre eigene politische Auffassung wirksam zu vertreten, um so insgesamt politische Konkurrierung zu ermöglichen [138]).

Minderheitenschutz wird heute als notwendiges Korrektiv des demokratischen Mehrheitsprinzips und damit als ein gesicherter Bestandteil des De-

---

[133]) Vgl. BVerfGE 4, 144 (149 ff.).

[134]) Besonders anschaulich zeigt sich dies bei BVerfGE 80, 188, mit zwei diametral entgegengesetzten Sondervoten der Richter Mahrenholz und Kruis, die die parteienstaatliche Sicht (Kruis) einer das freie Mandat betonenden Sicht (Mahrenholz) gegenüberstellen. Die Senatsmehrheit hat sich für eine Art Mittelweg entschieden, indem sie dem einzelnen Abgeordneten den grundsätzlichen Anspruch auf Mitarbeit in einem Ausschuß zuerkennt, ihm aber dort das Stimmrecht vorenthält.

[135]) Vgl. dazu allgemein Hesse, S. 28 Rdnr. 72.

[136]) Vgl. Demmler, S. 66 f.; Hubert Meyer, S. 231.

[137]) Demmler, S. 66 f.

[138]) Fröhlinger, DVBl. 1982, 682 (685); Scholtis, S. 221.

mokratieprinzips angesehen [139]), was darauf beruht, daß das Grundgesetz Minderheiten nicht als Gruppen ansieht, "die im Irrtum über das Wahre und Richtige sind und im Rahmen eines fingierten Gemeinwillens unterdrückt oder ausgeschaltet werden dürfen" [140]). Die Mehrheit setzt ihren Willen also nicht deshalb durch, weil sie im Recht ist und die Minderheit im Unrecht, sondern weil sich das Mehrheitsprinzip als die einzige Entscheidungsregel erwiesen hat, die einerseits einander widersprechende Entscheidungen vermeidet und andererseits auf einen Meinungsumschwung flexibel reagiert [141]).

Der Minderheitenbegriff in Volksvertretungen bezeichnet jede beliebige Anzahl von Volksvertretern zwischen einem einzelnen und einem festen ständigen oder zufälligen kurzen Zusammenschluß von Repräsentanten, solange sie nicht die absolute Mehrheit in der Vertretungskörperschaft haben [142]).

Wie dem Prinzip des Minderheitenschutzes im einzelnen Rechnung getragen wird, ist Sache der gesetzgeberischen Gestaltung [143]) bzw. der Geschäftsordnung. Es ist methodisch nicht möglich, darüber hinaus bestimmte Einzelfiguren aus dem Grundsatz abzuleiten [144]).

Minderheitenschutz verbietet lediglich eine Benachteiligung einer Minderheit ohne sachlichen Grund, so daß der Grundsatz erst dann gerichtlich überprüfbar verletzt ist, wenn eine beispielsweise in einer parlamentarischen Geschäftsordnung getroffene Regelung nicht auf einer sachgerechten Abwägung, sondern auf Fehlüberlegungen beruht. Das kann z.B. bei Verstößen gegen das Willkür-, Übermaß- oder Mißbrauchsverbot als weitere verfassungsrechtliche Präzisierungen des Minderheitenschutzes [145]) der Fall sein oder bei Verstößen gegen Wertungen des Gesetzgebers [146]).

---

[139]) Jacoby, S. 79; vgl. aber auch Achterberg, Parlamentsrecht, S. 303 ff., 595, der den Minderheitenschutz zumindest auch aus dem Rechtsstaatsprinzip herleitet.

[140]) Hesse, S. 69 f. Rdnr. 154; vgl. auch Böckenförde, HStR I, § 22 Rdnr. 54.

[141]) Jacoby, S. 83 f.

[142]) Scholtis, S. 13, bezogen auf kommunale Vertretungskörperschaften; ablehnend zum Begriff der "Minderheitenfraktion" Schmidt-Jortzig, DVBl. 1980, 719 (722), weil er eine spezielle Benachteiligung suggeriere, die es juristisch-tatsächlich nicht gebe.

[143]) Das Grundgesetz selbst hat nur relativ sparsam davon Gebrauch gemacht, vgl. z.B. Art. 44 I GG. Vgl. andererseits z.B. Art. 70 II S. 3 BbgVf., der ein Grundmandat auf vollberechtigte Mitarbeit eines fraktionslosen Abgeordneten in einem Ausschuß vorsieht.

[144]) Vgl. Schmidt-Jortzig, DVBl. 1980, 719 (722), bezogen auf die Situation von Minderheiten im Kommunalverfassungsrecht.

[145]) Scholtis, S. 222 f.

[146]) Vgl. Fröhlinger, DVBl. 1982, 682 (685).

Auch der Minderheitenschutz steht in einem Spannungsverhältnis zur Funktionsfähigkeit der Volksvertretung, die eine gestraffte kollektive Meinungsbildung erfordert und insbesondere bei Vertretungen mit großer Mitgliederzahl eine Aufspaltung in kleine und kleinste Gruppen verbietet [147]).

Was das Verhältnis zwischen Minderheitenschutz und freiem Mandat im Parlamentsrecht anbelangt, hat das BVerfG [148]) in bezug auf die Ausschußmitarbeit von Minderheiten allein auf Art. 38 I S. 2 GG abgestellt, weil das Minderheitenprinzip, das auch dem einzelnen Abgeordneten oder einer Gruppe zukommen könne, diesen keine über Art. 38 I S. 2 GG hinausgehenden Rechte verleihe. Daran wird deutlich, daß das Institut des Minderheitenschutzes allein eine nur relativ beschränkte Bedeutung hat, vielmehr ihm erst durch die Miteinbeziehung der formalen Gleichheit als weiterer Ausformung des freien Mandats wesentliche praktische Bedeutung zukommt [149]).

### 2.4.3 Chancengleichheit der Parteien

Das Prinzip der Chancengleichheit oder der gleichen Wettbewerbschancen der Parteien wird dem Grundsatz des Gleichgewichts aller Wählerstimmen im gleichen formalen Sinn [150]) an die Seite gestellt, weil nur so gewährleistet ist, daß die Wahlen ihre Funktion der Bindung der staatlichen Herrschaft an den Willen der Volksmehrheit erfüllen können [151]). Der Grundsatz wurde vom BVerfG [152]) zunächst für den technischen Wahlablauf entwickelt und sodann auf die Wahlvorbereitung übertragen [153]).

Anwendung findet der Grundsatz in Form einer sog. abgestuften Chancengleichheit, die den Unterschieden unter den Parteien nach Größe, politischem Gewicht und Leistungsfähigkeit Rechnung trägt. Der Grund liegt darin, weil eine absolute, formale Gleichbehandlung aller Parteien angesichts zum Teil beträchtlicher Unterschiede bei den genannten Kriterien eine Verfälschung mit

---

[147]) Fröhlinger, DVBl. 1982, 682 (685).

[148]) BVerfGE 80, 188 (220); 84, 304 (324).

[149]) Vgl. Scholtis, S. 221, der den parlamentarischen Minderheitenschutz als Generalklausel einordnet, die durch das freie Mandat, die Chancengleichheit und die Oppositionsfreiheit teilweise ergänzt bzw. präzisiert wird.

[150]) BVerfGE 52, 63 (89); BVerfG, NJW 1997, 1553 (1554 f.).

[151]) Scholtis, S. 209 f. (m.w.N.).

[152]) Vgl. BVerfGE 14, 121 (132 f.); kritisch zur Rechtspr. des BVerfG Hans Meyer, HStR II, § 38 Rdnr. 42, weil es den "Grundsatz der Chancengleichheit" in BVerfGE 14, 121 (134) und BVerfGE 20, 56 (118) in einem unterschiedlichen Sinn benutze.

[153]) V. Münch/Kunig-v. Münch, Art. 21 Rdnr. 33.

sich brächte [154]). Eine formale Gleichbehandlung würde das Recht der größeren Parteien und damit zugleich auch das Neutralitätsgebot der Träger öffentlicher Gewalt im Wahlkampf verletzen [155]).

Teilweise wird die Auffassung vertreten, daß der Grundsatz der Chancengleichheit der Parteien auf die Rechtsverhältnisse innerhalb der gewählten Volksvertretung nicht (mehr) anwendbar sei, sondern vielmehr auf den vorparlamentarischen Wettbewerb zu beschränken sei [156]). Das Prinzip sei als Schutz vor Ungleichbehandlung durch dritte, staatliche Stellen entwickelt worden, auf die Konstellation innerhalb der Volksvertretung, bei der es um die politische Benachteiligung der Minderheit durch die Mehrheit gehe, sei es nicht übertragbar [157]).

Dem ist zu Recht entgegengehalten worden, daß sich die Forderung nach Chancengleichheit innerhalb der politischen Vertretungskörperschaft nicht an den politischen Gegner richtet, sondern an den Geschäftsordnungsgeber insgesamt, also die Vertretungskörperschaft selbst [158]). Es läßt sich kein Grund finden, die Chancengleichheit mit dem Zeitpunkt der Wahl enden zu lassen, so daß die überwiegende Auffassung den Grundsatz der Chancengleichheit der Parteien auch danach noch abgewandelt als "Chancengleichheit für Fraktionen" anwenden will [159]). In diesem Fall ist er identisch mit dem bereits erörterten Grundsatz der Fraktionsgleichheit [160]).

### 2.4.4 Oppositionsfreiheit

Das Recht auf Bildung und Ausübung einer Opposition gehört unbestritten zu den grundlegenden Prinzipien der freiheitlichen demokratischen Grundordnung [161]). Verfassungsrechtlich gefordert ist, daß überhaupt die Möglichkeit einer Opposition besteht, die sich auch organisieren können muß, um die Regierung effektiv zu kontrollieren und Minderheitenrechte auszuüben [162]).

---

[154]) Scholtis, S. 211.

[155]) BVerwGE 47, 280 (289).

[156]) Vgl. Fröhlinger, DVBl. 1982, 682 (684).

[157]) Fröhlinger, ebd.

[158]) Scholtis, S. 211.

[159]) Vgl. Scholtis, S. 212 (m.w.N.); gegen Fröhlinger auch Demmler, S. 141 (FN 24), mit Hinweis auf BVerfGE 40, 296 (317).

[160]) Vgl. die Ausführungen oben S. 20 ff.

[161]) BVerfGE 2, 1 (13); 5, 85 (140 f.).

[162]) Demmler, S. 236 f.

Opposition ist die Gruppierung (Fraktion), die die Regierung und die auf sie stützende Fraktion im Rahmen der verfassungsrechtlichen Ordnung politisch bekämpft [163]). Oppositionsfreiheit sollte vom Minderheitenschutz getrennt werden, da es auch Minderheiten innerhalb des Regierungslagers geben kann, Minderheitenschutz ist daher der umfassendere Begriff [164]).

Ob auch ein einzelner Volksvertreter danach schon als Opposition bezeichnet werden kann, erscheint mehr als fraglich. Ebenfalls fraglich erscheint, ob aus dem Verfassungsstatus der Opposition [165]) und der Oppositionsfreiheit allein überhaupt ein bestimmter Rechtsanspruch wie beispielsweise der auf Zuerkennung von Ausschußsitzen abgeleitet werden kann [166]).

Richtigerweise wird man auch hier davon auszugehen haben, daß zwar die Oppositionsfreiheit ebenso wie der Minderheitenschutz als eigene verfassungsrechtliche Kategorie [167]) anzusehen ist, jedoch kann allein hieraus nur unter "extremen Umständen" [168]) ein Anspruch hergeleitet werden.

### 3. Verwirklichung der repräsentativen Demokratie auf Gemeindeebene

#### 3.1 Der Gemeinderat als "Teilvolksvertretung"

Die Legitimation des Gemeinderats und seiner Mitglieder geht von der Gesamtheit der Gemeindebürger aus und bewirkt damit ebenso wie bei der Wahl

---

[163]) Stern, Staatsrecht I, S. 1037 ff., § 23 III.

[164]) Demmler, S. 23; Scholtis, S. 219 f.

[165]) Dabei ist zu vermerken, daß sich im Grundgesetz keine ausdrückliche Regelung zur Opposition findet. Die Einräumung von Rechten in der GOBT wird als unzureichend empfunden, aufgrund des Gewaltenteilungsprinzips wird eine hinreichende verfassungsrechtliche Absicherung der Rechte der Opposition im Parlament gefordert, vgl. Bleckmann, S. 204 Rdnr. 438. Eine Aufnahme in die Verfassung war allerdings im Gespräch, vgl. die Beratungen der Gemeinsamen Verfassungskommission zur Änderung und Ergänzung des Grundgesetzes, BT-Drucks. 12/6000, S. 106 ff. Anders z.B. Art. 23 a HbgVf. u. 12 SH-Vf.; siehe auch die Verfassungen der neuen Bundesländer, vgl. hierzu Starck, S. 20.

[166]) Zweifelnd BVerwG, DVBl. 1986, 240 (241), und OVG Hamburg, DVBl. 1986, 242 (243); anders Hohm, NJW 1985, 408 (411), der die Oppositionsfreiheit mit dem Minderheitenschutzgebot verknüpft und daraus das zwingende Gebot zur Beteiligung jeder Oppositionsfraktion an sämtlichen Ausschüssen und Gremien des Bundestages ableitet.

[167]) Vgl. Demmler, S. 238 (FN 56).

[168]) Demmler, S. 237, nennt als Beispiel den Fall, daß bei Bestehen einer Großen Koalition die einzige oppositionelle Kraft im Parlament nicht das Fraktionsquorum erreicht, so daß sich dann allein aus der Oppositionsfreiheit ein Anspruch auf Anerkennung als Fraktion ergeben kann.

der Länderparlamente eine "Fragmentierung des Volksbegriffs" [169]), deren Zulässigkeit von Art. 28 I S. 2 GG ausdrücklich eröffnet wird [170]).

Dasselbe Volk, welches auf Bundes- und Landesebene Vertretungen besitzen soll, erhält auf Kommunalebene weitere Vertretungen [171]), so daß die jeweils konstituierende Kraft hier wie dort die Gleiche ist. Auffällig ist eine deutliche Parallele zu den Landesparlamenten. Das Volk, in seiner Gesamtheit zur demokratischen Legitimation des Bundestages aufgerufen, legitimiert damit seine kommunalen Vertretungen als bloße Teilvolksvertretungen prinzipiell genauso, wie es als Teil jeweils die Landtage bestimmt [172]).

Die Rechtfertigung zu dieser "Fragmentierung" und zur Qualifizierung als "Teilvolk" vor dem Hintergrund des Gesamtheitsanspruchs des Volksbegriffs ergibt sich zunächst aus der Tatsache, daß es auch auf Gemeindeebene nicht um bestimmte Gruppen oder Einzelne aus dem Kreis der Gemeindebürger geht, sondern auch hier eine unbestimmt-gleichheitliche Allgemeinheit vorliegt, die durch Wohnsitznahme in einer bestimmten Gemeinde vermittelt wird. Darin ist ein strukturähnliches Element im Vergleich zum politischen Verband des Staates zu sehen [173]). Weiter ist festzustellen, daß Demokratie auf Gemeindeebene, genauso wie auf Staatsebene, auf politische Beteiligung der Bürger ausgerichtet ist, beide kommen ohne staatsbürgerliche Beteiligung nicht aus [174]).

Zwar fordert das streng formale Gleichheitsverständnis bei den Wahlen zu den staatlichen Parlamenten grundsätzlich, daß alle Staatsbürger - unabhängig von persönlichen Kriterien wie Bildung, Sachkunde, gesellschaftlichem Stand, Betroffenheit etc. - zu gleichen Teilen an der Wahrnehmung der öffentlichen Angelegenheiten mitzuwirken berechtigt sind. Dem widerspricht an sich die "Fragmentierung in Gemeindevölker", der eine Differenzierung nach Betroffenheitskriterien innewohnt. Das Verhältnis zwischen Demokratie und Betroffenheitsverwaltung auf Gemeindeebene äußert sich insoweit als ein Gleichheitsproblem [175]).

---

[169]) Vgl. v. Münch/Kunig-Löwer, Art. 28 Rdnr. 25.

[170]) BVerfGE 83, 60 (75).

[171]) Die Kreisvertretungen sollen hier außer Betracht bleiben.

[172]) Besonders auf diesen Aspekt verweist Janssen, AfK 1987, 206 (211).

[173]) Böckenförde, HStR I, § 22 Rdnr. 31.

[174]) Hendler, HStR IV, § 106 Rdnr. 48.

[175]) Hendler, HStR IV, § 106 Rdnr. 49 (m.w.N.).

Diesem wird jedoch vom Grundgesetz Rechnung getragen. Neben der grundsätzlichen Anerkennung des Prinzips "Selbstverwaltung" [176]) ergeben sich "Querverbindungen" unter anderem zum Rechtsstaatsprinzip und zu den Grundrechten. Als Instrument der Dezentralisierung bewirkt Selbstverwaltung über die bundesstaatliche Organisationsstruktur hinaus eine Pluralisierung der hoheitlichen Entscheidungsträger in Form einer vertikalen Gewaltenteilung, sie wirkt also wie die horizontale Gewaltenteilung machtbeschränkend [177]). Daneben weist sie, wie die den Grundrechten innewohnende Freiheitsidee, ein Element von Staatsferne auf [178]).

Der der gemeindlichen Selbstverwaltung zugrunde liegende Autonomiegedanke fügt sich demnach sinnvoll in das System der grundgesetzlichen Ordnung ein [179]), der maßgebenden Legitimatonskette Volkswahl-Parlament-Regierung-staatsunmittelbare Verwaltung werden durch die Selbstverwaltung einzelne Sachbereiche zumindest partiell entzogen und der Bestimmungsgewalt besonderer Bevölkerungsgruppen, der Betroffenen, unterstellt [180]).

3.2 Verwirklichung demokratischer Legitimationsformen beim Gemeinderat

Ebenso wie bei den staatlichen Parlamenten spielt der Gedanke der Repräsentation für das Recht des Gemeinderats die tragende Rolle. Wie in bezug auf diese vermeidet der Gesetzgeber auch in Art. 28 I S. 2 GG die Verwendung des Begriffs, er spricht auch hier von "Vertretung". Durch diese Repräsentation soll gewährleistet sein, daß die von den Gemeinden zu erfüllenden Selbstverwaltungsaufgaben durch demokratisch legitimierte Repräsentanten erledigt werden, wobei deren Legitimation ebenfalls in periodisch wiederkehrenden Wahlen zu erneuern ist. Es ist anerkannt, daß auch hier eine persönliche demokratische Legitimation erforderlich ist, die durch eine vom Volk oder von seiner gewählten Vertretung ausgehende ununterbrochene Legitimationskette vermittelt wird [181]). Hierdurch wird die zum Staatsvolk analoge Legitimationsstruktur bestätigt und zum Ausdruck gebracht, daß die kommunale Selbstverwaltung ein Stück Demokratisierung der Verwaltung darstellt, indem die örtliche Bürgerallgemeinheit an der Erledigung der Aufgaben der öffentlichen

---

[176]) In Art. 28 II, 5 I (rundfunkrechtliche Selbstverwaltung), 5 III GG (akademische Selbstverwaltung); vgl. Hendler, HStR IV, § 106 Rdnr. 50 (m.w.N.).

[177]) Hendler, HStR IV, § 106 Rdnr. 51.

[178]) Hendler, HStR IV, § 106 Rdnr. 53, der auch auf die zugleich gegebene Staatsnähe hinweist.

[179]) So BVerfGE 33, 125 (156 f.).

[180]) Vgl. Hendler, HStR IV, § 106 Rdnr. 56.

[181]) Vgl. Tettinger, S. 35 Rdnr. 49 (m.w.N.).

Verwaltung im örtlichen Wirkungskreis aktiv beteiligt wird [182]). Die Wahlen zu den Vertretungskörperschaften der Selbstverwaltung ermöglichen eine auf abgegrenzte öffentliche Aufgaben bezogene spezielle Repräsentation, was eine besondere Intensivierung des Wählereinflusses bedeutet [183]).

Gemessen an den theoretischen Grundlagen der Demokratie als Organisationsprinzip stellt diese Repräsentation auf Gemeindeebene ein Zusammenwirken von organisatorisch-personeller mit sachlich-inhaltlicher Legitimation dar [184]). Die "fundamentale Bedeutung der Parlamentswahl für ein demokratisches System" [185]) und die durch Art. 28 I S. 2 GG angeordnete Einbeziehung der Gemeinden in die Homogenitätsanforderungen des Bundes bewirken, daß bei Gemeindewahlen die Wahlgrundsätze identisch mit denen auf Bundesebene sind [186]). Dadurch wird insoweit die "verfassungsrechtliche Gleichwertigkeit" von Landtagen und Gemeinderäten unter dem Gesichtspunkt der Homogenität dargetan, so daß auch in den Kommunen alle "Gewalt" vom Volke ausgeht [187]).

### 3.3 Plebiszitäre Demokratieformen auf Gemeindeebene

Nach Art. 28 I S. 4 GG kann in Gemeinden an die Stelle einer gewählten Körperschaft eine Gemeindeversammlung treten. Diese Vorschrift eröffnet dem kommunalen Gesetzgeber die grundsätzliche Möglichkeit zur Einführung einer direktdemokratischen Form der Beteiligung der Aktivbürgerschaft bei Beratung und Entscheidung der lokalen Angelegenheiten [188]). Tatsächlich wurde jedoch

---

[182]) Böckenförde, HStR I, § 22 Rdnr. 32. Prägnant z.B. die Aussage in § 29 S. 1 HGO: Die Bürger der Gemeinde nehmen durch die Wahl der Gemeindevertreter an der Verwaltung der Gemeinde teil.

[183]) Starck, HStR II, § 29 Rdnr. 35.

[184]) Böckenförde, HStR I, § 22 Rdnr. 25; differenzierend Schmidt-Jortzig, Kommunalrecht, S. 39 Rdnr. 66: er sieht in den Kommunalwahlen eine zusätzliche, neben die staatlich-demokratische Wahl tretende Legitimation. Es handele sich hier allerdings weniger um Demokratie als um einen Auftrag zur gemeinschaftlichen Selbsthilfe; gegen Schmidt-Jortzig Janssen, AfK 1987, 206 (212).

[185]) Hans Meyer, HStR II, § 37 Rdnr. 18.

[186]) V. Münch/Kunig-v. Münch, Art. 38 Rdnr. 4; vgl. auch BVerfGE 47, 253 (276 f.), das die Wahlgrundsätze "als allgemeine Rechtsprinzipien für Wahlen zu allen Volksvertretungen im staatlichen und kommunalen Bereich" bezeichnet hat.

[187]) Hans Meyer, HStR II, § 37 Rdnr. 21; sogar einen "Legitimationsvorsprung" der kommunalen Selbstverwaltung gegenüber der allgemeinen Staatsverwaltung sieht Czybulka, a.a.O., S. 211, wegen des lokalen Elements als eines zusätzlichen vertrauensbildenden Legitimationsgrunds.

[188]) V. Münch/Kunig-Löwer, Art. 28 Rdnr. 32.

hiervon nur sehr sparsam Gebrauch gemacht [189]), wobei dies aufgrund der Größenzuschnitte heutiger Gemeinden auch nicht mehr als praktikabel erscheint. Art. 28 I 4 GG wird daher berechtigterweise als "später Reflex" auf die früher überschaubaren Verhältnisse in Gemeinden angesehen [190]).

Andererseits ist festzustellen, daß die Gemeindeversammlung im Sinne von Art. 28 I S. 4 GG nur "die Maximalfigur auf einer Skala unterschiedlich intensiver Beteiligungsformen" der Bürger darstellt [191]). So sehen die Gemeindeordnungen oftmals andere, weniger weitgehende plebiszitäre Erscheinungsformen vor. Insoweit sind vor allem Bürgerantrag, Bürgerbegehren und Bürgerentscheid zu nennen.

Mit dem Bürgerantrag können die Bürger die Beratung durch den Gemeinderat über bestimmte Angelegenheiten erzwingen, wobei es sich hierbei nur um Angelegenheiten aus dem eigenen Wirkungskreis der Gemeinden handeln darf, für die der Gemeinderat zuständig ist [192]). Der Bürgerantrag kann auch auf der Empfehlung einer Bürgerversammlung beruhen [193]), die als weiteres plebiszitäres Element in vielen Gemeindeordnungen vorgesehen ist [194]).

Mit einem Bürgerbegehren können die Bürger die Zuständigkeit zur Entscheidung über eine "wichtige Gemeindeangelegenheit" an sich ziehen und im weiteren Ablauf des Verfahrens per Bürgerentscheid selbst entscheiden [195]).

Die oben [196]) angedeuteten Vorbehalte gegen die plebiszitäre Demokratie gelten sinngemäß auch für einige plebiszitäre Formen auf Gemeindeebene, wenngleich zu bemerken ist, daß es hier immerhin nicht um Entscheidungen von staatspolitischer Tragweite und Bedeutung geht. Daß Entscheidungen tatsächlich nicht auf der Legitimation des gesamten "Teilvolkes" beruhen, kann daher eher hingenommen werden.

In der Sache dreht es sich jedoch gleichwohl im wesentlichen um das gleiche Problem, das sich z.B. bei Regelungen zur Beschlußfähigkeit zeigt: Wenn nach § 53 II S. 2 BbgGO die Beschlußfähigkeit für eine Gemeindeversammlung schon

---

[189]) Mit § 53 BbgGO hat hiervon - für Gemeinden mit bis zu 100 Einwohnern - nur Brandenburg Gebrauch gemacht, vgl. hierzu auch Tettinger, S. 31 Rdnr. 38.

[190]) V. Münch/Kunig-Löwer, Art. 28 Rdnr. 32.

[191]) So Stober, S. 122.

[192]) Vgl. z.B. §§ 20 b BW-GO; 19 BbgGO; 21 Saar-KSVG; 16 ThürKO.

[193]) Vgl. z.B. Art. 18 IV BayGO.

[194]) Vgl. z.B. Art. 18 BayGO; §§ 20 a BW-GO; 17 BbgGO; 16 GO-RP; 22 SachsGO.

[195]) Vgl. z.B. §§ 21 III BW-GO; 20 BbgGO; 8 b HGO; 17 ThürKO.

[196]) Vgl. I. 2.3.1, S. 8 f.

bei der Anwesenheit von mindestens sieben Bürgern festgesetzt wird, besteht die Gefahr, daß getroffene Entscheidungen angesichts der "Passivität der großen Masse" als das Ergebnis des Engagements von relativ wenigen sozial und politisch Aktiven bewertet werden müssen [197]). Allerdings ist hierzu zu bemerken, daß die Passivität der Bürger anscheinend mit abnehmender Größe der Gemeinden ebenfalls abnimmt [198]).

Ebenso wie für das Staatsverfassungsrecht kann auch hier eine abschließende Bewertung zur Sinnhaftigkeit von plebiszitären Formen auf Kommunalebene unterbleiben. Selbst wenn sie eingeführt werden, bleibt ihnen nur eine ergänzende Funktion, die die Verantwortlichkeit der gewählten Gemeindevertretung nicht verdrängen darf [199]).

### 4. Herleitungen aus den Prinzipien der Volkssouveränität und der Demokratie für den Gemeinderat und das einzelne Ratsmitglied

#### 4.1 Formale Gleichheit der Ratsmitglieder

Die formale Gleichheit, wie sie für die Mitglieder in parlamentarischen Volksvertretungen prägend ist, gilt auch im Verhältnis der Gemeinderatsmitglieder untereinander, so daß auch diese alle im Grundsatz gleiche Mitwirkungsrechte haben, die sich auch auf die den Abstimmungen vorausgehenden Beratungen beziehen [200]). Daraus folgt, daß das Recht des Einzelnen, an der Willensbildung und Entscheidungsfindung des Rats mitzuwirken und seine Kenntnisse, Erfahrungen und Vorstellungen einzubringen, nicht in seinem Wesenskern angetastet werden darf; die Rechte des einzelnen Mitglieds dürfen zwar im einzelnen ausgestaltet und infolgedessen auch eingeschränkt werden, jedoch grundsätzlich nicht entzogen werden [201]).

Dieses Ergebnis kann sowohl aus dem Grundsatz der demokratischen Repräsentation wie auch aus der Wahlrechtsgleichheit hergeleitet werden.

---

[197]) Vgl. allerdings Muckel, NVwZ 1997, 223 (227), der ein mangelndes Interesse der Bürger an der unmittelbaren Beeinflussung des politischen Geschehens auf kommunaler Ebene als "nicht belegt" ansieht; mangelndes Interesse vermutet Waechter, S. 189 f. Rdnr. 270.

[198]) Vgl. Gabriel, Mängelanalyse, S. 144 (m.w.N.), der auf die Ergebnisse von Untersuchungen zur Wirksamkeit von Bürgerversammlungen verweist. Danach haben sich diese auf Gesamtgemeindeebene insgesamt als wirkungslos erwiesen, in Kleinstgemeinden unter 500 Einwohnern wurde jedoch zumindest eine relativ hohe Beteiligung (bis zu 50% der Wahlberechtigten) erreicht.

[199]) So auch Stober, S. 122 (m.w.N.); vgl. auch Ehlers, Jura 1988, 337 (341). Natürlich gilt dies nicht für die Gemeindeversammlung nach Art. 28 I S. 4 GG.

[200]) Vgl. z.B. BVerwG, NVwZ-RR 1993, 209; BVerwGE 90, 104 (108); Tettinger, S. 54 Rdnr. 83; Schwerdtner, VBlBW 1993, 328 (329).

[201]) So Hess. VGH, NVwZ 1991, 1105 (1106), unter Inbezugnahme von BVerfGE 80, 188.

Soweit die formale Gleichheit von Bundestagsabgeordneten aus deren Repräsentativstellung i.V.m. Art. 38 I S. 2 GG hergeleitet wird, ist zwar zunächst einschränkend festzustellen, daß eine Anwendung dieser Vorschrift auf Gemeinderatsmitglieder nicht ohne weiteres möglich ist, weil diese Norm ein freies Mandat allein für die Abgeordneten des Deutschen Bundestages vorsieht und es sich bei den vom BVerfG zu Art. 38 I S. 2 GG entwickelten Grundsätzen um Postulate des Parlamentsrechts, nicht des Kommunalrechts, handelt [202]).

Jedoch wird die über Art. 28 I S. 2 GG i.V.m Art. 20 I, II GG getroffene Grundentscheidung der Verfassung für die Prinzipien der Volkssouveränität und des Demokratiegedankens unmittelbar auf die Ebene der Gemeinden übertragen. Hieraus ergibt sich, daß bei der Arbeit im Gemeinderat als Repräsentativorgan eine grundsätzlich gleichberechtigte Mitwirkung aller Ratsmitglieder geboten ist. Auch kann die formale Gleichheit aller Gemeinderatsmitglieder direkt aus der Wahlrechtsgleichheit hergeleitet werden, weil die Grundsätze des Art. 38 I S. 1 GG hier unmittelbar gelten.

Das gleiche Ergebnis läßt sich auch über die Anwendung von Art. 28 I S. 2 i.V.m. Art. 20 I, II GG erzielen, wenn die Wahlrechtsgleichheit generell aus dem Demokratiegrundsatz abgeleitet wird [203]). Dies gilt bei beiden Wegen sowohl in bezug auf die passive wie die aktive Komponente der Wahlrechtsgleichheit. Denn auch im Gemeinderat findet Mandatsausübung als ein Ausdruck von Ausübung staatsbürgerlicher Rechte statt, seine Mitglieder können sich genauso wie die Mitglieder staatlicher Parlamente auf die Ausübung eines gleichen passiven Wahlrechts im engeren Sinn berufen.

Weiterhin kann auch für Gemeinderatsmitglieder der Grundsatz des gleichen Erfolgswerts aller Wählerstimmen bemüht werden, weil auch bei Kommunalwahlen alle Stimmen grundsätzlich einen gleichen Einfluß auf das Wahlergebnis haben müssen [204]). Eine ungleiche Ausstattung der Ratsmitglieder mit Rechten kann daher als eine Verfälschung des Wahlergebnisses im Nachhinein angesehen werden, weil hierdurch der Erfolgswert der abgegebenen Stimmen, bezogen auf die Mitwirkung am gemeindlichen Entscheidungsprozeß, ungleich gewichtet wird.

Ebenso wie in bezug auf das Parlamentsrecht, kann damit auch für den Gemeinderat unmittelbar aus der Verfassung hergeleitet werden, daß eine ungerechtfertigte Ungleichbehandlung von Gemeinderatsmitgliedern damit auch das gleiche Wahlrecht der Gemeindebürger als Wähler beeinträchtigt.

---

[202]) BVerwG, NVwZ-RR 1991, 157, (158) und BVerwGE 90, 104, (105), jeweils mit Hinweis auf BVerfGE 78, 344 (348).

[203]) So Birk, NJW 1988, 2521 (2522).

[204]) Stober, S. 135 (m.w.N.); vgl. auch Waechter, S. 227 f. Rdnr. 326.

## 4.2 Das freie Mandat der Gemeinderatsmitglieder

Alle Gemeindeordnungen mit Ausnahme der BayGO enthalten dem Art. 38 I S. 2 GG ähnliche Mandatsbestimmungen, so daß auch Gemeindevertreter nach allgemeiner Auffassung Träger eines freien Mandats sind [205]). Dieses freie Mandat wird in seinem Kernbestand hergeleitet aus dem Repräsentationsgedanken, auf dem auch die Stellung des Gemeindevertreters beruht [206]). Das freie Mandat der Gemeindevertreter ist somit "letztlich bundesverfassungsrechtlich verankert, es hat also Verfassungsrang" [207]).

Ausgangspunkt für die Rechte und Pflichten sowohl der Parlamentarier als auch der Gemeindevertreter ist jeweils deren Repräsentationsstellung [208]). Diese findet für Bundestagsabgeordnete ihren maßgeblichen legislatorischen Ausdruck in Art. 38 I S. 2 GG, für Ratsmitglieder in den Mandatsvorschriften in den Gemeindeordnungen, die ihrerseits nach dem Homogenitätsgebot des Art. 28 I S. 1 GG entsprechende kommunalrechtliche Konkretisierungen bzw. Ausprägungen dieses freien Mandats darstellen.

Zur verfassungsmäßigen Ordnung im Sinne von Art. 28 I S. 1 GG gehört nämlich auch die Berücksichtigung der Kommunen als "organisatorisches Binnengefüge der Länder". Das freie Mandat wird als "wesensmäßiges Kernstück des Repräsentationsprinzips" dadurch zwingend mittransportiert [209]). Dies gilt auch ungeachtet der Antwort auf die Frage, welchem Funktionenbereich, Exekutive oder Legsilative, die Arbeit des Gemeinderats zuzuordnen ist. Denn tragender Grund für die Geltung eines freien Mandats ist nicht etwa eine legislative Funktion des Mandatsträgers, sondern allein der Gedanke der Repräsentation, der für den Gemeinderat auch dann gilt, wenn er eindeutig als Exekutivorgan tätig wird [210]).

Die Schutzwirkung des "freien Mandats" kann sich in zwei Richtungen entfalten: einmal wird der gewählte Repräsentant geschützt vor Wähler- und Parteibeeinflussung. Die andere Facette bildet einen Schutz gegenüber staatlichen Einflußnahmen auf den Gegenstand und den Inhalt der Mandatstätigkeit.

---

[205]) Vgl. z.B. §§ 43 I GO-RP; 42 I GO-LSA; 32 I GO-SH; 24 I ThürKO; vgl. hierzu im Schrifttum z.B. Frowein, DÖV 1976, 44; Wurzel, BayVBl. 1986, 417; Hubert Meyer, S. 242; Ladeur, BayVBl. 1992, 387 (388); Schröder, S. 377 f.; da den jeweiligen Regelungen in den Gemeindeordnungen nur deklaratorischer Charakter beigemessen wird, gilt das freie Mandat auch für bayerische Kommunalvertreter, vgl. z.B. Hien, BayVBl. 1984, 203.

[206]) Vgl. Hien, BayVBl. 1984, 203; Frotscher, ZParl 1976, 494 (496 f.).

[207]) So Demmler, S. 26; vgl. z.B. auch Schmidt-Jortzig, Kommunalrecht, S. 76 Rdnr. 172.

[208]) Becher, S. 27.

[209]) Hubert Meyer, S. 240 f. (m.w.N.); Schmidt-Jortzig, Kommunalrecht, S. 41 f. Rdnrn. 68 f.

[210]) Hien, BayVBl. 1984, 203 (204).

Obwohl der konkrete Inhalt des freien Mandats gesetzlich nicht normiert ist, werden vor allem Rede-, Antrags- und Abstimmungsrechte zu den absoluten Mindestbefugnissen eines Ratsmitglieds gezählt [211]). Ebenso wie in bezug auf den Minderheitenschutz ergibt sich die hervorragende Bedeutung des freien Mandats bei der Prüfung, inwieweit Rechte durch es gefordert bzw. ihre Verweigerung wegen Verstoßes gegen das freie Mandat rechtswidrig sind [212]).

## 4.3 Minderheitenschutz auch auf Kommunalebene

Wie auf staatlicher Ebene [213]) ist die Geltung des verfassungsrechtlichen Grundsatzes des Minderheitenschutzes als besonderer Ausfluß des Prinzips der repräsentativen Demokratie auch für die kommunale Ebene grundsätzlich anerkannt [214]). Grund hierfür ist die Geltung des Demokratie- und Repräsentationsprinzips auch auf der kommunalen Ebene, weil auch die Gemeinderäte von einer einheitlichen Wählerschaft bestimmt werden, was mit der zwangsläufigen Bildung von Mehr- und Minderheiten einhergeht [215]).

Der Minderheitenschutz in kommunalen Vertretungskörperschaften verlangt ebenfalls die Bereitstellung eines rechtlichen Rahmens, mit dessen Hilfe eine Minderheit in der Lage ist, eigene politische Vorstellungen wirksam in die Arbeit des Gemeinderats einzubringen, Bedenken und Kritik an den Vorstellungen der Mehrheit zu äußern, um dadurch insgesamt politische Konkurrierung zu ermöglichen [216]).

Es kommt auch hier auf die konkrete Ausgestaltung im Gesetz an, lediglich spezielle, an Willkür-, Mißbrauchs- und Übermaßverbot zu messende Verwehrungen können danach als rechtswidrig eingestuft werden [217]).

---

[211]) Scholtis, S. 265 (m.N.); Schmidt-Jortzig, Kommunalrecht, S. 76 Rdnr. 172.

[212]) Scholtis, ebd.

[213]) Vgl. BVerfGE 70, 324 (363).

[214]) Vgl. z.B Scholtis, S. 284 f. (m.w.N.); Schmidt-Jortzig, DVBl. 1980, 719 (722); BayVGH, NVwZ 1990, 1197 (1198); BVerwGE 90, 104 (108); Schwerdtner, DÖV 1990, 14.

[215]) Scholtis, S. 284.

[216]) Scholtis, ebd.

[217]) Scholtis, S. 286; Schmidt-Jortzig, DVBl. 1980, 719 (722); Fröhlinger, DVBl. 1982, 682 (685).

## 5. Herleitungen aus den Prinzipien der Volkssouveränität und der Demokratie für die Gemeinderatsfraktion bzw. Gruppe

### 5.1 Die kommunalen Fraktionen und Gruppen

Neben der individuellen Ausübung von Rechten durch das einzelne Ratsmitglied hat die kollektive Ausübung von sog. Gruppenmitgliedschaftsrechten [218]) durch Fraktionen für den Gemeinderat eine sehr maßgebliche Bedeutung für dessen Willensbildungsprozeß. Diese straffen den Willensbildungsprozeß, indem sie Vorklärungen betreiben und die Arbeit auf deutlich unterscheidbare Alternativen konzentrieren [219]). Ihre Hauptaufgabe ist dabei, parteipolitische Vorstellungen in die Ratsarbeit einzubringen und umzusetzen, wodurch gleichzeitig bewirkt wird, daß durch eine Förderung von Informationen und Sachwissen der politische Gesamtüberblick im Gemeinderat erweitert wird [220]). Durch ihre "Brückenkopffunktion" [221]) mit technischer Optimierung der Arbeitsabläufe zwischen Gemeinderat, Ausschüssen und Verwaltung wird den Fraktionen zuweilen sogar bescheinigt, sie seien "Machtzentren der Kommunalpolitik" [222]).

Nach einer Definition des BVerwG [223]) sind Ratsfraktionen Gruppen von Mitgliedern des Gemeinderats mit jeweils gemeinsamen politischen Grundanschauungen, die sich zusammengeschlossen haben, um ihre Vorstellungen und Aktivitäten aufeinander abzustimmen und diesen im arbeitsteiligen Zusammenwirken zu besserer Wirksamkeit zu verhelfen.

Fraktionen werden gemeinhin als rechtlich unselbständige Gliederungen des Gemeinderates mit einem öffentlich-rechtlichen Status ohne Organcharakter qualifiziert [224]). Sie sind damit z.B. auch nicht berechtigt, sich unter Berufung auf Art. 28 I S. 2 GG i.V.m. dem Demokratieprinzip gegen Eingriffe anderer Gemeindeorgane in Zuständigkeiten des Gemeinderates zur Wehr zu setzen [225]). Gleichwohl besitzen sie eigene Zuständigkeiten, wobei sie insbesondere über

---

[218]) Scholtis, S. 14.

[219]) BVerwGE 90, 104 (105); vgl. auch BVerfGE 38, 258 (273 f.).

[220]) Stober, S. 215.

[221]) Begriffsverwendung bei Wimmer, DVBl. 1974, 502.

[222]) Stober, S. 215.

[223]) BVerwGE 90, 104 (105).

[224]) Vgl. zur Einordnung ihrer Rechtsnatur z.B. Hubert Meyer, S. 245; Zuleeg, Handbuch Bd. 2, § 28, S. 146.

[225]) BVerwG, DVBl. 1994, 866; vgl. auch BVerwGE 90, 104 (109): "...eine Fraktion kann niemals die Funktionen und Kompetenzen der gesamten Volksvertretung wahrnehmen"; so auch BVerfGE 38, 258 (274).

Antrags-, Akteneinsichts-, Informations- und Rederechte verfügen [226]). Nicht zuletzt spielen sie bei der Ausschußbildung und -zusammensetzung eine hervorgehobene Rolle, indem ihnen weitgehende Rechte (z.B. exklusives Vorschlagsrecht, Innehabung eines Grundmandats) zukommen [227]).

Bedeutung für diese Untersuchung hat die Frage, unter welchen Voraussetzungen die Bildung einer Fraktion in den Gemeinderäten möglich ist. Deren Beantwortung wird dadurch erschwert, weil sich nicht in allen Gemeindeordnungen Regelungen zur Fraktion finden. Gänzlich darauf verzichtet haben Baden-Württemberg, Bayern und Sachsen. Doch auch dort, wo der Gesetzgeber Regelungen geschaffen hat, werden diese angesichts der aufgezeigten Bedeutung der Fraktionen oftmals als unzulänglich empfunden [228]).

Dennoch ist anerkannt, daß auch in den Ländern, in deren Gemeindeordnungen eine gesetzliche Regelung gänzlich fehlt, die Bildung von Fraktionen zulässig ist. Dies ergibt sich aus der Befugnis des Gemeinderats, seine interne Organisation und den Ablauf des Entscheidungsprozeßes im Rahmen der Gesetze eigenverantwortlich zu regeln [229]). Dies kann sich auch in der täglichen Verwaltungspraxis zeigen. So wird beispielsweise der Begriff der "Fraktion", in einer früheren Fassung der BayGO (bis zum 1.5.1978) noch enthalten, im kommunalpolitischen Sprachgebrauch nach wie vor synonym für "Partei oder Wählergruppe" [230]) verwendet [231]).

Aus dem Beispiel wird zugleich deutlich, daß sich zuweilen weitere Termini finden, die, ähnlich wie der Fraktionsbegriff, die kollektive Rechtsausübung im Gemeinderat umschreiben. So unterscheidet z.B. § 39 b I NGO nach "Fraktion oder Gruppe", wobei das Gesetz keinerlei Anhaltspunkte zur Differenzierung gibt. Es wird davon ausgegangen, daß bezüglich der Gruppe im Hinblick auf Aufgaben und Rechtsstellung keine Unterschiede zur Fraktion bestehen, ein Unterschied jedoch darin besteht, daß Fraktionsmitglieder aufgrund des gleichen,

---

[226]) Vgl. z.B. §§ 34 IV KV M-V; 34 V S. 2 GO-RP; 35 IV S. 2 ThürKO.

[227]) Vgl. hierzu z.B. Rothe, DVBl. 1988, 382 (386 ff.).

[228]) Die "Spärlichkeit gesetzgeberischer Äußerung" und das Schweigen des Gesetzgebers zu Begriff, Rechtsnatur etc. von Gemeinderatsfraktionen bewertet Wohlfarth, S. 154 Rdnr. 131, bezogen auf das saarländische Kommunalrecht, als "schon auffällig".

[229]) Vgl. v. Mutius, JuS 1978, 537 (541).

[230]) Im Sinn von Art. 33 I S. 2 BayGO, wo die Ausschußzusammensetzung geregelt ist.

[231]) Streinz, BayVBl. 1983, 705 (707, FN 34); vgl. auch Schreiber, BayVBl. 1996, 134 ff., 170 ff., der in seiner Untersuchung zur Einhaltung des Gebots der Spiegelbildlichkeit bei der gemeindlichen Ausschußbesetzung, bezogen auf die Wahlperiode 1990-1996 im Landkreis München, ebenfalls den Fraktionsbegriff verwendet, vgl. z.B. S. 138.

Gruppenmitglieder aufgrund verschiedener Wahlvorschläge ihren Sitz erworben haben [232]). Die Gruppe ist also der Fraktion grundsätzlich gleichzustellen.

Gesetzliche Bestimmungen über Mindeststärken von Fraktionen gibt es in Brandenburg, Mecklenburg-Vorpommern, Niedersachsen, Nordrhein-Westfalen, Rheinland-Pfalz, im Saarland, in Sachsen-Anhalt und in Schleswig-Holstein [233]). Alle diese Länder haben als Mindestzahl zwei Mitglieder bestimmt. Eine Sonderstellung nimmt Hessen ein, weil dort unter bestimmten Voraussetzungen sogar eine sog. Ein-Mann-Fraktion möglich ist [234]). Eine weitere Besonderheit ergibt sich in Schleswig-Holstein, wo sich auch fraktionslose Ratsmitglieder zu einer Fraktion zusammenschließen können [235]). Nähere Regelungen zur Fraktion finden sich vielfach in den Geschäftsordnungen der Gemeinderäte, die ihre Befugnis dazu aus den Gemeindeordnungen herleiten [236]).

Die Festlegung von Fraktionsmindeststärken im Gesetz oder in Geschäftsordnungen wird kontrovers diskutiert [237]). Vor allem dort, wo kein gesetzlicher Rahmen existiert, wird als mögliches Problem gesehen, daß die Ratsmehrheit die Arbeit einer Minderheit dadurch zu erschweren suchen könnte, indem die Mindeststärke heraufgesetzt wird, um dadurch die mit dem Fraktionsstatus verbundenen Rechte vorzuenthalten [238]). Auch eine gesetzlich festgelegte Mindeststärke, die durch den Gemeinderat nicht durch Geschäftsordnungsregelung heraufgesetzt werden darf [239]), wird im Schrifttum kritisiert [240]).

---

[232]) Scholtis, S. 20 (m.w.N.); vgl. auch Schröder, S. 424 f.

[233]) Vgl. §§ 40 I S. 2 BbgGO; 23 V S. 2 KV-MV; 39 b I S. 1 NGO; 56 I S. 2 GO-NRW; 30 a I S. 2 GO-RP; 30 V S. 2 Saar-KSVG; 43 S. 3 GO-LSA; 32 a V S. 1 GO-SH.

[234]) Vgl. § 36 I S. 4 HGO; vgl. hierzu Jacoby, S. 105: Die Regelung ist nach seiner Meinung verfassungsrechtlich unbedenklich, jedoch rechtspolitisch fraglich, weil Arbeitsteilung und Kooperation nur ab zwei Mitgliedern möglich sei.

[235]) § 32 a IV 1. Alt. GO-SH.

[236]) Vgl. z.B. § 39 b V NGO.

[237]) Zu den vergleichbaren Problemen bei staatlichen Parlamenten vgl. die Darstellung bei Demmler, S. 226 ff.

[238]) Vgl. Waechter, S. 226 Rdnr. 323; Fröhlinger, DVBl. 1982, 682 ff.

[239]) Vgl. OVG Rheinland-Pfalz, NVwZ-RR 1997, 310.

[240]) Vgl. z.B. Schröder, S. 425, der eine effiziente politische und fachliche Vorbereitung der Ratsarbeit durch nur zwei Fraktionsmitglieder in Frage stellt; ebenfalls zweifelnd, ob bei einer Mindeststärke von zwei Mitgliedern dem Bedürfnis nach Straffung und Konzentration der Arbeit Genüge getan werden kann, v. Mutius, JuS 1978, 537 (542).

Allgemein wird davon ausgegangen, daß dem Gemeinderat bei der Regelung seiner inneren Angelegenheiten kraft seiner Autonomie eine relativ weitgehende Gestaltungsfreiheit zukommt. Diese wird eingeengt durch das Demokratieprinzip und die Pflicht zum Minderheitenschutz, wobei insbesondere eine fehlerfreie Abwägung zwischen Funktionsfähigkeit des Rats und dem Minderheitenschutz vorzunehmen ist [241]). Der Minderheitenschutz ist erst dann verletzt, wenn die in einer Geschäftsordnung getroffene Regelung nicht auf einer sachgerechten Abwägung beruht, die sich vor allem danach ausrichten muß, ob die Einräumung des Fraktionsstatus für Klein- und Kleinstgruppen die Effektivität beeinträchtigt oder nicht. Dies kann immer nur mit Blick auf die konkreten Verhältnisse (unter anderem Gesamtgröße des Rats) beurteilt werden [242]). Eine Berufung auf den Gleichheitssatz durch bei der Fraktionsbildung übergangene Minderheiten mit Blick auf andere gesetzliche oder in der Geschäftsordnung enthaltene Regelungen ist jedenfalls nicht möglich [243]). Auch der Umstand, daß eine wahlrechtliche Sperrklausel übersprungen wurde, wird nicht als Garantie zur Erlangung des Fraktionsstatus angesehen [244]).

## 5.2 Minderheitenschutz für Fraktionen und Gruppen

Ratsfraktionen und Gruppen sind wie Fraktionen in staatlichen Parlamenten ebenfalls Ausdruck des freien Mandats ihrer Mitglieder, wobei jedoch dieses nicht auf diese übergeht, sondern bei den einzelnen, die Fraktion bildenden Mandatsinhabern verbleibt [245]). Sämtliche Rechte, die der einzelne Mandatsinhaber daraus bzw. generell aus seiner Repräsentativstellung für sich in Anspruch nehmen kann, stehen prinzipiell auch seiner Fraktion bzw. Gruppe zu.

Die formale Gleichheit mit grundsätzlich gleichen Mitwirkungsrechten, die im Verhältnis der einzelnen Ratsmitglieder untereinander gilt, setzt sich daher

---

[241]) Vgl. z.B. Fröhlinger, DVBl. 1982, 682 (685); Scholtis, S. 289 ff.

[242]) Vgl. z.B. OVG Rheinland-Pfalz, AS Bd. 17, Nr. 27, 170: Festlegung einer Mindestfraktionsstärke von 5 Mitgliedern bei einem 23-köpfigen Rat als Verstoß gegen den Minderheitenschutz bewertet.

[243]) Tettinger, S. 58 Rdnr. 92, mit Berufung auf BVerfGE 33, 224 (231): Art. 3 GG verpflichtet den jeweiligen Normgeber nur, in seinem Herrschaftsbereich Gleichheit zu wahren, Unterschiede zu anderen Bereichen sind grundsätzlich irrelevant; auch BVerwG, NJW 1980, 304.

[244]) Vgl. z.B. Waechter, S. 226 f. Rdnr. 323 (m.w.N.); Scholtis, S. 291 f.; anders Stober, S. 213, und Schmidt-Jortzig, Kommunalrecht, S. 85 Rdnr. 209, die den Fraktionsstatus auch einer "Ein-Mitglied-Fraktion" einräumen wollen, weil sie die 5%-Hürde übersprungen hat und die statusrechtliche Gleichstellung im Vordergrund stehe.

[245]) BVerwGE 90, 104 (106); vgl. auch für das Parlamentsrecht Demmler, S. 259 ff., der Fraktionsrechte nicht als deren originäre Rechte, sondern nur als Ausfluß von Abgeordnetenrechten einordnet, die diesen entzogen wurden (270), auch BVerfGE 93, 195 (203 f.).

entsprechend fort zugunsten der Fraktionen und Gruppen als Zusammenschlüssen politisch gleichgesinnter Mitglieder der kommunalen Volksvertretung. Diese sind somit im Plenum und in den Ausschüssen grundsätzlich gleichberechtigt an der Willensbildung der Volksvertretung zu beteiligen [246]).

Gleiches gilt für die Anwendung des Minderheitenschutzes und das Institut der Chancengleichheit der Parteien. Auch kommunale Fraktionen und Gruppen können sich auf das Gebot des Minderheitenschutzes berufen [247]) und auch das Prinzip der Chancengleichheit der Parteien für sich bemühen [248]), dessen Schutz sich nach der Rechtsprechung des BVerfG [249]) auch auf sog. Rathausparteien erstreckt.

## 6. Ausschußstrukturen im Kommunalverfassungsrecht

### 6.1 Rechtliche Verankerung, allgemeine Einteilung, Status und Geschäftsgang der gemeindlichen Ausschüsse

Regelungen zur Bildung, Zusammensetzung, Zuständigkeit und zum Verfahren in den Ausschüssen finden sich außer in den Gemeindeordnungen in erlassenen Hauptsatzungen, Geschäftsordnungen und in den zur Bildung der Ausschüsse ergangenen Ratsbeschlüssen.

Es ist festzustellen, daß in den Gemeindeordnungen als den "Verfassungen" der Gemeinden mitunter relativ ausführliche Normen auch zu Einzelfragen des Ausschußwesens enthalten sind [250]). Diese gesetzlichen Vorgaben an die Adresse der Gemeinden bewirken, daß sich deren ortsrechtliche Eigenregelungen in diesem Rahmen halten müssen.

In diesem Zusammenhang ist festzuhalten, daß die Möglichkeit der Bildung beratender (vorbereitender) Ausschüsse bereits als Strukturprinzip jeder beschließenden Kollegialkörperschaft aus deren arbeitsmäßigen Sachgesetzlichkeiten folgt [251]). Die in den Gemeindeordnungen insoweit enthaltenen Bildungsermächtigungen werden daher als verzichtbar angesehen [252]). Dies gilt jedoch nicht für die beschließenden Gemeinderatsausschüsse, da hier eine Zu-

---

[246]) BVerwG, NVwZ-RR 1993, 209.

[247]) Vgl. Schröder, S. 426; Schmidt-Jortzig, DVBl. 1980, 719 (722).

[248]) Vgl. BVerwG, NVwZ-RR 1988, 41 (42).

[249]) Vgl. BVerfGE 12, 10 (25).

[250]) Vgl. z.B. §§ 40 I, II BW-GO; 51 II NGO; 27 I ThürKO; von einer "minutiösen" Normierung spricht Schröder, S. 427.

[251]) Schmidt-Jortzig, Kommunalrecht, S. 87 Rdnr. 215.

[252]) Schmidt-Jortzig, ebd.; auch Scholtis, S. 85.

ständigkeitsverschiebung vom Gemeinderat auf diese stattfindet, hier wirken gesetzliche Ermächtigungen konstitutiv [253]).

Eine zusammenfassende Bestandsaufnahme ergibt, daß alle Kommunalverfassungen [254]) der Bundesrepublik Deutschland dem Gemeinderat das Recht zugestehen, beschließende und beratende Ausschüsse zu bilden. Die Ratsausschüsse dienen als "fachlich spezialisierte Untergliederungen des Plenums" [255]) dessen Entlastung, damit sich dieses auf die Beratung und Beschlußfassung der wichtigen Aufgaben konzentrieren kann [256]). Diese Entlastung wird durch die beschließenden Ausschüsse dadurch bewirkt, indem diese anstelle des Gemeinderats entscheiden [257]). Den vorberatenden Ausschüssen (auch "Fachausschüsse") fällt die Aufgabe zu, Fach- und Detailfragen für den Gemeinderat in Form von Beschlußvorlagen vor- und aufzubereiten, damit er auf und anhand dieser Grundlage entscheiden kann [258]). Möglich und üblich ist es, einen Ausschuß teils als vorberatenden, teils als beschließenden (für in der Geschäftsordnung geregelte bedeutendere Sachen) einzusetzen [259]).

Die gemeindlichen Ausschüsse sind, ebenso wie der Gemeinderat selbst, sog. Kollegialorgane. Ein Kollegialorgan ist eine mit bestimmten Kompetenzen ausgestattete Vielheit von Personen, die untereinander grundsätzlich gleichberechtigt sind, wobei diese Personen zu einer rechtlichen Einheit (Kollegium) organisiert sind [260]). Es wird davon ausgegangen, daß der Begriff des "Kollegialorgans" drei- oder mehrgliedrigen Organen vorbehalten ist [261]).

Ausschüsse sind Organteile des Gemeinderats, die mit eigenen Innenrechtspositionen ausgestattet sind [262]). Der Gesetzgeber hat ihre Funktion

---

[253]) Schmidt-Jortzig, Kommunalrecht, S. 87 Rdnr. 216; Bremer, S. 34 f.

[254]) Vgl. Art. 32 f., 55 BayGO; §§ 39 ff. BW-GO; 50 f., 55 ff. BbgGO; 34 ff. BrhvVerf.; 62 HGO; 35 f. KV-M-V; 51 ff., 56 ff. NGO; 57 ff. GO-NRW; 44 ff. GO-RP; 48 Saar-KSVG; 41 ff. SachsGO; 45 ff. GO-LSA; 45 ff. GO-SH; 26 f. ThürKO.

[255]) BVerwGE 90, 104 (109).

[256]) BVerwG, NVwZ-RR 1988, 42.

[257]) Vgl. z.B. § 57 II S. 1 NGO.

[258]) Vgl. z.B. § 41 I S. 1 BW-GO.

[259]) Streinz, BayVBl. 1983, 705.

[260]) Dagtoglou, S. 32, 44. Vor Verallgemeinerungen in bezug auf das Merkmal der Gleichberechtigung warnt Schröder, S. 75 f.

[261]) Dagtoglou, S. 33; Schreiber, BayVBl. 1996, 134 (139).

[262]) Stober, S. 205; Schröder, Kommunalrecht, S. 31 Rdnr. 75, und Schmidt-Aßmann, S. 49 Rdnr. 66: "Unterorgane".

mitunter so stark ausgestaltet, daß bestimmten Ausschüssen sogar der Status eines Gemeindeorgans zukommt [263]). Im übrigen sind beschließende Ausschüsse entsprechend der materiellen Reichweite ihrer Entscheidungen grundsätzlich dann als selbständige Organe der Gemeinde anzusehen, wenn ihre Entscheidungen Außenwirkung entfalten [264]).

Neben der Unterscheidung in beschließende/beratende Ausschüsse kennt das gemeindliche Ausschußwesen noch die Differenzierung in obligatorische/fakultative bzw. die Trennung zwischen ständigen Ausschüssen und solchen "von vorübergehender Natur" [265]).

Die durch manche Gemeindeordnungen vorgegebenen obligatorischen Ausschüsse oder "Pflichtausschüsse" erledigen besonders wichtige Felder der Verwaltungsarbeit der Gemeinden. Dazu gehören z.B. die Haupt-, Finanz- und Rechnungsprüfungsausschüsse in Nordrhein-Westfalen und in anderen Bundesländern [266]). Durch die Regelung im Gesetz wird dem Gemeinderat unter zulässiger Einschränkung der gemeindlichen Organisationshoheit zwingend die Bildung dieser Ausschüsse vorgeschrieben [267]). Besondere Bedeutung haben dabei die Hauptausschüsse, die auf die Einheitlichkeit der Arbeit durch die Fachausschüsse hinzuwirken haben [268]) und im übrigen Überwachungsaufgaben gegenüber der Gemeindeverwaltung wahrnehmen [269]). In Nordrhein-Westfalen kommt dem Hauptausschuß darüber hinaus die Aufgabe zu, über die Planung von Verwaltungsaufgaben besonderer Bedeutung zu entscheiden, er hat ein Eilentscheidungsrecht in Angelegenheiten, die der Beschlußfassung des Gemeinderats unterliegen, falls die Entscheidung keinen Aufschub duldet [270]).

---

[263]) Vgl. den "Verwaltungsausschuß" nach § 56 NGO und den "Hauptausschuß" nach § 55 BbgGO. Auch der Hauptausschuß in NRW ist unmittelbares Gemeindeorgan, vgl. Rauball/Rauball, GO-NRW Kommentar, § 43 Anm. 1.

[264]) Vgl. v. Mutius, S. 323 Rdnr. 733.

[265]) Vgl. im einzelnen Körner, Handbuch Bd. 2, § 28, S. 130 ff.; Bremer, S. 16 ff.; Streinz, BayVBl. 1983, 705 ff.; Schmidt-Jortzig, Kommunalrecht, S. 87 ff. Rdnrn. 214 ff.

[266]) § 57 II GO-NRW; ähnliche Regelungen gibt es z.B. auch in Mecklenburg-Vorpommern und in Schleswig-Holstein; Pflichtausschuß im Saarland ist auch der Ausschuß für Natur- und Umweltangelegenheiten, vgl. § 48 I S. 2 Saar-KSVG.

[267]) Körner, Handbuch Bd. 2, § 28, S. 131.

[268]) Vgl. z.B. § 59 I GO-NRW.

[269]) Ausdrücklich geregelt in § 45 II GO-SH; Schmidt-Jortzig, Kommunalrecht, S. 87 Rdnr. 217, geht davon aus, daß verwaltungsüberwachende Ausschüsse als grundsätzliche Unterart beratender Ausschüsse wie jene systematisch ipso iure grundsätzlich zulässig sind.

[270]) §§ 61, 60 I GO-NRW; vgl. zum Hauptausschuß in NRW Ennuschat, VR 1991, 118.

Die Mitglieder der Ausschüsse sind in der Regel gleichzeitig Mitglieder des Gemeinderats. In einigen Gemeindeordnungen ist vorgesehen, daß in den Gemeinderatsausschüssen auch andere nicht unmittelbar demokratisch legitimierte Personen als ständige Mitglieder mitarbeiten dürfen. Es handelt sich um "sachkundige Bürger", die per Berufung durch den Gemeinderat bestimmt werden. Dies ist für vorberatende, zum Teil aber auch für beschließende Ausschüsse vorgesehen [271]). Teilweise wird ihre Mitarbeit in den Ausschüssen auf die Beratung beschränkt, teilweise wird sogar ein Stimmrecht eingeräumt [272]). Die Zahl der zusätzlichen Mitglieder ist in unterschiedlicher Höhe begrenzt, sie darf die der Ratsmitglieder im Ausschuß nicht überschreiten [273]).

Für das Verfahren in den Ausschüssen gelten regelmäßig die Bestimmungen über das Verfahren im Gemeinderat sinngemäß [274]). Den Vorsitz führt in einigen Fällen der Bürgermeister oder einer seiner Stellvertreter [275]), mitunter wird der Vorsitzende aus der Mitte des Ausschusses bestimmt [276]).

Die Frage der Öffentlichkeit der Ausschußsitzungen ist unterschiedlich geregelt, wobei regelmäßig zwischen beratenden und vorbereitenden Ausschüssen differenziert wird. Sitzungen beschließender Ausschüsse, die nur zur Vorberatung dienen, und Sitzungen beratender Ausschüsse sind regelmäßig nicht öffentlich, hingegen sind Ausschußsitzungen mit endgültiger Beratung und Beschlußfassung grundsätzlich öffentlich [277]).

6.2 Der vorberatende Ausschuß

Vorberatende Ausschüsse treffen keine verbindlichen Entscheidungen namens der Gemeinde, sondern erörtern und prüfen nur die ihnen überwiesenen Angelegenheiten, um dem Gemeinderat oder dem zuständigen beschließenden Ausschuß Unterlagen für die Entscheidung zu geben [278]). Sie werden also

---

[271]) Vgl. etwa §§ 40 I S. 4, 41 I S. 3 BW-GO; 50 VII BbgGO; 62 VI HGO; 51 VI NGO; 44 II SachsGO; 27 V ThürKO.

[272]) Vgl. etwa § 36 IV S. 3 KV M-V.

[273]) Zum unterschiedlichen Modus in den einzelnen Ländern vgl. die Darstellung bei Schröder, S. 361. Die Ausstattung mit Stimmrecht wird von Gern, S. 263 f. Rdnr. 414, als verfassungswidrig wegen Verstoßes gegen Art. 28 I S. 2 GG eingestuft; so auch Waechter, S. 231 Rdnr. 330.

[274]) Vgl. z.B. §§ 51 IV BbgGO; 52 I NGO.

[275]) Vgl. z.B. Art. 33 II BayGO; § 57 III GO-NRW.

[276]) Vgl. z.B. §§ 50 VIII BbgGO; 51 VII NGO; 27 IV ThürKO.

[277]) Vgl. im einzelnen Gern, S. 266 Rdnr. 417.

[278]) Streinz, BayVBl. 1983, 705; Körner, Handbuch Bd. 2, § 28, S. 133.

gewissermaßen gutachtlich tätig, ihre Beschlüsse sind Beschlußempfehlungen an die Entscheidungsgremien [279]).

Sie werden zur Erledigung bestimmter Sachaufgaben eingesetzt. So ist beispielsweise der Personalausschuß zuständig für Personalangelegenheiten, der Kulturausschuß für Fragen der gemeindlichen Kulturpolitik, weitere Bereiche sind die Sportpflege, das Sozialwesen, Bau-, Planungs- und Grundstücksangelegenheiten, Wirtschaftsförderung, Verkehrswesen etc. [280]). Diese Ausschüsse entsprechen in ihrer Zuständigkeitsabgrenzung oft den Fachdezernaten der Gemeindeverwaltung, mit denen sie zusammenarbeiten und deren Vorlagen sie zu prüfen haben, bevor sie dem Gemeinderat bzw. einem beschließenden Ausschuß zur Entscheidung vorgelegt werden [281]).

### 6.3 Der beschließende Ausschuß

Beschließende Ausschüsse [282]) erledigen die ihnen übertragenen Angelegenheiten an Stelle des Plenums.

Entsprechend einem Plenarvorbehalt [283]) sind jedoch bestimmte wesentliche Aufgaben (sog. Vorbehaltsaufgaben) wegen ihrer Bedeutung nicht vom Plenum auf einen beschließenden Ausschuß übertragbar. Dazu gehört z.B. der Erlaß von Satzungen [284]).

Darüber hinaus sehen einige Gemeindeordnungen als weiteres Regulativ ein Weisungsrecht des Gemeinderats bzw. dessen Rückholrecht vor [285]). Das Rückholrecht umfaßt auch das Recht, bereits gefaßte Beschlüsse von Ausschüssen abzuändern oder aufzuheben. Das ist allerdings nur möglich, wenn nicht bereits durch die Ausführung des Beschlusses Rechte Dritter entstanden sind [286]). Als weitere Sicherungen in Gemeindeordnungen finden sich auch Regelungen, die gegen Beschlüsse beschließender Ausschüsse Einspruchsmöglichkeiten eröffnen bzw. wonach diese erst auszuführen sind, wenn innerhalb

---

[279]) Streinz, ebd.

[280]) Körner, Handbuch Bd. 2, § 28, S. 133 f.

[281]) Körner, ebd.

[282]) In Bayern "Gemeindesenate" genannt, vgl. Art. 32 II S. 1 BayGO.

[283]) Vgl. Ehlers, Jura 1988, 337 (341).

[284]) Vgl. z.B. §§ 26 II Nr. 2 ThürKO; 41 I lit. f) GO-NRW; vgl. aber auch Art. 32 II S. 2 Nr. 2 BayGO, wonach die "Gemeindesenate" im baurechtlichen Bereich ausnahmsweise Satzungskompetenz erhalten.

[285]) Vgl. z.B. §§ 39 III S. 5 BW-GO; 18 II BrhvVerf.; 41 III S. 5 SachsGO; 26 III S. 2 ThürKO.

[286]) Körner, Handbuch Bd. 2, § 28, S. 137.

einer Frist kein Einspruch dagegen eingelegt worden ist [287]). Die Einrichtung von beschließenden Ausschüssen bedeutet jedoch in der Praxis dennoch eine weitgehende Übertragung von Befugnissen des Gesamtgemeinderats auf diese, die in den Ausschüssen getroffenen Entscheidungen sind der Einflußnahme des Rats jedenfalls grundsätzlich entzogen [288]).

6.4 Macht und Bedeutung der Ausschußarbeit für den Gemeinderat, Vorwegnahme bzw. Ersetzung der Repräsentation

Der Gemeinderat leistet eine beträchtliche Arbeit nicht in seinen eigenen Sitzungen, sondern in den Sitzungen seiner Ausschüsse [289]). Im Vordergrund steht die relativ sachbezogene Arbeit, die in den Ausschüssen bewältigt wird. Zwar werden auch hier oft "fertige" Verwaltungsvorlagen ohne Alternativvorschläge diskutiert, dennoch werden mitunter deutliche Veränderungen an diesen vorgenommen [290]). Im Plenum selbst ist eine solche sachorientierte Auseinandersetzung regelmäßig schon aus zeitlichen Gründen nicht mehr möglich, weil hier oftmals über eine Vielzahl von Vorlagen zu befinden ist [291]). Der Gemeinderat muß sich also in einer Vielzahl von Fällen auf die Arbeit seiner Ausschüsse "verlassen können", aus arbeitsökonomischen Gründen wird in den Gemeinden oftmals so verfahren, daß die von den Ausschüssen einmütig empfohlenen Vorlagen vom Gemeinderat en bloc ohne Diskussion angenommen werden, nur die im Ausschuß kontrovers diskutierten Themen werden auch im Plenum debattiert [292]). Andere Geschäftsordnungen lassen es zu, einstimmig in den Ausschüssen angenommene Vorlagen im Rathaus zur Einsichtnahme durch alle Gemeindevertreter eine bestimmte Zeit auszulegen. Erfolgt innerhalb dieses Zeitraums kein Widerspruch, so gilt die Vorlage als vom Gemeinderat angenommen [293]).

---

[287]) Vgl. z.B. Art. 32 III BayGO; § 47 GO-SH.

[288]) Kunze/Bronner/Katz, BW-GO, Kommentar, 4. Aufl., 2. Lief. Aug. 1984, § 39 Rdnr. 27; vgl. auch Knemeyer, S. 155 Rdnr. 185.

[289]) Scholtis, S. 86; vgl. auch Wohlfarth, S. 163 Rdnr. 138, der, außer beim Bürgermeister und seinem Apparat, die Hauptlast der Verwaltungstätigkeit auf den Schultern der Ausschüsse ruhen sieht.

[290]) Scholtis, S. 86 f.; vgl. i.ü. zum großen Einfluß der Verwaltung Ehlers, Jura 1988, 337 (342), und Wallerath, DÖV 1986, 533 ff.

[291]) Klüber, S. 180, nennt 60 bis 80 oder mehr; vgl. auch Derlien/Gürtler/Holler/Schreiner, S. 102, die das Plenum "überwiegend als Ratifikationsorgan" sehen; vgl. auch Ehlers, Jura 1988, 337 (342), und Vetterlein, ZParl 1976, 531 (534 ff.).

[292]) Klüber, S. 180, beschreibt die Praxis, daß die Themen manchmal nach zwei verschiedenen Tagesordnungen separiert werden; vgl. auch Derlien/Gürtler/Holler/Schreiner, S. 112.

[293]) Klüber, ebd.

Eine große Mehrheit der Vorlagen in Gemeinden erfordert keine weltanschaulichen oder politischen Entscheidungen, sondern reine Zweckmäßigkeitserwägungen [294]). *Klüber* [295]) geht daher davon aus, daß selbst in Gemeinden mit einem wenig guten kommunalpolitischen Klima 80-90% aller Beschlüsse in den Ausschüssen einmütig gefaßt und ebenso im Plenum akzeptiert werden. Beschlußempfehlungen von Ausschüssen erlangen also eine gewisse Faktizität für spätere Ratsbeschlüsse, es entspricht daher sogar einem Erfahrungssatz, daß der Gemeinderat einem empfehlenden Ausschußbeschluß ohne größere Diskussion folgen wird. Abstimmungen im Gemeinderat haben daher oft nur noch den Charakter einer formalen Legitimation [296]). Diese Determinierung und "Weichenstellung" [297]), die von einem Ausschußbeschluß ausgeht, wird als so weitreichend angesehen, daß förmliche Fehler bei der vorbereitenden Ausschußtätigkeit sogar auf den nachfolgenden Ratsbeschluß durchschlagen können [298]). Aufgrund dieser großen Bedeutung der vorberatenden Ausschüsse wird deren Tätigkeit als teilweise Vorwegnahme der Repräsentationstätigkeit des Plenums bezeichnet und bewertet [299]).

Die Machtfülle, die den vorberatenden Ausschüssen in der kommunalen Wirklichkeit zukommt, wird von der bei den beschließenden Ausschüssen vorhandenen in gewisser Hinsicht noch übertroffen, indem hier die Entscheidungen nicht nur sachlich vorbereitet, sondern aufgrund der eingetretenen Zuständigkeitsverschiebung auch getroffen werden. Zwar erledigen sie in der Sache keine Verwaltungsaufgaben von hervorgehobener Bedeutung, weil diese der Erledigung durch den Gemeinderat vorbehalten sind. Insoweit mag ihre Bedeutung im Einzelfall hinter der eines bloßen Beschlußvorschlages eines vorbereitenden Ausschusses - vielleicht in einer bedeutungsvollen Sache - zurückbleiben. Das ändert jedoch nichts daran, daß beschließende Ausschüsse

---

[294]) Klüber, ebd.; vgl. aber auch Banner, DÖV 1984, 364 (366 ff.), der auf eine zunehmende "parteipolitische Aufladung" von Sachentscheidungen hinweist, die sich auch in den Fachausschüssen auswirken könne.

[295]) Klüber, ebd.; Derlien/Gürtler/Holler/ Schreiner, S. 114, ermittelten bei einer vergleichenden Untersuchung in 4 Städten zwischen 72,4% und 93,8% einstimmig gefaßte Ratsbeschlüsse.

[296]) Vgl. Ehlers, Jura 1988, 337 (342); auch Hirte, DÖV 1988, 108 (112).

[297]) Vgl. OVG Münster, NVwZ 1984, 667 (668): "...die eigentliche Weichenstellung und Willensbildung erfolgt in erheblichem Maße bereits durch die Sachdebatte im zuständigen Fachausschuß".

[298]) Vgl. OVG Münster, NVwZ 1984, 667: Unwirksamkeit eines Bebauungsplanes, weil im Planungsausschuß ein befangenes Mitglied mitgewirkt hatte.

[299]) Vgl. z.B. BVerwG, NVwZ-RR 1993, 209; BVerwGE 90, 104 (109); das OVG Münster bewertet die Nichtberücksichtigung kleinerer Gruppen in Ausschüssen als Beschränkung "auf ein praktisch einflußloses Ratsmandat", NVwZ-RR 1989, 91 (95).

allein den formalen Entscheidungsvorgang steuern, dessen der Rat sich zu ihren Gunsten entäußert hat.

Die vorhandenen Sicherungsmechanismen, wie z.B. das Rückholrecht des Gemeinderats, vermögen diese Annahme nicht nachhaltig zu relativieren. Sie sind Ausdruck des allgemeinen Über- und Unterordnungsverhältnisses zwischen Plenum und Ausschuß [300]). Generell ist zu bedenken, daß die den Ausschüssen innewohnenden Vorteile der Entlastungsfunktion zugunsten des Plenums nicht durch die Ausübung der Kontrolle wieder zunichte gemacht werden dürfen [301]). Die Tatsache, daß es sich damit nur um Ausnahmevorschriften handeln kann [302]), hat zur Folge, daß durch die Entscheidungen der Ausschüsse in einer Vielzahl von Fällen Fakten in Form von Beschlüssen geschaffen werden. Der Gemeinderat trifft in diesen Fällen keine Entscheidungen mehr. Beschließende Ausschüsse sind daher in der Lage, die Repräsentationstätigkeit des Plenums insgesamt zu ersetzen [303]).

Es ist daher grundsätzlich auch nicht möglich, aus der relativ geringen Bedeutung der in beschließenden Ausschüssen erledigten Angelegenheiten Rückschlüsse zu ziehen, wonach deshalb Abstriche am Grundsatz der gleichberechtigten Mitwirkung aller Repräsentanten zulässig seien [304]). Der Grundsatz der repräsentativen Demokratie bezieht sich auch auf "Aufgaben von minderer Bedeutung", er unterscheidet nicht zwischen wichtigen und weniger wichtigen Aufgaben, sondern gilt absolut und ungeteilt und gebietet unterschiedslos seine Geltung. Maßgebender Gesichtspunkt ist, daß beschließende Ausschüsse Entscheidungen tatsächlich treffen, es sich also nicht um bloß vorbereitende und rein konsultative Tätigkeiten handelt, bei deren Besetzung Abstriche beim Gehalt demokratischer Legitimation grundsätzlich denkbar sind [305]).

---

[300]) Bremer, S. 182; Viniol, S. 170.

[301]) Viniol, S. 32.

[302]) So verweist z.B. Knemeyer, S. 155 Rdnr. 185, darauf, daß Art. 32 III BayGO nur "enge" Überprüfungsmöglichkeiten eröffne.

[303]) Vgl. z.B. BVerwG, NVwZ-RR 1993, 209; BVerwGE 90, 104 (109).

[304]) So aber teilweise die Rechtsprechung mit Hinweis auf die beim Rat verbliebene Rolle der "zentralen Führungsinstanz" zur Begründung der Nichtzulassung von Minderheiten in beschließende Ausschüsse, vgl. z.B. BVerwG, NVwZ-RR 1993, 209.

[305]) BVerfGE 47, 253 (273); 83, 60 (74). Daher geht auch der Hinweis des OVG des Saarlandes, NVwZ 1992, 289 (290), auf erstgenannte Entscheidung insoweit fehl, soweit hierdurch die Nichtzulassung von Minderheiten in beschließende Ausschüsse begründet werden soll, vgl. auch die Kritik von Waechter, S. 228 Rdnr. 326 (FN 232).

## 7. Zusammenfassung

Es wurde festgestellt, daß von Verfassungs wegen die Repräsentation des "Gemeindevolkes" der Volksvertretung "Gemeinderat" insgesamt, das heißt der Gesamtheit seiner Mitglieder, übertragen ist. Alle Gemeinderatsmitglieder haben daher ein grundsätzlich gleiches Recht, an der Repräsentation des Volkes im Gemeinderat beteiligt zu werden. Der gleiche Grundsatz gilt auch für alle Fraktionen bzw. Gruppen im Gemeinderat.

Verfassungsrechtlicher Anknüpfungspunkt dafür ist Art. 28 I S. 2 GG, der den Grundsatz der repräsentativen Demokratie in Art. 20 I, II GG mit weiteren hieraus zu gewinnenden verfassungsrechtlichen Ableitungen, wie formalisierter Gleichheitssatz, freies Mandat und Minderheitenschutz, auf die kommunale Ebene transportiert.

Die Ergebnisse dieser Repräsentationstätigkeit des Gemeinderats werden in vielen Fällen durch die Beschlüsse der Ausschüsse entweder entscheidend vorgeprägt oder sogar ersetzt. Das bedeutet, daß sich dieser gleiche Beteiligungsanspruch aller Gemeinderatsmitglieder, -fraktionen und -gruppen auch auf die Mitarbeit in den gemeindlichen Ausschüssen beziehen muß.

Es ist also rechtlich geboten, daß alle Gemeinderatsmitglieder, - fraktionen und - gruppen an den Ausschußberatungen teilnehmen.

## II. Zum Anspruch des Gemeinderatsmitglieds und einer Fraktion bzw. Gruppe auf Teilhabe an der Ausschußarbeit nach Kommunalverfassungsrecht

### 1. Der Anspruch des fraktionslosen Gemeinderatsmitglieds bzw. von Minderheitenfraktionen aus Sicht der Verwaltungsrechtsprechung

#### 1.1 Rechtsprechung zum einzelnen Ratsmitglied

Die Rechtsprechung der Verwaltungsgerichte lehnt demgegenüber eine anspruchsbegründende Übernahme verfassungsrechtlicher Grundsätze auf den kommunalen Bereich grundsätzlich ab. Zwar hatten sich - soweit ersichtlich - erst sechs obergerichtliche Entscheidungen explizit mit dem Anspruch eines nicht fraktionsgebundenen Ratsmitglieds zu befassen [306]).

Es existieren jedoch eine ganze Reihe von weiteren Entscheidungen, insbesondere zum möglichen Anspruch von Minderheitenfraktionen, die diese zurückhaltende Einstellung der Verwaltungsgerichte zur ergebnisrelevanten Übertragung verfassungsrechtlicher Grundsätze offenbaren [307]).

Daß bestimmte verfassungsrechtliche Grundsätze materiellrechtliche Wirkung auch für das Recht des Gemeinderats bzw. des einzelnen Ratsmitglieds entfalten, wird von der Rechtsprechung nicht in Frage gestellt, im Gegenteil, mitunter wird dies sogar besonders markant herausgestellt [308]). Abgelehnt wird hingegen fast durchweg im Ergebnis die Ableitung auch von subjektiven Rechten hieraus, was vielfach mit der (angeblichen) mangelnden Vergleichbarkeit der Situation im Gemeinderat mit der in staatlichen Parlamenten "begründet" wird.

Der auch von der Rechtsprechung [309]) herausgestellte dogmatische Ausgangspunkt ist Art. 28 I S. 2 GG, mit dem die in Art. 20 I, II GG getroffene Grundentscheidung der Verfassung für die Prinzipien der Volkssouveränität und des Demokratiegedankens auf die Ebene der Gemeinden übertragen wird. Hieraus ergibt sich, daß der Gemeinderat als das Repräsentativorgan - insoweit vergleichbar mit den staatlichen Parlamenten - eingeordnet wird.

Auch die hieraus resultierende individuelle Rechtsstellung des einzelnen Ratsmitglieds als Inhaber eines freien Mandats wird von den Gerichten immer

---

[306]) BVerwG, NVwZ-RR 1994, 109; BayVGH, NVwZ 1990, 1197; OVG Rheinland-Pfalz, DÖV 1996, 612; VGH Baden-Württ., NVwZ 1990, 893, und NVwZ-RR 1993, 657; OVG Bremen, NVwZ 1990, 1195, für Anspruch mit Stimmrecht.

[307]) Vgl. etwa BVerwGE 90, 104; BayVerfGH, NVwZ 1985, 823; BVerwG, DVBl. 1986, 240; OVG Hamburg, DVBl. 1986, 242; OVG des Saarlandes, NVwZ 1992, 289, mit ablehnendem obiter dictum zum Anspruch des einzelnen Ratsmitglieds.

[308]) Vgl. etwa BVerwG, NVwZ-RR 1993, 209, zur besonderen Bedeutung der beschließenden Ausschüsse.

[309]) Vgl. z.B. BVerwG, NVwZ-RR 1993, 209.

wieder betont: Der Repräsentativstellung des Gemeinderats müsse die gesetzliche Ausgestaltung der Rechtsstellung ihrer Mitglieder Rechnung tragen. "Die Gemeindevertreter haben daher nach Maßgabe der Eigenverantwortlichkeit, wie sie dem verfassungsrechtlich geformten Bild der in den staatlichen Aufbau integrierten kommunalen Selbstverwaltung entspricht, ein 'freies Mandat'." [310])

Diese Auffassung, die das freie Mandat somit auch für den kommunalen Raum als konstitutives Element ansieht, hat aus Sicht der Rechtsprechung zum Zwischenergebnis, daß - wie bei staatlichen Parlamenten - nach dem Demokratieprinzip grundsätzlich alle Mitglieder der Volksvertretung an den Entscheidungen der Vertretung beteiligt werden müssen [311]).

Genauso wie auf staatlicher Ebene [312]) wird daneben auch der verfassungsrechtliche Grundsatz des Minderheitenschutzes als besonderer Ausfluß des Prinzips der repräsentativen Demokratie als prinzipiell mögliche Anspruchsgrundlage des einzelnen Ratsmitglieds anerkannt [313]). Gleiches gilt auch für den formalisierten Gleichheitssatz, so daß aus der Gleichheit aller Mitglieder das Recht des Einzelnen, an der Willensbildung und Entscheidungsfindung des Rats mitzuwirken und seine Kenntnisse, Erfahrungen und Vorstellungen anzubringen, nicht in seinem Wesenskern angetastet werden kann; die Rechte des einzelnen Mitglieds dürfen zwar im einzelnen ausgestaltet und infolgedessen auch eingeschränkt werden, jedoch grundsätzlich nicht entzogen werden [314]).

Die Rechtsprechung der Verwaltungsgerichte anerkennt darüber hinaus im Grundsatz auch die gegebene Vorverlagerung der Repräsentation in die Gemeinderatsausschüsse.

Das BVerwG [315]) hat dabei für die beschließenden Ausschüsse sogar noch besonders herausgestellt, daß der Grundsatz der Spiegelbildlichkeit bei der Zusammensetzung von Ratsplenum und Ratsausschüssen gerade auch für diese mit erhöhter Bedeutung gelte, weil beschließende Ausschüsse in "ihrem Aufgabenbereich die Repräsentationstätigkeit der vom Volk gewählten Ratsmitglieder nicht nur teilweise vorwegnehmen, sondern insgesamt ersetzen."

Soweit im Ergebnis trotz alledem der Anspruch verneint wird, wird dies aus Art. 28 II GG hergeleitet, wonach das kommunale Selbstverwaltungsrecht nur "im

---

[310]) So wörtlich BVerwGE 90, 104 (105).

[311]) BVerwGE 90, 104 (108).

[312]) Vgl. BVerfGE 70, 324 (363).

[313]) BVerwGE 90, 104 (108).

[314]) So Hess. VGH, NVwZ 1991, 1105 (1106) unter Inbezugnahme von BVerfGE 80, 188.

[315]) NVwZ-RR 1993, 209.

Rahmen der Gesetze" von den Gemeinden auszuüben ist. Die Gemeindegesetzgeber seien so auch dazu berufen, die Ausgestaltung der Rechtsstellung der Ratsmitglieder vorzunehmen. Obwohl diese gesetzliche Ausgestaltung im einzelnen den o.g. verfassungsrechtlichen Grundsätzen Rechnung tragen müsse [316]), seien wegen der mangelnden Vergleichbarkeit des Gemeinderats mit den staatlichen Parlamenten entsprechende Abstriche vorzunehmen.

Sofern weitergehende sachliche Erwägungen zur Begründung dieser Ablehnung angestellt werden [317]), werden verschiedene Ansätze bemüht.

Das OVG des Saarlandes [318]) argumentiert, eine proporzgenaue Repräsentation der Kräfte in den Ausschüssen sei schon von der Verfassung nicht geboten; es sei nicht notwendig, daß mittels Delegation betraute Verwaltungsstellen in Fortsetzung des Prinzips der repräsentativen Demokratie ihrerseits in der personellen Besetzung und in der Sicht der politischen Kräfte in einer Entsprechung zu der vom Volk gewählten Vertretungskörperschaft gebildet werden; sie müßten personell nicht einmal mit mehreren Personen besetzt sein.

Das Argument der Erhaltung und Bewahrung der Arbeits- und Funktionsfähigkeit wird in anderen Entscheidungen herangezogen.

Der VGH Baden-Württ. [319]) verweist zunächst allgemein darauf, daß Gemeinderäte durch ihre Nichtbeteiligung an den Gemeinderatsausschüssen keine Beeinträchtigung erleiden, die mit ihrer Stellung und ihren Aufgaben als Gemeinderäte nicht zu vereinbaren wäre und der Gemeindeordnung widersprechen würde. Gemeinderäte hätten keinen Anspruch auf unbeschränkte und unbeschränkbare Mitwirkung an allen Gemeindeangelegenheiten. Ihre Wahl zu Gemeinderäten führe nicht automatisch dazu, daß sie Mitglieder eines oder mehrerer Gemeinderatsausschüsse werden müßten.

Ausschüsse müßten wegen ihrer Funktion und Aufgabe zahlenmäßig begrenzt sein, hieraus ergebe sich auch die Rechtfertigung der Einschränkbarkeit der Rechte, weil die Ausschüsse ihrer Aufgaben nur dann in effektiver, rationeller

---

[316]) So z.B. BVerwGE 90, 104 (105).

[317]) Die "Begründung" erschöpft sich aber auch mitunter im lapidaren Hinweis auf nicht näher erläuterte Unterschiede in der Art der Willensbildung und Arbeitsweise, vgl. z.B. VGH Baden-Württ., NVwZ 1990, 893.

[318]) NVwZ 1992, 289 (290); ähnlich auch BVerwG, DÖV 1978, 415. In die gleiche Richtung tendiert das OVG Hamburg, wenn es feststellt, daß eine Minderheit in Gemeinderäten ein bestimmtes Mitwirkungsrecht nur dann beanspruchen könne, wenn es aus Gründen einer funktionsgerechten Organstruktur unabdingbar sei, vgl. DVBl. 1986, 242.

[319]) ESVGH 28, 7, und NVwZ-RR 1993, 657 (658).

und sinnvoller Weise gerecht werden könnten, wenn sie erheblich kleiner sind als der Gesamtgemeinderat [320]).

Eine andere Linie vertritt das OVG Bremen [321]).

Es überträgt die Grundsätze und Grundgedanken von BVerfGE 80, 188, auf den kommunalen Volksvertreter und spricht dem fraktionslosen Ratsmitglied darüber hinaus ein Stimmrecht zu.

Trotz ausdrücklicher Anerkennung der zwischen staatlichen Parlamenten und kommunalen Volksvertretungen prinzipiell bestehenden Aufgaben- und Strukturunterschiede treffe die Sichtweise des BVerfG im Ansatz auch auf Kommunalvertretungen zu.

Das BVerfG habe sich von solchen Merkmalen des mitgliedschaftlich strukturierten Parlaments leiten lassen, die auch Kommunalvertretungen von Verfassungs wegen aufweisen müßten. Der repräsentative Status der Volksvertreter im Gemeinderat sei der gleiche, wobei im Grundsatz auch eine übereinstimmende Architektur der Innenstrukturen, die durch Mitgliedergesamtheit, repräsentativen Status und der daraus abzuleitenden Gleichheit der Rechte und Pflichten der Mitglieder gekennzeichnet sei, festzustellen sei [322]).

Die Arbeit der Stadtverordnetenversammlung sei darüber hinaus noch stärker als bei staatlichen Parlamenten dadurch gekennzeichnet, daß eine weitergehende und differenzierte Delegation auf die Ausschüsse stattfinde. So finde dort neben der Vorbereitung auch eine unmittelbare Beteiligung an der Erledigung der Verwaltungsaufgaben statt [323]).

Es ergäben sich im übrigen keine Anhaltspunkte aus der Verfassung für die Stadt Bremerhaven, die eine verminderte Ausschußmitgliedschaft, das heißt ohne Stimmrecht, zuließen. Nach Auffassung des Gerichts würde sie der Rechts- und Pflichtengleichheit der Stadtverordneten nicht gerecht [324]).

Die Veränderung der Mehrheitsverhältnisse durch ein fraktionsloses Mitglied mit Stimmrecht in (nur) *einem* Ausschuß sei tragbar und im Ergebnis hinzunehmen. Zur Begründung verweist es unter anderem darauf, daß sich Ausschüsse in erheblichem Maße mit eher alltäglichen administrativen Aufgaben befassen, die

---

[320]) VGH Baden-Württ., a.a.O., S. 12 f.; ähnlich auch BVerwG, NVwZ-RR 1993, 209.

[321]) NVwZ 1990, 1195.

[322]) NVwZ 1990, 1195 (1196).

[323]) NVwZ 1990, 1195 (1196).

[324]) NVwZ 1990, 1195 (1196), unter ausdrücklicher Zustimmung zum Sondervotum Mahrenholz BVerfGE 80, 188.

sich tendenziell dem parlamentarischen Abstimmungsverhalten nach Mehrheits- und Oppositionsmuster entziehen [325]).

1.2 Rechtsprechung zur Beteiligung der Fraktionen

In der Rechtsprechung der Verwaltungsgerichte wird ein bundesverfassungsrechtlicher Anspruch einer Minderheitenfraktion [326]) im Gemeinderat auf deren volle Beteiligung an der Ausschußarbeit durchgängig abgelehnt [327]). Sofern nicht im Einzelfall die anzuwendende Gemeindeordnung selbst einen Grundmandatsanspruch auf beratende Teilnahme vorsieht [328]), gehen somit Minderheitenfraktionen ganz leer aus.

Die tragende Begründung entspricht jener, mit der auch der entsprechende Anspruch des einzelnen Ratsmitglieds abgelehnt wird.

Es wird zuweilen sogar davon ausgegangen, daß es verfassungsrechtlich nicht geboten sei, die Ausschüsse von kommunalen Vertretungskörperschaften im Sinne einer proporzgenauen Repräsentation der politischen Kräfte, also insbesondere seiner politischen Fraktionen, zu besetzen [329]).

Das BVerwG hat jedoch auch für Fraktionen in Ratsausschüssen anerkannt, daß diese als Zusammenschlüsse politisch gleichgesinnter Mitglieder einer Volksvertretung ein grundsätzlich gleiches Recht auf Zugang zur Arbeit der Ausschüsse haben müssen [330]). Jedoch gebietet nach seiner Auffassung das Proportionalprinzip, daß die einzelnen Fraktionen nur nach Maßgabe ihrer jeweiligen Mitgliederzahl zu berücksichtigen seien. Dies gelte auch dann, wenn eine Fraktion so klein ist, daß auf sie nach den maßgeblichen proportionalen Sitzzuteilungsregeln und der jeweils gegebenen Ausschußgröße kein Sitz entfällt; in diesem Fall gehe die betreffende Fraktion folglich bei der Zuteilung der Ausschußsitze trotz ihres grundsätzlichen Anspruchs auf gleichberechtigte Mitwirkung leer aus [331]).

---

[325]) NVwZ 1990, 1195 (1196).

[326]) Kritisch zum Begriff der Minderheitenfraktion Schmidt-Jortzig, DVBl. 1980, 719 (722).

[327]) Vgl. z.B. BVerwG, DÖV 1978, 415; BVerwG, NVwZ 1986, 41; BVerwG, NVwZ-RR 1993, 209; BVerwG, NVwZ-RR 1994, 109; OVG des Saarlandes, NVwZ 1992, 289; VGH Baden-Württ., DÖV 1988, 472; OVG Rheinland-Pfalz, Urt. v. 03. Nov. 1981 (Az.: 10 C 12/81).

[328]) Vgl. dazu die Ausführungen zu II. 4.2, S. 62 f.

[329]) So OVG des Saarlandes, NVwZ 1992, 289.

[330]) BVerwG, NVwZ-RR 1993, 209.

[331]) BVerwG, NVwZ-RR 1993, 209, unter anderem unter Berufung auf BVerfGE 84, 304.

Das Gericht deutet in der hier wiedergegebenen Entscheidung im weiteren an, daß die Möglichkeit der Ausschußvergrößerung mit Berücksichtigung selbst der kleinsten Fraktion prinzipiell denkbar ist, nimmt davon jedoch Abstand, indem auf die gefährdete Funktionsfähigkeit abgestellt wird. Diese wird jedoch nicht schlüssig dargelegt [332]).

Das Ausfallen der Minderheitenfraktion bei der Ausschußbesetzung sei im übrigen lediglich eine notwendige Folge des Umstands, daß der Rat kommunalverfassungsrechtlich ermächtigt sei, bestimmte Angelegenheiten, bei denen es sich zudem um solche von minderer Bedeutung handele, auf seine Ausschüsse zur abschließenden Erledigung zu übertragen. Jedoch verbleibe dem Rat die Rolle der "zentralen Führungsinstanz" auch in diesen Fällen, außerdem werde jede Fraktion an den Übertragungsentscheidungen des Rats zugunsten beschließender Ausschüsse beteiligt [333]).

In anderen Entscheidungen finden sich zum Teil weiterführende Aussagen zu anderen Aspekten des Problems, so z.B. zum Grundmandat.

So hat beispielsweise das OVG Hamburg [334]), bezogen auf die Bezirksausschüsse in Hamburg, ebenfalls unter grundsätzlicher Anerkennung parlamentsähnlicher Züge festgestellt, daß die Einräumung eines Grundmandats in allen Fach- und Unterausschüssen nur ein arbeitstechnisches Mittel darstelle. Dieses könne den Minderheitsfraktionen allenfalls die Möglichkeit - nicht aber die Gewähr - einer Einflußnahme eröffnen.

Es bestünden auch keine Bedenken gegen ein Auseinanderfallen von Rede- und Stimmrecht, wenn den Mitgliedern einer Fraktion nur ein Beratungsrecht eingeräumt werden könne, die nach dem Verfahren nach d'Hondt an sich gar keinen Sitz erhielten. Im übrigen könnten nur "ansehnlich große Fraktionen und Gruppen" von einem Vertretensein in den Ausschüssen nicht ausgeschlossen werden [335]).

Diese - bis auf Ausnahmen - ablehnende Haltung der Rechtsprechung bedarf einer kritischen Würdigung, die ihren Ausgangspunkt in einer Analyse des Kommunalverfassungsrechts haben muß.

---

[332]) BVerwG, a.a.O., freilich ohne die Effektivitätsminderung im näheren zu beleuchten. Das Gericht begnügt sich mit der Feststellung, daß die Festlegung der Ausschußstärke von etwa 1/4 der Zahl des Rats sachlich gerechtfertigt sei, geht also implizit davon aus, daß alles, was darüber hinaus geht, eine Effektivitätsminderung mit sich bringe.

[333]) BVerwG, NVwZ-RR 1993, 209.

[334]) OVG Hamburg, DVBl. 1986, 242.

[335]) OVG Hamburg, DVBl. 1986, 242 (247).

2. Gemeinderatsausschüsse als "verkleinerte Abbilder" des Gemeinderats

Hinsichtlich der Bildung und Zusammensetzung von Ausschüssen gilt der Grundsatz, daß dem Stärkeverhältnis der im Rat vertretenen Gruppierungen Rechnung zu tragen ist. Das Stärkeverhältnis in den Ausschüssen soll ein möglichst getreues Abbild der Mehrheiten im Gemeinderat darstellen (Weitergabe der Repräsentation), die verschiedenen im Rat vertretenen Gruppen sollen auch in den Ausschüssen so genau wie möglich gegenwärtig gemacht werden [336]). Dies ist in einigen Gemeindeordnungen deutlich geregelt [337]). Dort, wo sich dieser Gedanke nicht ohne weiteres aus dem Gesetzestext erschließt, gilt er jedenfalls als unmittelbare Folge aus dem Repräsentationsprinzip i.V.m. Art. 28 I S. 1 GG [338]). In dieser verkleinerten Widerspiegelung der Zusammensetzung des Plenums liegt zugleich auch die Berechtigung, daß Ausschüsse die dem Plenum aufgetragene Repräsentation des Volkes weitgehend vorwegzunehmen imstande sind bzw. diese sogar ersetzen können [339]).

Die Notwendigkeit zur Herstellung eines verkleinerten Abbilds ergibt sich auch aus reinen Erwägungen zur Funktionalität des Ausschußwesens, da die vorbereitende Funktion der Ausschüsse nur gewährleistet ist, wenn die Mehrheitsverhältnisse in einem Ausschuß denen im Plenum entsprechen. Die Ausschußarbeit liefe sonst in Gefahr, zur "Spielwiese" zu werden, sie kann nur als Vorbereitung der Plenarbeschlüsse fungieren, wenn ihre Anschlußfähigkeit an das Geschehen im Plenum gesichert ist [340]).

Jede Fraktion hat einen Rechtsanspruch darauf, daß ihr eine ihrem Stärkeverhältnis entsprechende Zahl von Ausschußsitzen zugeteilt wird [341]). An

---

336) Scholtis, S. 157; vgl. auch den demokratietheoretischen Ansatz von Jacoby, S. 84, der die Proporzbesetzung bei Ausschüssen als typischen Fall beschreibt, wo das Mehrheitsprinzip im Grundsatz zugunsten des Minderheitenschutzes zurückzutreten habe: Ausschüsse dienen allein der Effizienzsteigerung durch Entlastung, sie sind nicht dazu bestimmt, einen Freiraum zu bilden, wo die Mehrheit ungehindert von der Minderheit ihren Willen durchsetzen kann, was die Anwesenheit der Minderheit erfordert.

337) Vgl. Art. 33 I S. 2 BayGO; §§ 50 II S. 1 BbgGO; 34 III BrhvVerf.; 45 I S. 1 GO-RP; 48 II S. 1 Saar-KSVG; 42 II S. 1 SachsGO; 46 I S. 1 GO-LSA; 46 I S. 1 GO-SH; 27 I S. 3 ThürKO; weniger deutlich z.B. die Regelung in der BW-GO, wo §§ 40 I S. 2, 41 I S. 2 lediglich vorsehen, daß die Ausschußmitglieder "aus der Mitte" gebildet werden.

338) Vgl. Jacoby, S. 84, und Schmidt-Jortzig, Kommunalrecht, S. 88 Rdnr. 222, der das Gebot der Spiegelbildlichkeit als "ungeschriebene Rechtsregel" bezeichnet.

339) Das betont BVerwGE 90, 104 (109), mit der weiteren Feststellung, daß Gemeinderatsfraktionen diese Funktionen nicht erfüllen können.

340) Vgl. Gönnenwein, S. 293; auch Morlok, JZ 1989, 1035 (1041), bezogen auf die Parlamentsausschüsse.

341) Vgl. Hölzl-Hien, BayGO-Kommentar, 20. Erg.-Lief. März 1993, Art. 33 Anm. 2 (m.w.N.).

dem grundsätzlichen Gebot, das Rechtsprinzip [342]) der Spiegelbildlichkeit bei der Ausschußbildung herbeizuführen, hat sich im Grundsatz und für den Einzelfall jede Rechtsauslegung der einschlägigen Vorschriften zur Ausschußbildung auszurichten, die Vorschriften ihrerseits sind zwingend [343]).

Gerade jedoch in dieser Ausgangskonstellation liegt die Crux bei der Ausschußbildung.

Das Postulat der spiegelbildlichen Ausschußbesetzung ist in den entsprechenden Vorschriften der Gemeindeordnungen nicht als Regel im normtheoretischen Sinn definiert und kann es auch nicht sein, weil es nicht möglich ist, durch sie für jede Konstellation im Gemeinderat *eine* bestimmte Ausschußbesetzung genau vorzugeben. Dies muß vielmehr dem Einzelfall überlassen bleiben [344]). Als Prinzip, wenngleich normiert in einer zwingenden Vorschrift, gilt es jedoch nicht ausnahmslos. Das Gebot der Spiegelbildlichkeit muß sich vielmehr an anderen, widerstreitenden Prinzipien messen lassen. Mit dem Gebot der Spiegelbildlichkeit kollidiert so insbesondere der nicht ausdrücklich normierte, aber immanente Grundsatz der Effektivität der Ausschußarbeit. Auch das Gebot, daß alle Ratsmitglieder gleichberechtigt zur Mitarbeit in den Ausschüssen aufgerufen sind bzw. allgemein der Gedanke des Minderheitenschutzes, fordert in diesem Zusammenhang seine Berücksichtigung [345]). Zu letzteren ist festzustellen, daß eine Kollision insoweit grundsätzlich nicht gegeben sein dürfte, da sich bei einer optimalen Verwirklichung des Gebots der Spiegelbildlichkeit die geforderte Berücksichtigung von Minderheiten gerade ergeben sollte [346]).

Der sich ergebende Zielkonflikt mit dem widerstreitenden Rechtsgut der Effektivität ist im Rahmen einer Abwägung aufzulösen. Diese Abwägung ist im Einzelfall vom Gemeinderat herbeizuführen. Sie hat sich vor allem an den gesetzlichen Vorschriften zur Ausschußbildung auszurichten.

---

[342]) Schreiber, BayVBl. 1996, 134 (139 ff.), trifft die rechtstheoretische Unterscheidung zwischen Regel und Prinzip und ordnet dem Gebot des "verkleinerten Abbilds" Prinzipiencharakter zu.

[343]) Vgl. Schreiber für Art. 33 I S. 2 BayGO, BayVBl. 1996, 134 (135, m.w.N.); auch Firsching, BayVBl. 1995, 365.

[344]) Schreiber, BayVBl. 1996, 134 (140).

[345]) Schreiber, ebd.

[346]) Schreiber, BayVBl. 1996, 170; sehr weitgehend Kürschner, S. 143, der den Grundsatz eher verwirklicht sieht, wenn eine Minderheit mathematisch gesehen etwas überrepräsentiert ist, als wenn sie völlig fehlte.

## 3. Die Ausschußbildung

### 3.1 Ausschußgröße

Die Bildung und Besetzung der gemeindlichen Ausschüsse erfolgt in der Praxis regelmäßig in der Weise, daß der Gemeinderat zunächst festlegt, welche Ausschüsse errichtet werden sollen, mit welcher Mitgliederzahl sie ausgestattet werden sollen und nach welchem Modus die Besetzung stattfinden soll [347]). Diese Festlegungen können - je nach Ausgestaltung in der Gemeindeordnung - durch einfachen Ratsbeschluß, durch Festlegung in der Geschäftsordnung oder in der Hauptsatzung getroffen werden.

Während die Errichtung durch die gesetzgeberische Anordnung zur Schaffung von sog. Pflichtausschüssen in einigen Gemeindeordnungen zum Teil reglementiert ist [348]), existieren bezüglich der Ausschußgröße nur sehr vereinzelt Vorgaben des Gesetzgebers [349]). Dort, wo keine Vorgaben existieren, wird allgemein davon ausgegangen, daß dem Gemeinderat insoweit ein weiter Ermessensspielraum bei der Festlegung der Ausschußgröße zukomme [350]).

Die Bemessung der Ausschußgröße und die Einhaltung des Gebots der Spiegelbildlichkeit stehen in einem unmittelbaren und untrennbaren Zusammenhang, weil die konkrete Festlegung der Ausschußgröße eine maßgebende Rechengröße für die Proportionalberechnung vorgibt. Das Ermessen des Gemeinderats wird daher nicht grenzenlos gewährt, der Gemeinderat muß es vielmehr pflichtgemäß, das heißt nach sachgerechten Kriterien, ausüben. Er hat bei der Festlegung der Ausschußgröße das Prinzip des "verkleinerten Abbilds" und das Gebot der gleichberechtigten Teilhabe aller Ratsmitglieder an der Ausschußarbeit mit in die Überlegungen einzubeziehen. Weitere Kriterien, die in die Ermessensentscheidung einzufließen haben, sind die Effektivität der

---

[347]) Schreiber, BayVBl. 1996, 134; Jacoby, S. 182 ff.

[348]) Z.B. §§ 57 II S. 1 GO-NRW; 48 I S. 2 Saar-KSVG.

[349]) Mindestvorschriften finden sich in Baden-Württemberg, in Bremerhaven und in Sachsen, vgl. §§ 40 I S. 1 BW-GO (mind. 4 Mitglieder und der Vorsitzende bei beschl. Ausschüssen); 34 IV S. 1 BrhvVerf. (mind. 10 Mitglieder und der Vorsitzende); 42 I SachsGO (wie Baden-Württ.).

[350]) Vgl. z.B. Scholtis, S. 117; BayVGH, BayVBl. 1968, 324; "nahezu unbeschränkte Freiheiten" der Gemeinderäte bei der Wahl der Ausschußgröße und des Besetzungsmodus und eine daraus erwachsende "erhebliche Mißbrauchsgefahr" konstatiert Schreiber, BayVBl. 1996, 170 (174).

Ausschußtätigkeit [351]) - und damit zusammenhängend - die Schaffung solider Mehrheiten [352]).

Die Verwaltungsrechtsprechung begnügt sich bei der Überprüfung nach der Einhaltung dieser Voraussetzungen vornehmlich damit, die vom Rat im Einzelfall festgesetzte Ausschußgröße im Verhältnis zur Größe des Plenums darzustellen, ohne jedoch eine weitergehende Bewertung vorzunehmen, ob mangels zu besorgender Effektivitätsverluste eine Aufstockung der Ausschußzahlen möglich gewesen wäre [353]).

Inwieweit diese Vorgehensweise im Licht der unter im ersten Abschnitt gefundenen Ergebnisse zu halten ist, wird am Ende der Untersuchung zu beantworten sein. Schon an dieser Stelle sei jedoch darauf hingewiesen, daß diese Praxis der Verwaltungsrechtsprechung bedenklich erscheint. Denn es ist festzustellen, daß sich gerade bei der Festlegung der Ausschußgrößen eine große Mißbrauchsgefahr ergibt, indem Mehrheiten die Minderheiten durch zu tiefes Ansetzen der Ausschußgrößen von der Ausschußarbeit ausschließen können [354]).

3.2 Das Besetzungsverfahren

Für die Besetzung der Ausschüsse als "verkleinertes Abbild" bieten sich grundsätzlich die Durchführung eines Verhältniswahlverfahrens (z.B. in Baden-Württemberg [355])) oder eines sog. Benennungsverfahrens (z.B. in Hessen [356])) an.

In einigen Bundesländern [357]) erfolgt die Besetzung jedoch nicht notwendigerweise durch die vorgenannten Verfahren, sondern vorrangig durch ein konsensuales Vorgehen in Form einer einstimmigen Einigung über die

---

[351]) Und zwar "nach oben und nach unten", das heißt, die Ausschußgröße darf nicht zu groß und nicht zu klein bemessen werden, vgl. hierzu Schreiber, BayVBl. 1996, 170 (171).

[352]) Firsching, BayVBl. 1995, 365.

[353]) BVerwG, NVwZ-RR 1993, 209: Ausschußstärke von etwa 1/4 der Zahl des Rats ist gerechtfertigt; VGH Baden-Württ., NVwZ-RR 1993, 657 (658): etwa 1/3; OVG Rheinland-Pfalz, Urt. v. 03. Nov. 1981 (Az.: 10 C 12/81): bei einem 23köpfigen Rat ist eine Ausschußstärke von 5 Mitgliedern nicht ermessensfehlerhaft. Hölzl-Hien, BayGO-Kommentar, 20. Erg.-Lief. März 1993, Art. 33 Anm. 1, bilden ein Beispiel, wonach es bei einem 16köpfigen Rat möglich ist, Ausschüsse mit 8 Mitgliedern und einem Vorsitzenden zu bilden.

[354]) Vgl. Schreiber, BayVBl. 1996, 134 (135, m.w.N.).

[355]) § 40 II S. 1 BW-GO.

[356]) § 62 II S. 2 HGO.

[357]) Vgl. z.B. §§ 40 II S. 1 BW-GO; 35 II S. 1 GO-NRW. In Brandenburg (vgl. § 50 X BbgGO) und in Niedersachsen (§ 51 IX NGO) kann der Gemeinderat einstimmig ein anderes Verfahren festlegen.

Zusammensetzung, wenn eine solche erzielt werden kann [358]). Erst wenn diese Einigung nicht möglich ist, kommt es zu den o.g. Verfahren.

Das Verfahren der Einigung [359]) geht gewöhnlich so vonstatten, daß aus der Mitte des Rats ein Vorschlag über die Verteilung der Sitze auf die vertretenen Wählervereinigungen und von den Fraktionen entsprechende eigene Vorschläge gemacht werden, die durch offene Wahl angenommen werden. Nicht ausreichend ist es, wenn zwar über die Sitzverteilung Einigung erzielt wird, jedoch die Entscheidung über die personelle Besetzung der Sitze durch Mehrheitsbeschluß oder einfache Benennung durch die Fraktionen getroffen wird.

Kommt es mangels einer solchen Einigung zum Verhältniswahlverfahren, so haben sich die Gemeindeordnungen teilweise für das Verfahren nach d'Hondt, teilweise für das nach Hare-Niemeyer entschieden [360]).

Beide Verfahren werden von der Rechtsprechung als verfassungsgemäß anerkannt [361]). Dabei wird es als selbstverständlich und als unvermeidliche Folge hingenommen, daß das Verfahren nach d'Hondt kleinere Gruppierungen, und erst recht einzelne Ratsmitglieder, benachteiligt, so daß diese - insbesondere auch bei Festlegung einer relativ kleinen Sitzzahl - in den Ausschüssen nach Proporzgrundsätzen keinen Sitz erhalten [362]). Es sei darauf zu achten, daß im Interesse des Minderheitenschutzes nur "ansehnlich große Fraktionen und Gruppen" von einer Vertretung in den Ausschüssen nicht ausgenommen werden bzw. dürfe es nicht hingenommen werden, daß "kleinere Fraktionen und Gruppen nicht in unerträglicher Weise von der Willensbildung der Gemeinde ausgeschlossen werden" [363]). Offen und unklar bleibt jedoch, was darunter im

---

[358]) Ausführlich hierzu: Jacoby, S. 186 ff.

[359]) Vgl. zur Praxis in Baden-Württemberg Kunze/Bronner/Katz, BW-GO, Kommentar, 4. Aufl., 4. Lief. Juni 1986, § 40 Rdnr. 5.

[360]) Vgl. z.B. § 48 II S. 3 Saar-KSVG (d'Hondt) und § 46 I S. 2 GO-LSA (Hare-Niemeyer).

[361]) Vgl. BVerwG, DÖV 1978, 415, und NJW 1980, 304; BayVGH, BayVBl. 1986, 366 (367).

[362]) Vgl. in der Lit. z.B. v. Mutius, S. 374 f. Rdnrn. 736 ff.; eine synoptische Darstellung zu den unterschiedlichen Sitzverteilungen beider Verfahren bieten Hölzl-Hien, BayGO-Kommentar, 20. Erg.-Lief. März 1993, Art. 33 Anm. 1, und Knemeyer, S. 157 Rdnr. 187; keine verfassungsrechtliche Rechtfertigung mehr für das d'Hondtsche Verfahren wegen Verstoßes gegen den Grundsatz der Fraktionsgleichheit konstatiert Konzak, ZParl 1993, 596 (612, m.w.N.).

[363]) OVG Hamburg, DVBl. 1986, 242 (247); Hölzl-Hien, BayGO-Kommentar, 20. Erg.-Lief. März 1993, Art. 33 Anm. 1; Firsching, BayVBl. 1995, 365.

einzelnen zu verstehen ist [364]). Auch diese Auffassung ist im weiteren Untersuchungsverlauf kritisch zu beleuchten.

4. Spezifische Minderheitenregelungen bei der Ausschußbesetzung im Kommunalverfassungsrecht und Mitgliedschaftsrechte im Plenum

Die Gemeindeordnungen enthalten verschiedentlich Regelungen, die die soeben skizzierten nachteiligen Ergebnisse bei der Ausschußbildung zu Lasten von Minderheiten wenigstens teilweise zu korrigieren bzw. zu kompensieren suchen. Die Existenz derartiger Vorschriften, nicht zuletzt aber auch andere Mitwirkungsrechte im gemeindlichen Entscheidungsprozeß, insbesondere im Plenum, werden argumentativ mit dazu herangezogen, die Beschränkungen von Minderheiten bei der Ausschußbesetzung zu rechtfertigen [365]).

4.1 Gemeinsame Wahlvorschläge

Insoweit ist zunächst die prinzipielle Möglichkeit von gemeinsamen Wahlvorschlägen bzw. Listen kleinerer Fraktionen bei der Verhältniswahl zu erwähnen. Ein von zwei kleineren Fraktionen gemeinsam zur Abstimmung eingereichter einheitlicher Wahlvorschlag hat aufgrund der Stimmenkumulation regelmäßig größere Chancen als der Vorschlag nur einer dieser Fraktionen. Da in diesem Fall die Stimmen der Mitglieder beider Fraktionen auf den Wahlvorschlag entfallen, wird diesen oft erst hierdurch die Möglichkeit eröffnet, einen (gemeinsamen) Vertreter in einen Ausschuß zu bringen [366]).

Geregelt ist dies in Rheinland-Pfalz, Bayern, Mecklenburg-Vorpommern und in Thüringen [367]). Das Recht zur Bildung gemeinsamer Wahlvorschläge ist allerdings ebenso wie das Recht auf Bildung von Fraktionen (Koalitionsfreiheit) als ein Teilausschnitt aus dem freien Mandat des einzelnen Mandatsträgers zu bewerten. Es ist daher davon auszugehen, daß auch in den anderen Bundesländern, in denen ausdrückliche Normen fehlen, gemeinsame Listen grundsätzlich zulässig sind [368]).

---

[364]) Schreiber, BayVBl. 1996, 134 (138 f.); Firsching, ebd.

[365]) Vgl. z.B. v. Mutius, S. 375 Rdnr. 738; Scholtis, S. 314; Hellermann, Jura 1995, 145 (148 f.); Mitwirkungsrechte im Plenum als maßgeblichen Ausschlußgrund bei der Ausschußbesetzung betont besonders das OVG Rheinland-Pfalz, DÖV 1996, 612 (613 f.).

[366]) Vgl. Scholtis, S. 101 f.; OVG Rheinland-Pfalz, NVwZ-RR 1996, 591 (592).

[367]) Vgl. Art. 33 I S. 5 BayGO; §§ 45 I S. 2 GO-RP; 27 I S. 5 ThürKO; § 32 II S. 2 KV M-V spricht von "Zählgemeinschaften", zu denen sich Fraktionen und einzelne Gemeindevertreter zusammenschließen können. Dabei wird einer solchen Zählgemeinschaft nach § 32 II S. 3 KV M-V das Recht zugestanden, eine gemeinsame Liste zur Wahl zu stellen.

[368]) Vgl. Scholtis, S. 102; Scholler/Broß, VR 1979, 228 (230); Jacoby, S. 189; zweifelnd Foerster, Die Gemeinde 1978, 201 (202 f.).

Es ist jedoch einschränkend zu berücksichtigen, daß diese Minderheitenschutzvorschriften zum Teil restriktiv gehandhabt werden. So wird beispielsweise zu Art. 33 I S. 5 BayGO die einhellige Auffassung vertreten, daß sich nach dieser Vorschrift nur solche Gruppen zusammenschließen dürfen, die für sich allein keine Vertretung in einem Ausschuß erreichen würden. Die Vorschrift habe nicht den Zweck, einer Partei oder Wählergruppe, die ohnehin im Ausschuß vertreten ist, eine noch stärkere Position zu verschaffen [369]).

4.2 Grundmandat für Fraktionen

Bei der Ausschußzusammensetzung und -bildung kommt insbesondere den Fraktionen und Gruppen maßgebliche Bedeutung zu, indem diesen weitgehende Rechte eingeräumt werden. In nahezu allen Gemeindeordnungen finden sich hierzu entsprechende Regelungen [370]).

In bezug auf Minderheitenregelungen ist festzustellen, daß insgesamt sechs Bundesländer (Brandenburg, Hessen, Niedersachsen, Nordrhein-Westfalen, Saarland, Sachsen-Anhalt) Grundmandatsregelungen zugunsten von Fraktionen vorsehen, wobei diese in Brandenburg und Niedersachsen durch einstimmigen Beschluß des Gemeinderats abgeschafft werden können [371]).

Diese Grundmandatsbestimmungen haben im wesentlichen zum Inhalt, daß Fraktionen, auf die bei der Besetzung eines Ausschusses nach dem durchgeführten Verfahren kein Sitz entfallen ist, in diesen Ausschuß dennoch einen Vertreter mit beratender Stimme, also ohne Gewährung eines Stimmrechts, entsenden dürfen [372]). Im übrigen ist die Reichweite dieses Rechts in den Gemeindeordnungen unterschiedlich weit ausgestaltet, zum großen Teil hat es beim bloßen Recht auf Mitberatung sein Bewenden, mitunter gibt es ein Recht, Sach- und Geschäftsordnungsanträge zu stellen [373]). Durch die Grundmandatsregelung ist es also in diesen Ländern im Ergebnis gewährleistet, daß jede Fraktion in allen Ausschüssen - wenn auch evtl. zum Teil nur mit eingeschränkten Rechten - vertreten ist.

---

[369]) Masson-Samper, BayGO-Kommentar, 57. Erg.-Lief. März 1992, Art. 33 Anm. 5; Hölzl-Hien, BayGO-Kommentar, 20. Erg.-Lief. März 1993, Art. 33 Anm. 2; Streinz, BayVBl. 1983, 705 (707).

[370]) Ausnahmen: Baden-Württemberg und Sachsen.

[371]) §§ 50 X BbgGO; 51 IX NGO; vgl. Thiele, NGO Kommentar, § 51 Anm. 13; freilich werden die Mitglieder der Minderheitenfraktionen hier durchweg nicht zustimmen.

[372]) §§ 50 IV BbgGO; 62 IV S. 2 HGO; 51 III S. 1 NGO; 58 I S. 7 GO-NRW; 48 III S. 1 Saar-KSVG; 46 I S. 1 GO-LSA.

[373]) Vgl. §§ 39 a S. 1 NGO; 48 III S. 1 Saar-KSVG; abzulehnen ist die Auffassung von Schwerdtner, VBlBW 1993, 328 (329), der Grundmandatsinhabern durchweg ein Antragsrecht zubilligt; näher zum Grundmandat Gramlich, BayVBl. 1987, 43 ff.

In diesem Zusammenhang ist auch an die Mindestvorschriften bei der Fraktionsbildung zu erinnern [374]). Wenn, wie in einigen Gemeindeordnungen vorgesehen, die Mindeststärke mit nur zwei Mitgliedern relativ tief angesetzt wird, stellt dies im Hinblick auf die Ausschußbildung ebenfalls einen Ausdruck von Minderheitenschutz dar, weil sich an den Fraktionsstatus relativ weitgehende Rechte knüpfen.

### 4.3 Grundmandat für einzelne Ratsmitglieder

In zwei Fällen, und zwar in den Gemeindeordnungen von Niedersachsen und Thüringen, finden sich zugunsten von einzelnen fraktionslosen Ratsmitgliedern besondere Minderheitenrechte bei der Ausschußbesetzung in Form eines Grundmandats.

Nach §§ 51 III S. 2, 39 a I S. 1 NGO erhalten Fraktionslose einen Anspruch auf beratende Teilnahme mit einem Antragsrecht in einem Ausschuß ihrer Wahl. Eine weitergehende Schutzregelung bietet § 27 I S. 4 ThürKO. Jedes Ratsmitglied erhält einen Anspruch auf einen vollberechtigten Ausschußsitz, wenn insgesamt mehr Ausschußsitze vergeben werden, als Gemeinderatssitze vorhanden sind. Weitere Einzelheiten hierzu unterstellt das Gesetz der Regelungsbefugnis des Gemeinderats in der Hauptsatzung.

### 4.4 Zuhörerrecht in Ausschüssen

Außer in Baden-Württemberg, Bayern, Bremerhaven und Sachsen-Anhalt existieren durchweg Zuhörerregelungen für Ratsmitglieder, die den Ausschüssen nicht angehören [375]). Wo sie fehlen, sind sie zum Teil deshalb nicht notwendig, weil teilweise die Öffentlichkeit von Ausschußsitzungen angeordnet wird [376]).

Es ist in diesem Zusammenhang darüber hinaus festzustellen, daß auch die nichtausschußangehörigen Ratsmitglieder in Ländern ohne gesetzliche Regelung grundsätzlich ein Zuhörerrecht in allen nichtöffentlichen Ausschußsitzungen haben. Dieses ergibt sich aus der Mandatsstellung als Ausfluß des Repräsentationsprinzips, die als absolute Mindestbefugnisse unter anderem die Rechte auf Antragstellung und Abstimmung beinhaltet [377]). Unabdingbare Voraus-

---

[374]) Vgl. z.B. §§ 40 I S. 2 BbgGO; 23 V S. 2 KV-MV; 39 b I S. 1 NGO; 56 I S. 2 GO-NRW.

[375]) Vgl. §§ 37 III S. 2 BbgGO; 62 IV S. 3 HGO; 35 IV S. 1, 36 V S. 1 KV M-V; 52 II S. 1, 59 II S. 2 NGO; 58 I S. 4 GO-NRW; 46 IV S. 2 GO-RP; 48 III S. 3 Saar-KSVG; 42 IV, 43 III S. 1 SachsGO; 46 VIII GO-SH; 43 II S. 1 ThürKO. In Bayern existiert jedoch ein entsprechender Erlaß des Innenministeriums, wonach Gemeinderatsmitglieder ein unmittelbares Informationsrecht durch Teilnahme auch an nichtöffentlichen Ausschußsitzungen haben, (BStMdI Nr. I B 1-3006-5/1, MABl. 1962, S. 97).

[376]) So z.B. in Baden-Württemberg für die beschließenden Ausschüsse, vgl. §§ 39 V S. 1, 35 I S. 1 BW-GO.

[377]) Schmidt-Jortzig, Kommunalrecht, S. 76 Rdnr. 172.

setzung, damit das Ratsmitglied diese Rechte im Sinne einer sachgerechten Erfüllung seines Repräsentativauftrages überhaupt ausüben kann, ist die vorherige Informationserlangung, sie ist immanent. Denn ein Gemeinderatsmitglied, das im Plenum nach bestem Wissen und Gewissen abstimmen soll, muß auch die Möglichkeit haben, sich über die Vorabklärungen zu informieren [378]).

Angesichts der hervorragenden Bedeutung der Ausschußarbeit und der Tatsache, daß viele Sachinformationen gerade hier - und nicht mehr im Plenum - erörtert werden, stellt ein solches Zuhörerrecht für die nicht in die Ausschüsse gelangten Ratsmitglieder somit ein notwendiges Pendant dar. Wenn es schon unerläßlich ist, aus Effektivitätsgründen relativ kleine Gremien zur Entlastung des Gemeinderats zu schaffen, muß das nicht in den Ausschuß gelangte Ratsmitglied wenigstens das Recht haben, sich über die Vorklärungen in den Ausschüssen informieren zu können. Es ist daher anerkannt, daß das aus dem Mitgliederstatus entspringende Zuhörerrecht einen ungeschriebenen Bestandteil der Gemeindeordnungen darstellt [379]). Positiv-rechtliche Regelungen dazu haben daher nur deklaratorischen Charakter.

In den Ländern mit Zuhörerregelungen ergeben sich im übrigen zum Teil erwähnenswerte Besonderheiten, indem das Zuhörerrecht teilweise von einer entsprechenden Regelung durch den Gemeinderat in der Hauptsatzung abhängig gemacht wird [380]) bzw. die Vorschriften mitunter weitergehende Befugnisse eröffnen oder jedenfalls deren Vorhandensein nahelegen.

So sieht § 48 III S. 3 Saar-KSVG vor, daß Mitglieder des Gemeinderats an den Ausschußsitzungen "ohne Stimmrecht teilnehmen können" [381]). Eine wörtliche Auslegung dieser Vorschrift scheint den Schluß nahezulegen, daß hier über ein bloßes Zuhörerrecht hinaus auch ein Anspruch auf Mitberatung statuiert wird [382]). Davon ist jedoch nicht auszugehen, wie sich aus einem Vergleich mit der Grundmandatsregelung für Fraktionen in § 48 III S. 1 Saar-KSVG ergibt, mit dem diese Auslegung des § 48 III S. 3 Saar-KSVG nicht zu vereinbaren ist. Dort heißt es ausdrücklich, daß das Grundmandat für Fraktionen eine "beratende Stimme" und das Recht "Anträge zu stellen" beinhaltet, dies fehlt jedoch in der Zuhörerregelung gerade [383]).

---

[378]) Vgl. Schmidt-Jortzig, Organisationshoheit, S. 250 f. (m.w.N.).

[379]) Schröder, S. 527, leitet dieses Recht aus dem Kollegialprinzip ab; Schmidt-Jortzig, Organisationshoheit, S. 251: "ungeschriebener Rechtssatz des gemeinen Kommunalrechts".

[380]) Vgl. z.B. § 59 II S. 2 NGO.

[381]) Vgl. auch § 37 III S. 2 BbgGO.

[382]) So z.B. Lehné/Weirich, Saar-KSVG, Kommentar, § 48 Rdnr. 3, die hieraus ein weitergehendes Fragerecht zum Zwecke der Information ableiten; vgl. auch Scholtis, S. 119.

[383]) Mit Rücksicht darauf ebenfalls nur für (stumme) Zuhörerschaft das OVG des Saarlandes, Saarländische Kommunalzeitschrift 1982, 299; ebenso Schmidt-Jortzig, Organisationshoheit,

Minderheitenfreundlicher hingegen zu bewerten ist die Regelung in § 46 VIII GO-SH, wonach nichtausschußangehörige Ratsmitglieder in allen Ausschußsitzungen auf Wunsch ein Rederecht zugebilligt erhalten [384]). Hieraus ist jedenfalls ein Mitberatungsrecht, jedoch kein Recht auf Antragstellung, abzuleiten. Vom "Gehalt an Minderheitenfreundlichkeit" ist es somit mit einem Grundmandat auf beratende Teilnahme vergleichbar [385]).

4.5 Mitgliedschaftsrechte im Plenum

Im Zusammenhang mit "Repräsentationseinbußen", die Minderheiten infolge ihrer Nichtberücksichtigung in den Ausschüssen hinnehmen müssen, ist zu bedenken, daß ihnen nach wie vor relativ umfassende Mitwirkungsrechte im Plenum verbleiben [386]). Sie nehmen dabei nicht etwa grundgesetzliche Freiheitsrechte, sondern organschaftliche Befugnisse in Anspruch, die ihnen als Teil des Gemeindeorgans "Gemeinderat" verliehen sind [387]). So schließt das Recht auf freie Mandatsausübung nach Maßgabe der Ausgestaltung in den Gemeindeordnungen und der diese konkretisierenden Geschäftsordnungen Kontroll-, Informations-, Akteneinsichts-, Rede-, Frage- und Antragsrechte mit ein [388]). Die Terminologie, mit der die Rechte schlagwortartig bezeichnet werden, ist in den Gemeindeordnungen zum Teil unterschiedlich, meint aber mitunter das Gleiche; auch ist grundsätzlich festzustellen, daß sich die Inhalte dieser Rechte teilweise überlappen [389]).

---

S. 251 (FN 125). In der kommunalen Praxis wird es mitunter jedoch so gehandhabt, daß nicht ausschußangehörige Ratsmitglieder in Ausschüssen auch mitdiskutieren dürfen, so die Recherche des Verfassers durch - nicht repräsentative - Befragung von Kommunalpolitikern.

[384]) S. 2: "Ihnen ist auf Wunsch das Wort zu erteilen." Ähnlich, aber weniger weitgehend die Regelung in § 58 I S. 6 GO-NRW, wonach ein nicht dem Ausschuß angehörendes Ratsmitglied ein Mitberatungsrecht erhält, sofern und soweit dort ein von ihm gestellter Antrag diskutiert wird.

[385]) Vgl. Gramlich, BayVBl. 1987, 43 (44). Zurückhaltender zur Rechtslage in Schleswig-Holstein Ottens, Die Gemeinde 1990, 109 (110), der eine restriktive Auslegung bevorzugt. Er meint, es bestehe im Normalfall kein Rederecht, weil nur "im Einzelfall" das Wort zu erteilen sei. Dem kann nicht gefolgt werden.

[386]) Tettinger, S. 54 Rdnr. 83.

[387]) Geis, BayVBl. 1992, 41 (42).

[388]) Vgl. Stober, S. 187; Scholtis, S. 29 ff.; Wohlfarth, S. 154 Rdnr. 130.

[389]) So kann sich beispielsweise die Ausübung eines "Kontrollrechts" oder "Überwachungsrechts" sowohl in der Ausübung des Rechts von schriftlich oder mündlich formulierten Fragen als auch in Form einer Akteneinsichtnahme äußern, vgl. z.B. § 50 II HGO. Seewald, S. 85 Rdnr. 201, bezeichnet das Akteneinsichtsrecht als "Annexrecht" zum umfassenden Überwachungsrecht; vgl. auch Scholtis, S. 29.

## 4.5.1 Rederecht

Minderheiten haben insbesondere dann ein Interesse an der Publizität ihrer Positionen, wenn sie diese in die letztendliche Sachentscheidung mangels Mitwirkung an der Ausschußarbeit nicht einbringen konnten. Öffentliche Ratssitzungen sind aus ihrer Sicht dafür der geeignete Ort [390]). Forum für Rede und Gegenrede zu sein, zählt zu den wesentlichen Aufgaben auch des Gemeinderats [391]). Das Rederecht des einzelnen Ratsmitglieds verbürgt diesem daher die Möglichkeit, an der Beratung im Plenum teilzuhaben und grundsätzlich zu jedem Verhandlungsgegenstand in der Sitzung das Wort zu ergreifen [392]). Dieses Recht kann ihm jedenfalls nicht mit dem Hinweis genommen werden, daß die Sache bereits in einem Ausschuß vorberaten worden ist [393]). Minderheiten im Gemeinderat sind daher insbesondere auch in der Lage, ihre Meinung grundsätzlich zu allen Beschlußgegenständen zu äußern, die zuvor ohne ihre Mitwirkung im vorberatenden Ausschuß festgelegt wurden [394]).

Obwohl es sich bei dem Rederecht neben dem Stimmrecht um eines der wesentlichen Befugnisse des Gemeinderatsmitglieds handelt, fehlen spezielle Regelungen hierzu in den Kommunalverfassungen durchweg, wenngleich einige normierte Rechte es als selbstverständlich voraussetzen [395]). Es ist anerkannt, daß Rederechtsregelungen aufgrund der Organisationsautonomie des Gemeinderats in der Geschäftsordnung vorgesehen werden können [396]).

Das Rederecht findet seine Grenze im Willkür- und Mißbrauchsverbot sowie in der Ordnung der Sitzungen. Eine Redezeitbegrenzung oder gar ein Redeverbot

---

[390]) Jacoby, S. 85.

[391]) Hellermann, Jura 1995, 145 (149).

[392]) Seewald, S. 84 Rdnr. 200.

[393]) So ausdrücklich BayVGH, NVwZ-RR 1990, 432 (433).

[394]) Vgl. auch Klüber, S. 180, der darauf verweist, daß übergangene fraktionslose Gemeindevertreter im Plenum durch Debatten zu den einzelnen Sachpunkten die Arbeit unter Umständen "lahmlegen" können, was er allerdings ebenfalls von deren Rechten gedeckt sieht. Er empfiehlt daher, gegenüber diesen Außenseitern bei der Ausschußbesetzung vorsichtshalber großzügig zu sein; nach Rothe, DÖV 1990, 736 (738), kommen vor allem in größeren Räten ausgedehnte Diskussionen regelmäßig nur noch in Fällen von vorbereiteten "Fensterreden" der Fraktionen vor.

[395]) Etwa, wenn Informationsansprüche in der Ratssitzung mündlich geltend gemacht werden können, vgl. z.B. § 34 III S. 1 KV M-V.

[396]) Vgl. Rothe, DÖV 1990, 736 (740), mit Nachw. zur Rechtspr.

muß vor allem das Demokratieprinzip, dessen Verwirklichung es ja gerade darstellt, berücksichtigen [397]).

Das bedeutet, daß sich Ratsmitglieder im Grundsatz vor jeder Abstimmung im Plenum zu Wort melden können, um ein Statement abzugeben, sofern nicht im Ausnahmefall die Ordnung des Sitzungsablaufs ungebührlich gestört wird, was beispielsweise bei wiederholten "querulatorischen Zwischenbemerkungen" der Fall sein kann.

Die durch sachliche Redebeiträge verursachte Hemmung eines "glatten Ablaufs" ist jedenfalls grundsätzlich hinzunehmen, lediglich Gründe der Arbeitsökonomie können dem einzelnen Ratsmitglied dieses Recht nicht nehmen [398]). Das damit abzuwägende Prinzip der gleichberechtigten Mitwirkung überwiegt, eine rechtlich ins Gewicht fallende Effektivitätseinbuße der Ratsarbeit ist darin nicht zu erblicken [399]).

### 4.5.2 Unterrichtungs-, Kontroll- und Akteneinsichtsrechte

Unterrichtungs-, Kontroll- und Akteneinsichtsrechte dienen dazu, es dem Gemeinderat zu ermöglichen, seiner Befugnis und Pflicht zur Überwachung der Gemeindeverwaltung nachzukommen [400]). Im Gegensatz zum Rederecht des einzelnen Ratsmitglieds ist insoweit eine fast durchgängige Normierung in den Gemeindeordnungen anzutreffen. So finden sich Regelungen zum Unterrichtungsrecht in allen Ländern außer in Bayern [401]). Allgemeine Kontrollrechtsregelungen existieren z.B. in Baden-Württemberg, Bayern, Bremerhaven, Niedersachsen, Nordrhein-Westfalen und Sachsen-Anhalt [402]). Akteneinsichtsbefugnisse ergeben sich z.B. in Brandenburg, Bremerhaven, Niedersachsen, Nordrhein-Westfalen, im Saarland, in Sachsen und in Schleswig-Holstein [403]).

---

[397]) Seewald, S. 84 Rdnr. 200.

[398]) Dennoch kann das Fragerecht zugunsten eines zügigen Sitzungsverlaufs näher geregelt werden, vgl. VGH Baden-Württ., NVwZ-RR 1989, 91; vgl. auch VGH Baden-Württ., VBlBW 1994, 99 (100): Redezeitbegrenzung auf 15 Minuten bei Aussprache zu einem Haushaltsplan zulässig.

[399]) Siehe auch Hellermann, Jura 1995, 145 (149 f., m.w.N.).

[400]) Jacoby, S. 166.

[401]) Vgl. z.B. §§ 36 I BbgGO; 34 I KV M-V; 40 III S. 2 NGO; 33 III S. 1 GO-RP; 27 II S. 1 GO-SH; 44 VI GO-LSA.

[402]) Vgl. Art. 30 III BayGO; §§ 24 I S. 3 BW-GO; 18 III S. 1, 2 BrhvVerf.; 40 III S. 1 NGO; 55 III GO-NRW; 44 II S. 2 GO-LSA.

[403]) §§ 36 III BbgGO; 18 III S. 3 BrhvVerf.; 40 III S. 4 NGO; 55 II GO-NRW; 37 I S. 3 Saar-KSVG; 28 IV SachsGO; 30 I GO-SH.

Alle genannten Rechte stehen im Grundsatz nur dem gesamten Gemeinderat, also dessen Mehrheit, als dem zentralen politischen Verwaltungsorgan und Kollegialorgan zu, nicht aber einzelnen Ratsmitgliedern oder anderen Minderheiten [404]). Diese können hieraus organschaftliche Ansprüche für sich im Grundsatz nur herleiten, sofern die Gemeindeordnungen dies in Form von Minderheitenrechten vorsehen [405]).

Auch insofern bietet sich dem Betrachter beim Vergleich der Gemeindeordnungen ein vielfältiges Bild, indem gewährte Minderheitenrechte zum einen nicht durchgängig vorhanden sind (Zurückhaltung übt auch hier insbesondere die BayGO) [406]) zum anderen inhaltlich zum Teil voneinander abweichen, indem z.B. die Quoren, die eine Rechtsausübung eröffnen, differieren.

Informations- bzw. Fragerechte für einzelne Ratsmitglieder gegenüber der Verwaltung existieren in Baden-Württemberg, Hessen, Mecklenburg-Vorpommern, Niedersachsen, Rheinland-Pfalz, Schleswig-Holstein, Sachsen und in Sachsen-Anhalt [407]). Sachdienlichkeit vorausgesetzt, wird einzelnen Ratsvertretern ein eigenes Akteneinsichtsrecht in den Gemeindeordnungen von Brandenburg, Bremerhaven und Schleswig-Holstein eingeräumt [408]). Ansonsten ist die Ausübung des Akteneinsichtsrechts in der Regel an ein bestimmtes Quorum (neben der Mehrheit entweder 1/4 oder 1/5 der Mitglieder) geknüpft [409]) bzw. ist einer Fraktion [410]) vorbehalten. Die Akteneinsichtsnahme erfolgt dann durch einen

[404]) Jacoby, S. 171; Stober, S. 187. So kommt dies auch regelmäßig in den Gemeindeordnungen zum Ausdruck, vgl. z.B. § 28 II SachsGO: "Der Gemeinderat überwacht...".

[405]) Vgl. Waechter, S. 201 Rdnr. 342 (m.w.N.), speziell zum Fragerecht: ein einzelnes Ratsmitglied hat auf seine Frage kein Recht auf Beantwortung, wenn ihm dies nicht positivrechtlich eingeräumt ist; Schmidt-Jortzig, Kommunalrecht, S. 76 Rdnr. 172, sieht die unbeschränkte Aufrechterhaltung von Mitwirkungsrechten des Einzelnen aus seinem freien Mandat nur noch dort verwirklicht, wo sie "als besondere Form des Minderheitenschutzes vom Gesetz ausdrücklich bestimmt ist".

[406]) Aus der allgemeinen "Überwachungsklausel" in Art. 30 III BayGO leitet sich nach der Rechtspr. im Grundsatz ebenfalls ein Fragerecht für einzelne Ratsmitglieder ab, das allerdings restriktiv angewandt wird, vgl. BayVGH, BayVBl. 1970, 222.

[407]) §§ 24 IV BW-GO; 34 III S. 1 KV M-V; 40 III S. 3 NGO; 33 IV S. 1 GO-RP; 30 I GO-SH; 28 V S. 1 SachsGO; 44 VI GO-LSA.

[408]) §§ 36 III S. 1 BbgGO; 18 III S. 4, 5 BrhvVerf.; 30 I GO-SH.

[409]) Vgl. z.B. §§ 33 III S. 2 GO-RP (Mehrheit); 28 IV S. 1 SachsGO (1/4) und 36 III S. 2 BbgGO (1/5).

[410]) Vgl. §§ 36 III S. 2 BbgGO; 34 IV KV M-V; 40 III S. 4 NGO.

Ausschuß oder durch ein bestimmtes Ratsmitglied, das dazu bestimmt wurde [411]). In Nordrhein-Westfalen können unter anderem auch Ausschußvorsitzende Akteneinsicht über Angelegenheiten verlangen, die zum Aufgabenbereich ihres Ausschusses gehören [412]).

Erwähnung soll hier auch ein anderes spezifisches Informationsrecht für Nichtmitglieder von Ausschüssen finden. Diese können grundsätzlich verlangen, daß sie über Ort, Zeit und Tagesordnung aller Ausschußsitzungen informiert werden, damit sie sich ein Bild von deren Arbeit machen können [413]). Gegebenenfalls sind ihnen auch die zur sachgerechten Information erforderlichen Unterlagen zuzusenden [414]).

Die dadurch grundsätzlich eröffnete Möglichkeit zur Einsichtnahme in Niederschriften über Ausschußsitzungen wird nicht schon vom erwähnten Akteneinsichtsrecht umfaßt, da sich dieses gegen die Verwaltung richtet, hingegen diese Niederschriften aus der Tätigkeit des Gemeinderats selbst stammen [415]). Für die Einsichtnahme durch nicht ausschußangehörige Ratsmitglieder spielt es im übrigen keine Rolle, ob die Sitzungen öffentlich oder nicht öffentlich stattfanden [416]). Darüber hinaus besteht auch ein Recht auf Aushändigung von Abschriften an Ratsmitglieder, jedoch keine Aushändigung von umfassenden Abschriften der Sitzungsprotokolle, sondern grundsätzlich nur von den dort gefaßten Beschlüssen [417]). Regelungstechnisch bewirkt wird dies in etlichen Gemeindeordnungen durch Anordnung einer entsprechenden Anwendung der Niederschriftsregelungen zu Ratssitzungen auf den "Geschäftsgang" der Ausschüsse [418]).

---

[411]) Vgl. z.B. § 22 III S. 4 ThürKO.

[412]) § 55 II GO-NRW verweist i.ü. auf die Regelungsbefugnis des Rats in der Hauptsatzung.

[413]) Hölzl-Hien, BayGO-Kommentar, 20. Erg.-Lief. März 1993, Art. 54 Anm. 4; Streinz, BayVBl. 1983, 744 (745 f.).

[414]) Vgl. Gern, S. 266 Rdnr. 417.

[415]) Jacoby, S. 177.

[416]) Vgl. etwa §§ 41 II S. 1, 2 GO-RP; 40 II S. 3 SachsGO; 42 III S. 1 ThürKO.

[417]) Wenn jedoch der Beschluß aus sich heraus nicht verständlich ist ("Beschlossen nach Antrag Nr. 15"), erstreckt sich das Recht auch auf die notwendigen Beschlußunterlagen, vgl. Widtmann, BayGO-Kommentar, Art. 54 Anm. 8.

[418]) Vgl. z.B. Art. 55 II, 54 III S. 1 BayGO; §§ 37 BrhvVerf.; 46 V S. 1 GO-RP; 43 I S. 4, 42 III ThürKO; etwas mißverständlich § 58 VII S. 2 GO-NRW, wonach Niederschriften über Ausschußbeschlüsse "dem Bürgermeister und den Ausschußmitgliedern zuzuleiten" sind. Daraus ist nicht etwa ein Umkehrschluß gegen Nichtausschußmitglieder zu ziehen, diese können aus ihrem insoweit umfassenden Informationsanspruch ebenfalls ein solches Recht

### 4.5.3 Stimm- und Antragsrecht

Schließlich ist zu berücksichtigen, daß jedes Ratsmitglied auch ohne Ausschußzugehörigkeit Inhaber eines Stimmrechts im Plenum ist und dort auch über die Beschlußvorlagen der vorberatenden Ausschüsse mitabstimmt. Es hat also insoweit nach wie vor auch seinen Anteil am formalen Zustandekommen der Ratsbeschlüsse.

Hier ist auch zu erwähnen, daß jedes einzelne Ratsmitglied - sei es durch Zustimmung zu einem einheitlichen Wahlvorschlag, sei es durch seine Stimme bei der Verhältniswahl - immerhin auch die personelle Zusammensetzung der Ausschüsse selbst mitbestimmt hat [419]). Das Unterliegen von Minderheiten in Abstimmungen, das sich hier in Form der Nichtberücksichtigung in Ausschüssen äußert, stellt sich insoweit als Folge der unmittelbar im Demokratiegrundsatz wurzelnden Erkenntnis dar, wonach das Mehrheitsprinzip die Grenze des Minderheitenschutzes bildet.

Die Ausübung eines allgemeinen Antragsrechts gehört ebenfalls zu den wesentlichen Mitgliedschaftsrechten aller Ratsmitglieder. Neben einschlägigen speziellen Mitwirkungsrechten, wie dem Recht zur Einberufung einer außerordentlichen Sitzung oder dem Recht zur Aufnahme von Tagesordnungspunkten, die allerdings besondere Quoren erfordern [420]), gehört es zu den ungeschriebenen, konkludent gewährten Mitgliedschaftsrechten, im Rahmen sachgerechter Grenzen Anträge im Gemeinderat stellen zu können. Das Recht findet allerdings seine Grenzen und Schranken in der Arbeitsfähigkeit des Gemeinderats [421]). Zum Antragsrecht finden sich mitunter ausdrückliche gesetzliche Normierungen, die das Recht überdies zum Teil sogar schrankenlos gewähren [422]).

---

herleiten, vgl. Rauball/Rauball, GO-NRW Kommentar, § 42 Rdnr. 13, zur identischen Vorgängervorschrift.

[419]) Hellermann, Jura 1995, 145 (148).

[420]) Die Einberufung einer außerordentlichen Sitzung können z.B. in Sachsen-Anhalt 1/4, in Bremerhaven 1/3 der Ratsmitglieder verlangen, vgl. § 51 V S. 1 GO-LSA bzw. § 23 II S. 1 BrhvVerf. Die Aufnahme eines Tagesordnungspunktes können z.B. im Saarland 1/4 der Ratsmitglieder oder eine Fraktion, in Niedersachsen 1/3 der Ratsmitglieder beanspruchen, vgl. § 41 I S. 3 Saar-KSVG bzw. § 41 III S. 2 NGO.

[421]) Scholtis, S. 314 f.; Schmidt-Jortzig, Kommunalrecht, S. 76 Rdnr. 172.

[422]) Vgl. §§ 37 III S. 1 BbgGO; 23 IV KV M-V; 39 a NGO; 30 IV GO-RP; 42 III S. 1 GO-LSA. Eine schrankenlose Gewährung eröffnen die Regelungen in Mecklenburg-Vorpommern und Niedersachsen, wonach jedes Ratsmitglied Anträge stellen kann, "ohne der Unterstützung durch andere Ratsherren zu bedürfen". Scholtis, S. 315 ff., kritisiert derartige Regelungen, weil die Funktionsfähigkeit der Ratsarbeit gefährdet sei.

5. Stellungnahme zu Minderheitenrechten bei der Ausschußbesetzung und zur angeblich kompensatorischen Wirkung von Mitgliedschaftsrechten im Plenum

5.1 Bewertung der Minderheitenrechte bei der Ausschußbesetzung

Es zeigt sich, daß die Verteilung der Ausschußsitze nach Proporz-Grundsätzen regelmäßig die Nichtberücksichtigung von kleinen Fraktionen und Gruppen und erst recht von einzelnen fraktionslosen Gemeinderatsmitgliedern zur Folge hat. Diese Gruppen haben daher nur relativ wenig Chancen, in Ausschüssen vertreten zu sein [423]).

Das Gemeindeverfassungsrecht in den Bundesländern bietet insgesamt gesehen keine bzw. allenfalls sehr bescheidene Anspruchspositionen zugunsten von Minderheiten im Hinblick auf die Berücksichtigung bei der Ausschußbildung.

Zwar ist das Problem in manchen Kommunalverfassungen für Fraktionen bzw. Gruppen wenigstens teilweise entschärft, weil dort das sog. Grundmandat (beratende Teilnahme, allerdings ohne Stimmrecht) eingeführt ist [424]).

Nur in zwei Ausnahmen, in Thüringen und Niedersachsen, finden sich zugunsten von einzelnen fraktionslosen Ratsmitgliedern besondere Minderheitenrechte in Form eines Grundmandats [425]). Besonders minderheitenfreundlich erscheint dabei vor allem § 27 I S. 4 ThürKO, der noch über den Anspruch hinausgeht, den das BVerfG [426]) aus Art. 38 I S. 2 GG zugunsten des einzelnen Bundestagsabgeordneten hergeleitet hat.

Fraglich muß allerdings erscheinen, ob diese Regelung den Minderheiten in thüringischen Gemeinderäten tatsächlich etwas nutzt. Sie kommt nur zur Anwendung, wenn mehr Ausschußsitze zu vergeben sind, als Gemeinderatssitze vorhanden sind. Das bedeutet, daß es die Gemeinderäte nach dieser Vorschrift selbst in der Hand haben, durch entsprechend niedriges Ansetzen der Ausschußsitze diese minderheitenfreundliche Regelung zu unterlaufen, wodurch die Bedeutung der Norm erheblich geschmälert wird.

Tatsächlich wird diese Vorschrift von der Praxis abgelehnt. In den Erläuterungen zu der Mustergeschäftsordnung des Gemeinde- und Städtebundes Thüringen wird

---

[423]) "Praktisch keine Möglichkeit" für eine Ausschußmitgliedschaft fraktionsloser Ratsmitglieder sehen Hofmann/Muth/Theisen, S. 396.

[424]) Vgl. §§ 50 IV BbgGO; 62 IV S. 2 HGO; 51 III S. 1 NGO; 42 I S. 4 GO-NRW; 48 III S. 1 Saar-KSVG; 46 II GO-LSA. Mit der Möglichkeit einer Ein-Mann-Fraktion in Hessen, § 36 a I S. 4 HGO, kann sich dies begünstigend auch auf ein einzelnes Ratsmitglied auswirken.

[425]) §§ 51 III S. 2 NGO; 27 I S. 4 ThürKO.

[426]) BVerfGE 80, 188, gibt auch fraktionslosen Bundestagsabgeordneten einen Anspruch, allerdings auf nur beratende Teilnahme in einem Bundestagsausschuß, wenn mehr Ausschußsitze zu vergeben sind, als Bundestagssitze vorhanden sind.

auf "kaum zufriedenstellend lösbare Probleme", freilich ohne diese näher zu bezeichnen, hingewiesen, die diese Vorschrift bereite. Es wird empfohlen, bei der Bildung der Ausschüsse darauf zu achten, daß die Zahl der Ausschußmitglieder insgesamt möglichst nicht die Zahl der Gemeinderatsmitglieder nach § 23 III ThürKO übersteigt [427]). Es steht zu vermuten, daß sich die Vorbehalte gegen die Vorschrift aufgrund ihres Verweises auf die Hauptsatzung ergeben, weil sich das insoweit zu beachtende Verfahren ungleich schwerfälliger handhaben läßt als eine Regelung in der Geschäftsordnung [428]). Es liegt jedenfalls nahe, daß sich die Gemeinden durch Schaffung entsprechend kleiner Ausschüsse "behelfen". Auch dadurch relativiert sich die minderheitenfreundliche Wirkung dieser Vorschrift merklich.

Diese Gesamtsituation im Kommunalverfassungsrecht der Bundesländer ist mit dem verfassungsrechtlich abgesicherten Status der Gemeinderatsmitglieder, -fraktionen und -gruppen aus Art. 28 I S. 1 i.V.m. Art. 20 II GG unter weiterer Berücksichtigung der hervorgehobenen Bedeutung der Ausschußarbeit grundsätzlich nicht zu vereinbaren. Speziell zur Frage der Wertigkeit der vorhandenen Grundmandatsregelungen, soweit sie Beratungsrechte normieren, ist dabei festzustellen, daß sie jedenfalls dem verfassungsrechtlich abgesicherten Grundsatz auf formal gleichberechtigte Teilnahme aller Ratsmitglieder, -fraktionen und -gruppen an der gemeindlichen Willensbildung widersprechen. Obgleich ihre Existenz der Wahrung dieses Grundsatzes im Sinne eines "Immerhin noch etwas" entgegen kommt, bieten sie keine Gleichbehandlung, weil sie eben kein Stimmrecht in den Ausschüssen gewähren. Dabei wird nicht verkannt, daß es sich dabei um einen möglicherweise einzugehenden Kompromiß im Sinne eines "Immer noch besser als Nichts" handelt. Ob aber ein solcher Kompromiß aufgrund der Beachtung von Effektivitätserwägungen eingegangen werden muß, wird im späteren Verlauf der Untersuchung zu erörtern sein, hier genügt die Feststellung der Gleichheitswidrigkeit einer solchen Differenzierung. Abschließend ist darüber hinaus in diesem Zusammenhang festzuhalten, daß solche Zugeständnisse zugunsten von bei der Ausschußbildung nicht zum Zuge gekommenen Minderheiten in den meisten Gemeindeordnungen noch nicht einmal enthalten sind.

Es muß weiter bezweifelt werden, daß die Möglichkeit zur Bildung von Listenverbindungen durch Minderheiten tauglich ist, die Situation aus deren Sicht wesentlich erträglicher zu gestalten.

Das Eingehen einer solchen Gemeinschaft kann zunächst schon an rein praktischen Gegebenheiten scheitern, wenn überhaupt keine weitere kleinere Gruppierung besteht, mit der man sich zusammenschließen könnte [429]). Auch ist zu berücksichtigen, daß wegen der gegensätzlichen Polarität, die einer solchen

---

[427]) Vgl. GStB-N, August 1994, S. 16, 18, 26.

[428]) Vgl. §§ 21, 26 I S. 2 ThürKO.

[429]) Darauf verweist zu Recht Firsching, BayVBl. 1995, 365 (366).

Ausschußgemeinschaft regelmäßig innewohnen wird, dieses Institut grundsätzlich nicht geeignet ist, eine Zersplitterung der politischen Positionen zu verhindern [430]). Es besteht sogar die Gefahr, daß hierdurch einer Zersplitterung Vorschub geleistet wird, indem die Listenverbindungen durch unterschiedliches, vielleicht sogar gegensätzliches Agieren ihrer "ungleichen Repräsentanten" in verschiedenen Ausschüssen Probleme verursachen. Diese Chance auf Zugang zur Ausschußarbeit muß aufgrund der Ungleichheit zudem oft auch noch mit dem Preis der Aufgabe der politischen Überzeugung oder jedenfalls des Eingehens von an sich nicht gewollten Kompromissen erkauft werden, weil kleinere Gruppen oder Einzelgänger genötigt werden, sich mit gegnerischen politischen Gruppen verbünden zu müssen, was mit dem Grundsatz des freien Mandats nicht zu vereinbaren ist [431]).

Keinesfalls ein Ersatz für einen Rechtsanspruch auf Zugang zur Ausschußarbeit ist auch die anzutreffende Gepflogenheit, daß größere Fraktionen freiwillig Ausschußsitze an kleinere Gruppen oder Einzelgänger abgeben, damit auch diese im Ausschuß vertreten sein können [432]). Verfassungsrechtliche Rechtspositionen, wie der Anspruch auf die grundsätzlich gleiche Mitwirkungsbefugnis aller Ratsmitglieder etc., können nicht auf Good-Will Aktionen des politischen Gegners gegründet sein, mag sich dieser auch im Einzelfall aus politisch-taktischen Erwägungen dazu gezwungen sehen. Sie benötigen rechtliche Anspruchsgrundlagen, die einklagbar sind.

Nicht zur Kompensation geeignet ist schließlich auch der Anspruch für Ratsmitglieder, als Zuhörer an nicht öffentlichen Sitzungen der Ausschüsse teilzunehmen [433]). Nicht zuletzt auch aufgrund dieses Rechts ist zwar einzuräumen, daß die Gefahr eines Informationsdefizits für bei der Ausschußbesetzung übergangene Minderheiten grundsätzlich nicht zu besorgen ist. Diesen ist es unbenommen, sich gerade durch den Besuch von Ausschußsitzungen die notwendigen Kenntnisse und Informationen zu verschaffen.

Dem einzelnen fraktionslosen Ratsmitglied bzw. einer Fraktion oder Gruppe kann aber nicht nur an der bloßen Informationserlangung gelegen sein. Sein Interesse entsprechend seinem Wählerauftrag zielt vor allem darauf, in den Ausschüssen auch die Gelegenheit zu erhalten, die eigenen (politischen) Vorstellungen sachbezogen in die gemeindliche Willensbildung im Rahmen der Ausschußarbeit aktiv, unter Ausnutzung der Möglichkeiten der Einflußnahme von Rede und

---

[430]) So Ladeur, BayVBl. 1992, 387 (393), worin ein Verstoß gegen den Grundsatz der Mandatsgleichheit zu sehen sei.

[431]) Firsching, BayVBl. 1995, 365 (366), verweist auf das Beispiel des Zusammengehens von Grünen mit Republikanern. Ladeur, BayVBl. 1992, 387 (393), nimmt nicht zuletzt deshalb eine Unvereinbarkeit von Art. 33 I S. 5 BayGO mit Art. 28 I S. 2 GG an.

[432]) Vgl. Derlien/Gürtler/Holler/Schreiner, S. 81. Diese Praxis erwähnen auch Klüber, S. 180, und das OVG Lüneburg in NVwZ-RR 1989, 94 (95).

[433]) In diese Richtung tendiert anscheinend Scholtis, vgl. S. 310.

Gegenrede [434]), einzubringen. Das Schwergewicht der Mitwirkung des einzelnen Ratsvertreters an der Ausschußarbeit beruht auf der Einbringung von Argumenten, auf der Befruchtung der Sachdiskussion, sie ist von ausschlaggebender Bedeutung [435]). Das aber kann eine stumme Zuhörerschaft nicht erbringen.

### 5.2 Kompensation der fehlenden Ausschußmitgliedschaft durch Wahrnehmung von Mitgliedschaftsrechten im Plenum?

Im Hinblick auf die verfassungsrechtlich geforderte Gleichbehandlung aller Ratsmitglieder, -fraktionen und -gruppen an der Arbeit des Gemeinderats ist das Kompensationsargument schon grundsätzlich angreifbar, soweit es den Ausschluß von Minderheiten von der Ausschußarbeit zu rechtfertigen sucht. Wiewohl Ausschüsse formal "Unterorgane" des Plenums sind, stellt deren Arbeit gegenüber der Arbeit des Plenums unbestritten doch ein aliud dar. Die Existenz von Mitwirkungsrechten im Plenum, mögen diese noch so weitgehend und umfassend sein, kann daher nicht darüber hinwegtäuschen, daß den nicht in die Ausschüsse gelangten Minderheiten schlichtweg "etwas abgeht", was die im Ausschuß vertretenen Gruppen für sich in Anspruch nehmen können. Hauptsächlich in den Ausschüssen können Lösungen zu Sachfragen oder Projekte von der ersten Planung bis zur Entscheidung sachlich mitgestaltet werden. Das wird Minderheiten vorenthalten. Dieses "Weniger" ist aber mit dem Gebot auf grundsätzlich gleiche Mitwirkungsbefugnis aller Ratsmitglieder nicht zu vereinbaren, insbesondere auch, wenn die hervorgehobene Bedeutung der Ausschußarbeit und die hierdurch gegebene weitgehende Determinierung der Plenumsarbeit berücksichtigt wird. Das Gebot auf gleiche Teilnahme fordert die Anstrengung, den Minderheiten, wenn irgendmöglich, den Zugang zur Ausschußarbeit zu eröffnen. Ob dies gelingt oder nicht, ist aber keine Frage nach der Reichweite und "Werthaltigkeit" von verbleibenden Mitwirkungsrechten im Plenum, sondern hängt in erster Linie vielmehr davon ab, ob es gelingt, die Wahrung der Grundsätze des "verkleinerten Abbilds" und der Effektivität der Ausschußarbeit durch Vermeidung zu großer Ausschüsse miteinander in Einklang zu bringen. Es geht also somit nicht darum, den Status des Ratsmitglieds durch Verschaffung des Zugangs zur Ausschußarbeit weiter "anzureichern" [436]), die Ausschußmitgliedschaft ist aufgrund des verfassungsrechtlichen Gebots auf gleiche Mitwirkung grundsätzlich als von diesem Status umfasst anzusehen.

---

[434]) So BVerfGE 80, 188 (224), für den Parlamentsabgeordneten.

[435]) BVerfG, ebd. Ungeachtet der Beantwortung der Frage, ob Parlamentsrecht in entsprechender Weise auf den Gemeinderat anwendbar ist oder nicht, kann diese Feststellung des BVerfG als allgemeingültig angesehen werden und ohne weiteres auch auf den Gemeinderat übertragen werden.

[436]) So aber OVG Rheinland-Pfalz, DÖV 1996, 612 (613), das weiter meint, das einzelne Ratsmitglied sei wegen der gegenüber dem Bundestagsplenum wesentlich geringeren Größe der Gemeinderäte und einem dadurch gegebenen Mehr an Einflußmöglichkeiten im Ratsplenum nicht so darauf angewiesen wie ein Bundestagsabgeordneter (a.a.O., S. 614).

Allenfalls dann, wenn dieser Status Minderheiten wegen zu besorgender Effektivitätseinbußen für die Ausschußarbeit ausnahmsweise nicht geboten werden kann, mögen vorhandene Plenumsrechte mit dabei helfen, dies auszugleichen.

Vorstehendes gilt um so mehr, indem die einzelnen Mitwirkungsrechte im Plenum tatsächlich nicht durchgängig bzw. teilweise kaum zur Kompensation geeignet sind.

Nicht zu leugnen ist zunächst, daß sich von der Ausschußarbeit ausgeschlossene Minderheiten relativ umfassend über deren Arbeit informieren können, um so eine Entscheidungsgrundlage für ihre Abstimmung im Plenum zu haben. Neben der Möglichkeit auf umfassenden und unbeschränkten Zugang als Zuhörer in die Ausschüsse gehört dazu insbesondere die Möglichkeit der Einsichtnahme in Niederschriften der Ausschußsitzungen. Auch das Rede- und Fragerecht im Plenum kann helfen, Informationsdefizite auszugleichen und dient grundsätzlich dazu, Einfluß nehmen zu können. Schließlich stimmen Minderheiten im Plenum mit ab und bringen so das Gewicht ihrer Stimme mit ein.

Fast allen Mitwirkungsrechten im Plenum ist aber in der Sache gemein, daß sie nur noch einen retrospektiven, nachträglich kommentierenden Charakter haben. Wirklich gestaltenden Einfluß auf die Entwicklung von Problemlösungen können Minderheiten dort kaum mehr nehmen. In der Sache sind die Entscheidungen durch die Ausschußarbeit weitgehend vorgeprägt oder - im Falle der beschließenden Ausschüsse - sogar schon gefallen. Das Argument des verbleibenden Stimmrechts im Plenum greift daher bezüglich der durch die beschließenden Ausschüsse erledigten Angelegenheiten schon grundsätzlich nicht.

Dem kann auch nicht entgegengehalten werden, daß Minderheiten durch ihre Stimme im Plenum mit dazu beigetragen haben, den beschließenden Ausschüssen diese Aufgaben zu übertragen bzw. diese überhaupt erst einzurichten. Ein effizientes Ausschußwesen ist zur Entlastung des Gemeinderats unerläßlich. Soweit, dem Rechnung tragend, Ausschüsse auch mit den Stimmen von Minderheiten eingerichtet werden, ist darin keinesfalls gleichzeitig deren Billigung ihrer Nichtberücksichtigung zu sehen.

Auch über das Rückholrecht des Gemeinderats eröffnet sich den Minderheiten allenfalls eine theoretische Möglichkeit zur nachträglichen Einflußnahme auf die Entscheidungen beschließender Ausschüsse. Zwar besteht eine Einflußchance, indem die Minderheit im Plenum durch Ausübung ihres Rede- und Antragsrechts erfolgreich die Rückholung durch den Gemeinderat initiieren kann. Dies dürfte allerdings - wenn überhaupt - nur in Ausnahmefällen gelingen, weil das Rückholrecht in den Gemeindeordnungen bzw. Hauptsatzungen regelmäßig an bestimmte Quoren geküpft ist, die die Minderheitsfraktionen bzw. -gruppen, erst recht aber das einzelne fraktionslose Ratsmitglied, regelmäßig selbst nicht aufbringen können [437]). Die Einflußnahmemöglichkeit der Minderheit im Plenum ist wegen dessen größerer Mitgliederzahl allein schon deshalb von wesentlich geringerem Gewicht, als dies im Ausschuß möglich gewesen wäre. Dazu kommt, daß die Minderheit, bei nur beschränkter Redezeit, im Plenum ein Auditorium überzeugen muß, dessen Einzelmitglieder in der überwiegenden Anzahl mangels eigener persönlicher Ausschußmitgliedschaft nicht so intensiv mit der Sache vertraut sind. Die im Plenum vertretenen Ausschußmitglieder selbst, deren Beschluß überprüft werden soll, werden einem solchen Antrag regelmäßig ohnehin nicht folgen, sofern sie im Ausschuß den Beschluß mitgetragen haben. Überdies ist in diesem Zusammenhang noch einmal festzustellen, daß viele Ausschußbeschlüsse einmütig gefaßt werden, was die Chancen der Minderheit auf nachträgliche Korrektur durch das Plenum noch weiter schmälert.

Die gleichen Ansätze streiten auch für die Notwendigkeit einer Beteiligung von Minderheiten in vorbereitenden Ausschüssen, weil Mitwirkungsrechte im Plenum auch insoweit keinen Ersatz bieten können. Auch hier gilt, daß eine Einflußnahme aus Sicht der Minderheit aufgrund der deutlich kleineren Mitgliederzahl im Ausschuß wesentlich erfolgversprechender erscheint als im Plenum. Die vom BVerfG herausgestellte Bedeutung der sachlichen Diskussion unter Ausnutzung der Möglichkeiten von Argument und Gegenargument [438]) kann unter den dargestellten Gegebenheiten im Plenum kaum mehr zum Tragen kommen. Minderheiten sind so nicht nur nicht in der Lage, die Vorwegnahme von Sachentscheidungen des Plenums über eine Mitarbeit in den Ausschüssen mitzubeeinflussen, sie haben darüber hinaus auch so gut wie keine Chance, im Plenum noch etwas bewirken zu können. Dieser Umstand kann nicht mit dem Hinweis auf ihren relativ geringen politischen Einfluß aufgrund des Wahlergebnisses abgetan werden [439]), angesichts der vorwegnehmenden Wirkung der Arbeit der vorbereitenden Ratsausschüsse ist vielmehr vordergründig danach zu trachten, ihnen den Zugang zu den Ausschüssen zu ermöglichen.

Es kann schließlich gegen die Zulassung von Minderheiten zur Ausschußarbeit nicht eingewandt werden, die bloß vorbereitende Tätigkeit "in irgendeinem beliebigen Ausschuß" [440]) sei zu unbeachtlich, weil das gesamte Spektrum der Entscheidungstätigkeit allein im und durch das Plenum selbst abgedeckt werde.

---

[437]) Das Recht zur Rückholung ist in den Gemeindeordnungen unterschiedlich geregelt. Oft wird ohne nähere Konkretisierung geregelt, daß der Gemeinderat Sachen an sich ziehen kann (vgl. z.B. § 46 III S. 5 SachsGO), hier bleiben nähere Regelungen der Hauptsatzung vorbehalten. Anders z.B. in Bayern, wo vorgesehen ist, daß neben dem Bürgermeister bzw. neben 1/3 der stimmberechtigten Ausschußmitglieder 1/4 der Gemeinderatsmitglieder das Recht hat, die Nachprüfung eines Ausschußbeschlusses zu beantragen, vgl. Art. 32 III S. 1 BayGO.

[438]) BVerfGE 80, 188 (224).

[439]) OVG Rheinland-Pfalz, DÖV 1996, 612 (614).

[440]) OVG Rheinland-Pfalz, ebd.

Angesichts der Funktion des Rats als "zentrale Führungsinstanz" der Gemeinde ist die Richtigkeit dieser Aussage im Grundsatz nicht zu bezweifeln, dennoch ist das Argument hier nicht zielführend. In bezug auf beschließende Ausschüsse greift es nicht, weil diese die von ihnen entschiedenen Sachen grundsätzlich abschließend bearbeiten. Ein nicht unerheblicher Teil dieses Spektrums wird daher von den beschließenden Ausschüssen erledigt, mag es sich dabei auch nur um Routineangelegenheiten handeln und dies "unter Aufsicht" des Plenums geschehen. Diese Ansicht verkennt aber auch den grundsätzlichen Anspruch aller Gemeinderatsmitglieder, an den Entscheidungen des Gemeinderats möglichst umfassend beteiligt zu werden, und unterschätzt zudem die Bedeutung der Mitwirkung für den Einzelnen an der Ausschußarbeit. Auch wenn sich die möglichst "umfassende Beteiligung" aus Gründen der Effektivitätswahrung nur auf die Mitarbeit in einigen wenigen oder vielleicht auch nur in einem Ausschuß konzentrieren mag, kann dieser Umstand nicht dazu führen, ihm diese Mitarbeit unter Hinweis auf die nur relativ beschränkten Einflußmöglichkeiten auch noch zu nehmen. Zu Ende gedacht, stellt diese Ansicht überdies die Wertigkeit der Ausschußarbeit insgesamt in Frage. Jeder Ausschuß für sich gesehen hat nämlich an der Arbeit des gesamten Gemeinderats unter Einbeziehung von dessen anderen Ausschüssen nur einen relativ geringen Anteil.

## III. Rückgriff auf allgemeine Prinzipien des Parlamentsrechts im Hinblick auf die Ausschußbildung im Gemeinderat

### 1. Lückenhaftigkeit der Kommunalverfassungen

#### 1.1 Lückenfüllung durch verfassungskonforme Auslegung anhand parlamentsrechtlicher Grundsätze

Die vorangegangenen Untersuchungen haben gezeigt, daß die Gemeindeordnungen in bezug auf die Gewährung von Mitarbeitsrechten für Minderheiten bei der Ausschußarbeit faktisch lückenhaft [441]) sind, das heißt, positivrechtliche Regelungen hierzu fehlen meist. Andererseits ist es von Verfassungs wegen vorgegeben, daß Minderheiten aufgrund des Gebots auf gleiche Beteiligung aller Gemeinderatsmitglieder, -fraktionen und -gruppen zur Ausschußarbeit grundsätzlich zuzulassen sind. Es ergibt sich damit das Bedürfnis, die Gemeindeordnungen einer Rechtsfortbildung zu unterwerfen, wofür methodisch entweder eine verfassungskonforme Auslegung der Ausschußvorschriften der Gemeindeordnungen oder eine Analogiebildung zu parlamentsrechtlichen Vorschriften [442]) in Betracht kommen.

Es ist anerkannt, daß Prinzipien und Wertentscheidungen der Verfassung, so auch das Prinzip der parlamentarischen Demokratie, bei der Auslegung einfachen Gesetzesrechts zu beachten sind [443]). Das bedeutet, daß sich auch die Regelungen der Gemeindeordnungen an diesem Maßstab grundsätzlich messen lassen müssen, die Vergleichbarkeit unterstellt.

Die verfassungskonforme Auslegung darf sich jedoch, wenn sie Auslegung bleiben will, nicht über Grenzen hinwegsetzen, die sich aus dem möglichen Wortsinn und dem Bedeutungszusammenhang des Gesetzes ergeben [444]). Eine verfassungskonforme Auslegung gegen den eindeutigen Wortlaut des Gesetzes oder gegen den klaren Willen des Gesetzgebers ist nicht möglich, in diesen Fällen kommt nur eine Nichtigkeit oder die Feststellung der Unvereinbarkeit einer Norm mit der Verfassung in Betracht [445]).

Daran scheitert im Ergebnis die Anwendung dieser Methode. Weil die Gemeindeordnungen größtenteils eine Beteiligung von Minderheiten nicht explizit vorsehen, steht der insoweit klare Wortlaut der einschlägigen Vorschriften gegen eine verfassungskonforme Auslegung in diese Richtung. Die Gemeindeordnungen

---

[441]) Begriffsverwendung bei Schmalz, S. 142 Rdnr. 331.

[442]) Und zwar in dieser Reihenfolge, weil die Auslegung Vorrang hat, vgl. z.B. Schmalz, S. 137 Rdnr. 316.

[443]) Larenz/Canaris, S. 160.

[444]) Larenz/Canaris, S. 161.

[445]) Schmalz, S. 134 Rdnr. 308.

geben dafür regelmäßig zu wenig her. Wenn beispielsweise Art. 33 I BayGO als maßgebende Vorschrift für bayerische Gemeinderäte in Satz 2 lediglich anordnet, daß der Gemeinderat dem Stärkeverhältnis der in ihm vertretenen Parteien und Wählergruppen "Rechnung zu tragen" hat, unterstützt diese Regelung schon vom Wortlaut her nicht die Annahme, daß auch wirklich alle in Ausschüssen vertreten sein "müssen" [446]). Unterstützt wird diese Auslegung durch die weitere Betrachtung der Ausschußgemeinschaftsregelung in Art. 33 I S. 5 BayGO, die nachgerade unterstellt, daß ein Nichtvertretensein denkbar ist [447]).

Auch ist die Annahme eines dem Rechtsprinzip des "verkleinerten Abbilds" zu entnehmenden "Optimierungsgebots" in diesem Zusammenhang abzulehnen. Speziell zu Art. 33 I S. 2 BayGO ist die Meinung vertreten worden, das Rechtsprinzip des "verkleinerten Abbilds" beinhalte die zusätzliche Anordnung des kommunalen Gesetzgebers an die Adresse der Gemeinderäte, bei der Ausschußbesetzung die größtmögliche Spiegelbildlichkeit unter Berücksichtigung des Minderheitenschutzes und der Effektivität der Ausschußarbeit herbeizuführen [448]).

Wenngleich dies vom Ergebnis her der hier vertretenen Auffassung entspricht, muß jedoch diese rechtstheoretische Herleitung aus der kommunalverfassungsrechtlichen Norm zurückgewiesen werden, weil sie die Geltung von Rechtsprinzipien innerhalb des positiven Rechts überbewertet, wodurch die Grenzen zulässiger Auslegung überschritten werden.

Rechtsprinzipien können nicht aus sich heraus gelten, sondern sie bedürfen eines Akts anerkennender Entscheidung in Form der Setzung von Rechtsregeln [449]). Sie gelten damit nicht unmittelbar, sondern sie werden durch gesetzgeberische Entscheidungen bzw. durch Übung vermittelt [450]). Von einer solchen Übung bzw. einem Eingehen in die soziale Wirklichkeit kann aber hier nicht ausgegangen werden, da dem Proportionalprinzip in Ausschußvorschriften der

---

[446]) Ähnlich die Vorschriften in den anderen Gemeindeordnungen, vgl. z.B. §§ 50 II S. 1 BbgGO u. 48 II S. 1 Saar-KSVG, wobei § 50 II S. 1 BbgGO sogar nur die verhältnismäßige Verteilung der Ausschußsitze auf die Fraktionen anordnet.

[447]) Vgl. auch BayVGH, Urteil vom 16. 02. 1960, VGHE, n.F. 13 Teil I, 24 (29). Ladeur, BayVBl. 1992, 387 (393), der eine minderheitenfreundliche Auffassung vertritt, hält diese Vorschrift für unvereinbar mit Art. 28 I S. 2 GG, aber nicht für nichtig, weil der Rechtsverstoß in einer Unterlassung des Gesetzgebers zur Schaffung einer besonderen Regelung für das einzelne fraktionslose Ratsmitglied bestehe, ihm aber insoweit ein gewisser Gestaltungsspielraum zustehe.

[448]) Vgl. Schreiber, BayVBl. 1996, 134 (141), 170 (171 ff.), der auf diesem Weg unter anderem über eine bevorzugte Anwendung des Verfahrens nach Hare-Niemeyer zur weitergehenden Zulassung von Minderheiten in die Ausschüsse gelangt.

[449]) Penski, JZ 1989, 105 (111).

[450]) Penski, ebd.; vgl. auch Larenz/Canaris, S. 161.

Gemeindeordnungen ein solches Optimierungsgebot gerade nicht entnommen wird [451]). Ein solches Optimierungsgebot ergibt sich nach der hier vertretenen Auffassung nicht aus den Kommunalvorschriften, sondern ist aus der Verfassung selbst herzuleiten. Die kommunalen Gesetzgeber haben diese Vorgabe aus der Verfassung jedoch noch weitgehend nicht positivrechtlich umgesetzt.

### 1.2 Analoge Anwendung von Parlamentsrecht

Nachdem damit eine verfassungskonforme Auslegung abzulehnen ist, kommt eine analoge Anwendung von Parlamentsrecht in Betracht [452]). Ihre Zulässigkeit ist vor allem daran geknüpft, daß es sich bei den festgestellten Lücken in den Gemeindeordnungen um sog. planwidrige Lücken handeln muß [453]). Eine solche planwidrige Unvollständigkeit der einzelnen Gemeindeordnungen liegt nicht vor, wenn sich Anhaltspunkte dafür ergeben, daß die Gemeindegesetzgeber - sofern und soweit nicht ausnahmsweise Minderheitenregelungen existieren - bewußt darauf verzichtet haben, Minderheitenvorschriften für kleine Fraktionen bzw. -gruppen oder für fraktionslose Ratsmitglieder vorzusehen. Dieser Fall des "beredten Schweigens" [454]), der auf eine dem Gesetzgeber bewußte Lücke hinweist, wird insbesondere angenommen, wenn der Gesetzgeber ein Sachgebiet abschließend regeln wollte. Ist dies zu bejahen, kann im Wege des Umkehrschlusses unter Umständen gefolgert werden, daß die Regelungsabsicht des Gesetzgebers für den nicht geregelten Fall eines Minderheitenschutzes dahin ging, ein derartiges Institut nicht zuzulassen.

#### 1.2.1 Geschlossenkeit der inneren gemeindlichen Kompetenzordnung

Es wird in Literatur und Rechtsprechung angenommen, daß es sich bei den den Gemeinderat betreffenden Organisationsvorschriften um in sich abgeschlossene Regelsysteme handelt [455]). Insbesondere *Schröder* [456]) moniert in diesem Zusammenhang, daß der Frage, ob es eines Rückgriffs auf das Parlamentsrecht

---

[451]) Ganz h.M. in Literatur und Rechtspr., weswegen zur Lösung des Problems durchgängig nach Analogiemöglichkeiten zum Parlamentsrecht gesucht wird, weil das Kommunalrecht nichts dafür hergibt, vgl. nur BVerwG, NVwZ-RR 1991, 157 (158); BayVGH, NVwZ 1990, 1197, und BayVBl. 1993, 180 (183); VGH Baden-Württ., NVwZ 1990, 893, (894); Schmidt-Jortzig, Kommunalrecht, S. 43 Rdnr. 72; Wohlfarth, S. 164 Rdnr. 139; Waechter, S. 229 Rdnr. 327.

[452]) Vgl. auch Schröder, S. 530 f.: Lückenfüllung kann sich hier nur als Analogie darstellen.

[453]) Schmalz, S. 137 Rdnr. 314, u. S. 140 Rdnr. 323; Larenz/Canaris, S. 191, 194.

[454]) Larenz/Canaris, S. 191.

[455]) Vgl. Schröder, S. 524; Hofmann, BayVBl. 1984, 747 (748); Ringe, DVBl. 1966, 813 (815); BayVGH, Urteil v. 16. 02. 1960, VGHE, n.F. 13 Teil I, 24 (26); OVG Lüneburg, OVGE 24, 487 (489).

[456]) Schröder, S. 506.

überhaupt bedürfe, in Rechtsprechung und Schrifttum allgemein viel zu wenig Aufmerksamkeit geschenkt werde. Es handele sich hierbei um eine Methode der Rechtsgewinnung, wobei das Recht verwaltender Kollegien durch einen Rückgriff inhaltlich konkretisiert, dogmatisch erklärt, fortgebildet oder überhaupt erst geschaffen werden soll. Es werde dabei vielfach eine Rechtsfortbildung durch vermeintliche Lückenergänzung vorgenommen, ohne zu klären, ob eine Regelungslücke überhaupt bestehe.

*Schröder* geht davon aus, daß das Parlamentsrecht bei der Lösung von Problemen bei der Ausschußbildung in Gemeinderäten schon grundsätzlich unanwendbar bzw. ein Rückgriff nicht vonnöten sei, weil die Gemeindegesetzgeber das Recht zur Einsetzung von Ausschüssen im einzelnen geregelt und im übrigen Zusammensetzung sowie Verfahren der Ausschüsse insgesamt "minutiös" normiert hätten. [457]) Hieraus folge, daß das Gemeinderecht die für einen Rückgriff auf das Parlamentsrecht notwendige planwidrige Unvollständigkeit positiven Rechts nicht aufweise. Es bestehe auch eine Vermutung dafür, daß das Gesetz eine abschließende Aussage über die Aufgaben und Zuständigkeiten der Organe, insbesondere ihrer wechselseitigen Rechtsbeziehungen enthalte. *Schröder* bemüht dabei den Gedanken der "funktionsgerechten Organstruktur", der nahelege, daß die Gemeindegesetzgeber die institutionelle Ausstattung der Kollegialorgane so vorgenommen haben, daß die Kollegien ihre gesetzlich begründeten Kompetenzen effektiv wahrnehmen können, ohne daß dafür eine Rechtsfortbildung im Wege der Lückenausfüllung notwendig wäre. Dem rechtsstaatlichen Gesetzgeber könne nicht an einer durch Veränderungen der Zuständigkeitsordnung bewirkten Gewichtsverlagerung zwischen Organen und damit einer Veränderung des "Organstatuts" gelegen sein. Der Gesetzgeber wolle in aller Regel das "Organisationsstatut" rechtsstaatlich eindeutig und ein für allemal festlegen. Die Durchbrechung der Ausschließlichkeit der Zuständigkeitsordnung verstoße gegen den Grundsatz der Rechtsstaatlichkeit, weil die Begründung zweideutiger und sich überschneidender Zuständigkeiten die Gefahr innerer Machtkämpfe und Rivalitäten in sich berge, die durch eindeutige Kompetenzabgrenzungen vermieden werden sollen [458]). Wenn überhaupt im Recht der Ausschußbildung Lücken bestehen, so sei zu versuchen, diese mit Hilfe sachgebietsgleichen Rechts, also Formprinzipien einer "Art allgemeinen Kommunalrechts" zu schließen, nicht aber durch Anwendung parlamentsrechtlicher Grundsätze [459]).

---

[457]) Schröder, S. 539 (FN 4 mit Hinweis auf S. 427), S. 540 (FN 22 mit Hinweis auf S. 522, 525, 527, 528).

[458]) Schröder, S. 524 f., unter wörtlicher Inbezugnahme einer Entscheidung des OVG Lüneburg zur einer abschließenden Zuständigkeitsregelung in der NGO, OVGE 24, 487 (489 f.).

[459]) Schröder, S. 526 ff.

Diese methodischen Einwände von *Schröder* erscheinen in dieser Stringenz zumindest mißverständlich und bedürfen der Klarstellung. Im Ergebnis ist vom Vorliegen einer planwidrigen Lücke auszugehen.

### 1.2.2 Auseinandersetzung mit Schröder

*Schröder* ist darin zuzustimmen, daß die Gemeindeordnungen Fragen der Ausschußbildung und -besetzung zum Teil detailliert regeln, was bis in die Einzelheiten gehende Vorgaben umschließt, wie etwa die Durchführung eines Los-Entscheids bei Stimmengleichheit [460]). Ihm ist grundsätzlich auch beizupflichten, soweit er auf die Prinzipien einer "funktionsgerechten Organstruktur" im Sinne einer Forderung nach Geschlossenheit und Lückenlosigkeit der Zuständigkeitsordnung verweist. Die Notwendigkeit einer funktionierenden Kompetenzordnung gehört zu den unverzichtbaren Grundlagen eines Rechtsstaats. Darauf hat schon *Carl Schmitt* [461]) hingewiesen, der unter anderem mit Bezug auf die sog. Kompetenz-Kompetenz des Verfassungsgesetzgebers herausgearbeitet hat, daß gerade auch dieses am weitestengehende Recht zur Verfassungsänderung in einem Rechtsstaat nicht grenzenlos sein kann, sondern sich im Zusammenspiel der Gewalten einfügen und kontrollieren lassen muß [462]).

Obwohl im Rahmen dieser Untersuchung gerade noch zu beantworten sein wird, ob beispielsweise der Gewaltenteilungsgrundsatz innerhalb des Gemeindeverfassungsrechts gilt, kann man dem Prinzip einer festgelegten Kompetenzordnung [463]) auch für die Arbeit der Gemeindeorgane jedenfalls folgendes abgewinnen: Jegliche Kompetenzordnung beruht zunächst auf dem Gedanken, daß durch Arbeitsteilung eine bessere Qualität (Sachverstand) und Quantität der Leistungen erreicht werden kann. Die Zuständigkeitsordnung sichert so eine effektiv-optimale Erfüllung der anstehenden Aufgaben durch die verschiedenen Organe, die sie erledigen. Der Verzicht auf Kompetenznormen innerhalb einer Rechtsordnung bedeutet angesichts drohender widersprüchlicher Entscheidungen verschiedener Organe eine gewissermaßen systemimmanente Gefahr für den Fortbestand der Gesamtstruktur. *Rupp* [464]) hat darauf hingewiesen, daß "der ganze Organismus" einem permanenten Kompetenzstreit anheimfiele, wenn jeder Organwalter die den Organismus betreffende Außenpflicht unmittelbar auf sich beziehen würde.

---

[460]) Vgl z.B. § 51 II S. 2 NGO.

[461]) Carl Schmitt, S. 126 f., 130 f.

[462]) Die "Geschlossenheit der deutschen Gesamtverwaltung" erwähnt auch Arnold Köttgen, DVBl. 1952, 421 (424).

[463]) Grundlegend zum Thema: Stettner, Grundfragen einer Kompetenzlehre.

[464]) Rupp, S. 48 f.

Wegen dieser Wichtigkeit von kompetenzrechtlichen Vorschriften, die allerdings oftmals verkannt wird [465]), erscheint es daher grundsätzlich schon geboten, wenn man mit *Schröder* eine sozusagen manipulatorische Absicherung im Sinne eines Schutzes vor allzu weit gehender Auslegung bzw. gar vor einem unzulässigen Rückgriff auf Kompetenznormen anderer Rechtssysteme vorsieht.

Diese Überlegungen zeigen jedoch auch, daß der Grundsatz der Geschlossenheit und Lückenlosigkeit der Kompetenzordnung vornehmlich die Beziehungen zwischen verschiedenen Organen betrifft. Es geht um die Abgrenzung von Kompetenzen unter verschiedenen Organen und zugleich um die in der Regel ausschließliche Zuordnung einer bestimmten Funktion zu einem ganz bestimmten Organ.

Rechte von Minderheiten bei der Besetzung von Ausschüssen zielen jedoch grundsätzlich nur auf die Binnenstruktur der Ausschüsse ab, sie berühren nicht auch gleichzeitig das Verhältnis der Ausschüsse zu anderen Organen, insbesondere zum Gemeinderat. Dessen Rechtsstellung und Aufgaben werden dadurch grundsätzlich nicht angetastet. Mit der Kompetenzordnung im allgemeinen haben sie damit grundsätzlich nichts zu tun.

Auch unter Heranziehung des Gedankens der "funktionsgerechten Organstruktur" kann ein solcher Zusammenhang nicht hergestellt werden. Der Begriff wird - soweit ersichtlich - erstmals von *Otto Küster* [466]) erwähnt. Er leitet ihn ab aus dem Grundsatz der Gewaltenteilung, der seine volle Wirkung erst dann entfalten könne, wenn jeder Funktionsträger auch seine zur sachgerechten Aufgabenerfüllung spezifische Struktur erhalte. In der Forderung nach Gewaltenteilung sieht er unter anderem eine Aufgabe der Funktions- und Verantwortungsklarheit und der funktionsgerechten Organstruktur, der er einen großen Stellenwert beimißt [467]).

Auch wenn man zur Durchsetzung von Minderheitenrechten etwa Veränderungen an den Ausschußstärken vornehmen sollte, ist damit noch nicht automatisch in Frage gestellt, daß die Ausschüsse ihre Aufgaben deshalb nicht mehr ordnungsgemäß erfüllen könnten. Eine Ausnahme wird man allenfalls zu machen haben, wenn dies in überzogener Weise geschieht, da in diesem Fall auch das

---

[465]) Darauf verweist Schnapp, AöR 1980 (Bd. 105), 244.

[466]) Otto Küster, AöR 1949 (Bd. 75), 397.

[467]) Küster, a.a.O., 404. Dieses über die bloße Trennungs- und Hemmungsfunktion hinausgehende Verständnis des Gewaltenteilungsprinzips wurde unter anderem von Hesse übernommen, vgl. a.a.O., S. 211 Rdnr. 488; im neueren Schrifttum findet die "gesetzlich festgefügte Organisationsstruktur" Erwähnung z.B. bei Frenz, Die Verwaltung 1995, 33 (40); vgl. auch BVerfGE 68, 1 (86).

Funktionieren der gesamten innergemeindlichen Kompetenzordnung in Frage gestellt sein kann [468]).

Auch die von *Schröder* angeführte "minutiöse" Regelung der Ausschußvorschriften spricht nicht zwingend für eine bewußte Lücke. Es ist durchaus denkbar und im Ergebnis auch anzunehmen, daß die Gemeindegesetzgeber bei im übrigen relativ umfänglicher Regelung des Ausschußrechts das Problem der ausreichenden Wahrung von Minderheitenrechten bewußt der Einzelfallentscheidung der Gemeinderäte, und gegebenenfalls deren Überprüfung durch die Verwaltungsrechtsprechung überlassen wollten und hierdurch zum Ausdruck gebracht haben, daß die Frage regelungsbedürftig ist. Solche Fälle aber stehen der Planwidrigkeit gleich [469]), so daß daher eine Analogieziehung zum Parlamentsrecht methodisch möglich ist [470]). Von dieser Möglichkeit wird so denn auch in Literatur und Rechtsprechung reichlich Gebrauch gemacht [471]).

2. Stellung und Aufgaben der Gemeinden im Staat und Folgerungen für den Gemeinderat als Gemeindeorgan

Damit ist der Weg frei, eine Gegenüberstellung und Gewichtung der Unterschiede und Gemeinsamkeiten zwischen Gemeinderat und Bundestag vorzunehmen, um entscheiden zu können, ob bezüglich des Gemeinderats über den Weg der Analogie auf die zu Art. 38 I S. 2 GG entwickelten Grundsätze des Parlamentsrechts zurückgegriffen werden kann.

Die Frage nach der Möglichkeit einer Analogieziehung zum Parlamentsrecht unterstellt bereits, daß es sich bei Gemeinderäten nicht um Parlamente handelt, so daß deshalb parlamentsrechtliche Vorschriften, hier vor allem Art. 38 I S. 2 GG, nicht unmittelbar anwendbar sind. Gleichwohl ist es notwendig, die Richtigkeit dieser Prämisse zu belegen. Da Gemeinderäte Gemeindeorgane sind, ist daher zunächst die Stellung und die Aufgaben der Gemeinden nach der Verfassung darzustellen.

---

468) So beispielsweise BayVGH, Urteil vom 16. 02. 1960 (VGHE, n.F. 13 Teil I, 24): Eine Geschäftsordnungsbestimmung sah vor, daß alle Ratsmitglieder das Recht hatten, an allen Sitzungen der Senate und Ausschüsse des Stadtrats beratend teilzunehmen.

469) Schmalz, S. 140 Rdnr. 325.

470) Eine Problemlösung durch "gemeindeutsches Kommunalrecht" ist jedenfalls nicht möglich, weil sich Minderheitenregelungen nur vereinzelt finden lassen, so daß daraus ein gemeinsamer Nenner im Kommunalrecht der Bundesländer nicht hergeleitet werden kann, vgl. dazu Schröder, S. 527.

471) Vgl. z.B. die Fundstellen in FN 6 u. 7, S. 2.

## 2.1 Gemeinden als staatliche Verwaltungseinheiten

### 2.1.1 Mangelnde Staatsqualität

Unabhängig davon, ob nach der Verfassung von einem zwei- oder sogar von einem dreigliedrigen Bundesstaatsbegriff auszugehen ist [472]), kommt nach h.M. Staatsqualität jedenfalls dem Bund und jeweils den Ländern als den Gliedstaaten zu [473]). Für den Bund und die Länder ergibt sich diese Qualifikation unmittelbar aus dem Grundgesetz. Es weist dem Bund ausdrücklich die drei Staatselemente des Staatsgebiets (Art. 23), des Staatsvolks (Präambel, Art. 73 Ziff. 2) und der Staatsgewalt (in Form von Regelungen zu den obersten Bundesorganen, z.B. Art. 39) zu [474]). Auch die Staatlichkeit der Länder erkennt das Grundgesetz nach der Dreielementenlehre an [475]), wobei deren nur eingeschränkte Souveränität aufgrund ihrer partiellen Unterworfenheit gegenüber dem Bund ihrer Staatlichkeit nicht entgegensteht [476]). Aus der Staatlichkeit der Länder folgt, daß sie Inhaber unabgeleiteter Staatsgewalt sind, die auch nicht etwa nur auf bundesrechtlicher Ermächtigung oder Verleihung beruht [477]).

Die Verfassungsräume des Bundes und der Länder stehen deshalb "selbständig nebeneinander" [478]), für eine daneben bestehende Qualifikation auch der Gemeinden als Staaten oder auch nur als "Quasi-Staaten" läßt das Grundgesetz keinen Raum. Das Zusammenspiel von Art. 28 I und II GG beschreibt vielmehr die "staatsorganisatorische Grundentscheidung" [479]), daß sich die Länder kraft normativer Anordnung in Gemeinden und Kreise gliedern, wobei diese innerhalb jener als deren Selbstverwaltungseinheiten fungieren, indem Verwaltungsaufgaben mit örtlichem Bezug eigen- und selbständig erledigt werden. Damit wird bundesverfassungsrechtlich schon durch die Verwendung des Wortes "Selbstverwaltung" in Art. 28 II S. 2 GG bzw. von dessen Umschreibung in Art. 28 II S. 1 GG festgelegt, daß es die Gemeinden als demokratisch legitimierte Hoheitsverbände neben Bund und Ländern geben muß,

---

[472]) Vgl. hierzu ausführlich Bleckmann, S. 395 ff. Rdnrn. 875 ff.

[473]) Bleckmann, S. 391 Rdnr. 861; v. Münch/Kunig-Löwer, Art. 28 Rdnr. 1; BVerfGE 60, 175 (207); Püttner, HStR IV, § 107 Rdnr. 2.

[474]) Vgl. Bleckmann, S. 391 Rdnr. 862.

[475]) Vgl. z.B. Art. 23, 30, 70, 80, 93 Ziff. 2 GG.

[476]) Bleckmann, S. 393 Rdnr. 868.

[477]) BVerfGE 60, 175 (207); v. Münch/Kunig-Löwer, Art. 28 Rdnr. 2.

[478]) BVerfGE 60, 175 (209); 64, 301 (317).

[479]) Vgl. v. Münch/Kunig-Löwer, Art. 28 Rdnr. 8.

sie sich jedoch insoweit nur als Ausdruck einer bestimmten Form von Verwaltung nach vorgegebenen Regeln der staatlichen Gesetze verstehen [480]).

Darüber hinaus läßt sich dieses Ergebnis aus der Überschrift des II. Abschnitts des Grundgesetzes folgern, weil hier nur von Bund und Ländern gesprochen wird und allein diesen damit das Attribut der Staatlichkeit zuerkannt wird [481]). Das Grundgesetz begreift die Gemeinden damit als Bestandteile der Länder mit von diesen abgeleiteter Hoheitsgewalt, die im übrigen bei der Kompetenzverteilung der Staatsaufgaben nicht erwähnt werden [482]), sondern nur innerhalb einer Teilgewalt, der Exekutive der Länder, ihren ihnen nach dem Grundgesetz zugewiesenen und zugleich auch garantierten Part übernehmen [483]).

Schließlich finden sich auch ansonsten keine positivrechtlichen Ansätze, insbesondere nicht in den Landesverfassungen bzw. den Gemeindeordnungen, woraus sich herleiten ließe, daß den Gemeinden Staatsqualität zukommt. Im Gegenteil, hier finden sich ebenfalls Regelungen, die die Gemeinden als Selbstverwaltungskörperschaften qualifizieren. So regeln z.B. Art. 117 I, 118 SaarVf., daß die Gemeinden "in den Staat eingeordnete Gemeinwesen" darstellen, denen das Recht zur Selbstverwaltung eingeräumt ist [484]). Die Gemeindeordnungen verwenden diese oder zumindest ähnliche Formulierungen [485]).

Diese spezifische Qualifikation der Gemeinden als staatliche Verwaltungseinheiten der Länder mit der von Art. 28 II GG verliehenen Selbstverwaltungsgarantie führt zwar - mit Blick auf den Verwaltungsföderalismus der Art. 30, 83 ff. GG - zu drei horizontal übereinanderliegenden Schichten der Verwaltungsaufgabenerfüllung, wodurch die kommunale Selbstverwaltung aus dem hierarchischen Verwaltungsaufbau bei der Bundesverwaltung und den Länderverwaltungen herausgelöst wird [486]). Trotz Verflechtungen in Form von Verklammerungen per Aufsicht stehen diese drei

---

[480]) H.M., vgl. z.B. Stern, DÖV 1975, 515 (518); Püttner, HStR IV, § 107 Rdnr. 2; Stober, S. 14, 46; Wohlfarth, S. 39 Rdnr. 13.

[481]) Stern, ebd.

[482]) Bleckmann, S. 449 Rdnr. 997; vgl. Czybulka, S. 195 ff., mit Analyse der Entstehungsgeschichte von Art. 28 II GG (S. 197 ff.).

[483]) Vgl. Czybulka, S. 196: "Das Grundgesetz liefert weder in seinem Text noch in seiner systematischen Anordnung einen Anhaltspunkt dafür, daß die kommunale Selbstverwaltung etwa keine Verwaltung sei."

[484]) Vgl. z.B. auch Art. 78 I NRW-Vf., der die Gemeinden als "Gebietskörperschaften" bezeichnet.

[485]) Vgl. z.B. §§ 1 I S. 2 NGO; 1 II S. 2 KV-MV; 1 II S. 1 ThürKO.

[486]) V. Münch/Kunig-Löwer, Art. 28 Rdnr. 8; Püttner, HStR IV, § 107 Rdnr. 6.

Stufen damit auch relativ unabhängig nebeneinander [487]). Es ist auch festzustellen, daß das Grundgesetz zugunsten der Gemeinden partielle Finanzgarantien festschreibt [488]).

Gleichwohl kann aus alledem wegen der dargestellten entgegenstehenden Normierungen und auch der Entstehungsgeschichte von Art. 28 II GG nicht geschlossen werden, daß das Grundgesetz von einem dreistufigen Aufbau des Gesamtstaats in Gemeinden, Ländern und Bund ausgeht bzw. kann nicht angenommen werden, daß ein echtes Verfassungsrechtsverhältnis zwischen den Gemeinden und dem Bund besteht [489]). Analogien, das Rechtssubjekt Gemeinde in die Nähe zum Staat zu rücken, sind daher nach geltender Verfassungsrechtslage nicht möglich [490]).

Mit diesem Befund wird schließlich auch nicht etwa verkannt, daß die Gemeinden unter geographischen, soziologischen und politischen Gesichtspunkten das Fundament des Gesamtstaates darstellen [491]) und der Staat ihnen eine eigene, auch von ihm zu beachtende Rechtsstellung einräumt [492]). Aus dieser "Verwobenheit von verfassungsmäßiger und soziologischer Legitimation" [493]) kann jedoch nicht abgeleitet werden, daß die Existenz des Staates rechtlich und

---

[487]) V. Münch/Kunig-Löwer, ebd.; Krebs, HStR III, § 69 Rdnr. 12.

[488]) Vgl. Art. 106 V, VI S. 1 1. u. 2. HS, VII GG.

[489]) Vgl. Bleckmann, S. 449 Rdnr. 997; BVerfGE 22, 180 (209 f.). Czybulka, a.a.O., S. 199 f., belegt anhand von Auszügen aus Sitzungsprotokollen des Parlamentarischen Rates, daß von der Aufnahme von bundesrechtlichen Bestimmungen zur Selbstverwaltung ins Grundgesetz bewußt Abstand genommen wurde.

[490]) Das BVerfG bezeichnet die Gemeinden daher treffend nur als "ein Stück Staat", vgl. E 73, 118 (191), was allerdings auch zu entgegengesetzten Fehlinterpretationen verleiten kann; einem solchen Fehlschluß unterliegt wohl auch Ott, vgl. S. 282 (Nr. 13.), indem sie diese Fundstelle als Beleg für die Eigenschaft der Gemeinden als "quasi föderale Untergliederung des Staatsganzen" heranzieht; vgl. auch AK-Faber, Art. 28 Rdnr. 25, der einen Vergleich mit anderen Erscheinungsformen der Dezentralisation zieht und feststellt, daß Gemeinden "kleine Republiken" seien, zwar "noch keine Staaten sensu strictu", aber "doch auf dem Weg dorthin."

[491]) Vgl. auch Art. 11 II BayVf., der die Gemeinden als "ursprüngliche" Gebietskörperschaften bezeichnet, was verschiedentlich zur Annahme führte, den Gemeinden stehe daraus ein aus eigener historischer Wurzel, vom Staat unabgeleitetes Recht zu, abl. insoweit Knemeyer, S. 57 Rdnr. 28, und Seewald, S. 21 Rdnr. 55; vgl. auch die allgemeine Darstellung zu naturrechtlichen bzw. genossenschaftlichen Theorien, die die Gemeinden in die Nähe des Staats zu rücken suchen, bei Hendler, a.a.O., S. 64 ff.

[492]) Zu den Inhalten der Selbstverwaltungsgarantie im einzelnen, vgl. die Ausführungen sogleich unter 2.1.2.

[493]) Czybulka, S. 209.

geschichtlich von den Gemeinden herzuleiten ist [494]), was unter Umständen zur Begründung der Annahme einer zumindest staatsähnlichen Qualifikation der Gemeinden mit herangezogen werden könnte.

### 2.1.2 Kommunale Selbstverwaltung

#### 2.1.2.1 Allgemeines zum Selbstverwaltungsbegriff und historische Betrachtung

Nach Art. 28 II S. 1 GG muß den Gemeinden das Recht gewährleistet sein, alle Angelegenheiten der örtlichen Gemeinschaft im Rahmen der Gesetze in eigener Verantwortung zu regeln.

Neben dieser "inhaltlichen Umschreibung" [495]) des Selbstverwaltungsbegriffs findet sich keine Definition von Selbstverwaltung im Grundgesetz, es werden nur einige Merkmale herausgestellt [496]). Auch die Landesverfassungen führen insoweit nicht wesentlich weiter.

Was das Verhältnis zwischen Grundgesetz und Landesverfassungen anbelangt, ist darauf hinzuweisen, daß die Bundesverfassung nur einen "Minimalstandard" bietet, den die Verfassungsgeber der Länder ergänzen und erweitern können [497]). Obgleich sich einige Landesverfassungen insoweit "gesprächiger" als Art. 28 II GG zeigen [498]) und sich hier eigenständige bzw. zusätzliche Garantien finden lassen [499]), erschöpfen sich deren Regelungen dabei weitgehend in deskriptiven Aussagen, beispielsweise zu Aufsichtsfragen und zum Gemeindegebiet, die für eine dogmatische Durchdringung des Selbstverwaltungsbegriffes selbst, den sie durchweg in gleicher oder ähnlicher Formulierung wiederholen [500]), relativ wenig ergiebig sind und damit nicht nutzbar gemacht werden können [501]).

---

[494]) Knemeyer, S. 57 Rdnr. 28; Stober, S. 66.

[495]) Stern, DÖV 1975, 515 (518); vgl. auch Stober, S. 58.

[496]) Stober, S. 58, wertet die Zurückhaltung des Grundgesetzes bei der Definition als vorteilhaft, weil so eine dynamische Interpretation und Weiterentwicklung des Begriffs ermöglicht werde.

[497]) V. Münch/Kunig-Löwer, Art. 28 Rdnr. 34; Tettinger, S. 21 Rdnr. 29; Stober, S. 22.

[498]) Schmidt-Aßmann, S. 29 Rdnr. 31.

[499]) So z.B. im finanziellen Bereich, vgl. z.B. Art. 71 III BW-Vf. oder Art. 83 III BayVf., oder allgemein zur Festlegung, daß Gemeinden in ihrem Gebiet grundsätzlich ausschließliche Verwaltungsträger sind, z.B. Art. 117 II SaarVf. oder Art. 49 III RP-Vf.

[500]) Vgl. z.B. Art. 97 II BbgVf.; 49 I RP-Vf.; 78 II NRW-Vf.; 46 I SH-Vf.; 91 I ThürVf.

[501]) Vgl. auch Schmidt-Aßmann, S. 29 Rdnr. 31 (FN 115), zu Art. 83 BayVf.

Es ist zu versuchen, den Charakter der kommunalen Selbstverwaltung durch Reflektion allgemeiner Grundsätze zum Selbstverwaltungsgedanken und unter Herstellung der historischen Bezüge zu ermitteln.

Der Begriff der kommunalen Selbstverwaltung, wie der der Selbstverwaltung allgemein, erfährt im Schrifttum Differenzierungen.

Der Rechtsbegriff der Selbstverwaltung im formalen Sinn bezeichnet den Umstand, daß die öffentliche Verwaltung auch durch dem Staat eingegliederte juristische Personen (Gebietskörperschaften, Genossenschaften, Zweckverbände, Innungen etc.) erledigt wird. Hierdurch soll vor allem dem Gedanken der Dekonzentration Rechnung getragen werden [502]). Das bedeutet allgemeinbegrifflich, daß die Verteilung von Aufgaben und Befugnissen auf mehrere Behörden derselben oder nachgeordneter Ebenen angestrebt werden soll [503]).

Eine Körperschaft ist eine organisatorische Zusammenfassung einer kraft Zurechnung willens- und handlungsfähigen Personenmehrheit, die - unabhängig vom Wechsel der einzelnen Mitglieder - eine rechtliche Einheit bildet [504]). Gemeinden als Gebietskörperschaften erfüllen diese Voraussetzung, weil sich die Mitgliedschaft aus dem Wohnsitz in ihrem Gebiet ergibt und die Gemeinden mit Gebietshoheit ausgestattet sind, der jeder, der sich in diesem Gebiet aufhält, unterworfen ist [505]). Als Gebietskörperschaften sind die Gemeinden auch juristische Personen des öffentlichen Rechts, weil sie ihre Existenz einem Hoheitsakt, entweder einem Gesetz oder einem sonstigen Staatsakt aufgrund eines Gesetzes, verdanken [506]).

Durch den umfassenderen Begriff der Selbstverwaltung im materiellen Sinn sollen auch Wirkungen der Dezentralisation erreicht werden. Hierunter ist die eigenverantwortliche Erfüllung gemeinschaftlicher öffentlicher Aufgaben im eigenen Namen durch dem Staat eingegliederte, rechtsfähige, öffentliche Verbände mit eigenen gewählten Organen unter der Aufsicht des Staates zu verstehen [507]). Dezentralisation bildet so das Gegenstück zur Zentralisation, die vorliegt, wenn alle wesentlichen Aufgaben und Befugnisse bei einem Verwaltungsträger, in der Regel beim Staat, konzentriert sind [508]).

---

[502]) Becker, HKPW I, Selbstverwaltung, in: HKWP I, S. 116, 122.

[503]) Krebs, HStR III, § 69 Rdnr. 11 (FN 35); Stober, S. 49 f.

[504]) Vgl. Seewald, S. 20 Rdnr. 54.

[505]) Seewald, ebd.

[506]) Seewald, S. 21 Rdnr. 57.

[507]) Becker, HKPW I, Selbstverwaltung, in: HKWP I, S. 121 f.; Stober, S. 48 f.

[508]) Krebs, HStR III, § 69 Rdnr. 11 (FN 35).

Die genannte Untergliederung hat auch als Einteilung in eine Selbstverwaltung im juristischen und im politischen Sinn Eingang in die Diskussion gefunden, wobei hier teilweise auch andere Aspekte hervorgehoben werden [509]).

Politische Selbstverwaltung meint die bürgerschaftliche oder staatsbürgerliche Selbstverwaltung mit dem Inhalt, daß das ehrenamtliche Element in entscheidender Weise an der Verwaltung mitwirkt. Beispielgebend war gerade auch für die kommunale Selbstverwaltung das Institut des angelsächsischen "Selfgovernment", wo in einem System "Government by Commitees" Ehrenbeamte in der lokalen Verwaltung mitarbeiteten [510]). Das ehrenamtliche Element wurde so der Bürokratie als hauptamtlichem Glied gegenübergestellt.

Der Terminus der juristischen Selbstverwaltung deckt sich weitgehend mit dem genannten formalen Begriff. Hervorgehoben wird hier zusätzlich das Merkmal der Unabhängigkeit: Wenngleich unter Aufsicht, verbleibt insoweit der Selbstverwaltungskörperschaft ein vom Staat unantastbarer Kernbereich [511]). Die mit diesen allgemeinen Eigenschaften ausgestattete kommunale Selbstverwaltung bildet so neben der Bundes- und der Landesverwaltung einen eigenständigen dritten "Hauptverwaltungsbereich" oder ein "Gravitationszentrum" [512]) in der Verwaltungsorganisation der Bundesrepublik Deutschland.

Das Grundgesetz hat sich für eine auf Selbstverwaltungskörperschaften aufgebaute "gegliederte Demokratie" [513]) entschieden, indem auf Gemeindeebene der Gemeinderat als "zentrale Führungsinstanz" demokratisch zu legitimieren ist. Kommunale Selbstverwaltung dient so einem "Aufbau der Demokratie von unten nach oben" (Art. 11 IV BayVf.).

Dieses Zusammenwirken mit einer Qualifizierung der Selbstverwaltung als "Keimzelle der Demokratie" [514]) ist aber durch die geschichtliche Entwicklung nicht zwingend vorgegeben, das Verhältnis von Demokratie und

---

[509]) Vgl. Hendler, HStR IV, § 106 Rdnr. 12; Pagenkopf, S. 42 ff. Zum Teil wird zusätzlich noch eine sachliche Komponente genannt, vgl. Model/Müller, GG-Kommentar, Art. 28 Rdnr. 6.

[510]) Pagenkopf, S. 42 f.

[511]) Vgl. hierzu eingehend Ipsen, ZG 1994, 194 ff.

[512]) Vgl. Krebs, HStR III, § 69 Rdnrn. 12 f., der im weiteren auch auf die gängige Differenzierung zwischen unmittelbarer und mittelbarer Verwaltung auf Bundes- , Länder- und Gemeindeebene eingeht, Rdnrn. 13 ff. Zur Kontroverse um die genaue dogmatische Verortung der kommunalen Selbstverwaltung innerhalb der Staatsorganisation, vgl. z.B. Seewald, S. 18 Rdnr. 47, und Stober, S. 66: mittelbare Staatsverwaltung; dag. z.B. Schröder, Kommunalrecht, S. 4 Rdnr. 6.

[513]) BVerfGE 52, 95 (111 f.).

[514]) BVerfGE 79, 127 (149).

Selbstverwaltung ist vielmehr streitig [515]). Es wird sogar die Auffassung vertreten, daß Selbstverwaltung in der repräsentativen Demokratie grundsätzlich ein strukturfremdes Element darstelle [516]); im übrigen liege die Bedeutung der geschichtlichen Entwicklung "als verläßlicher Zeuge für die enge Verbindung von Demokratie und Selbstverwaltung in Deutschland" vor allem darin, daß zwischen beiden Prinzipien immer ein Spannungsverhältnis um das Verhältnis der Teile zum Ganzen existierte [517]).

Das Recht der kommunalen Selbstverwaltung besitzen die Gemeinden seit über 150 Jahren. Es ist bis heute einem steten Anschauungswandel unterworfen, indem es teils unter einem obrigkeitlichen Machtverhältnis, teils unter einem soziologischen Streitverhältnis und zum Teil unter dem Aspekt eines organischen Einordnungsverhältnisses zwischen Staat und Gemeinden gesehen wurde [518]).

Erst seit dem 19. Jh. durch die Reformen des Freiherrn vom Stein fand eine Lösung von der staatlichen Bevormundung absolutistischer Prägung statt. Aus der Erkenntnis, daß die freie Gemeinde entwicklungsgeschichtlich die Grundlage des freien Staates ist, sollten die Gemeinden nach der Idee v. Steins von der Bevormundung des Staates befreit werden und ihnen die Verwaltung ihrer Angelegenheiten in eigener Zuständigkeit überlassen werden [519]).

Mit prägend wurde der Gedanke, daß die Aufgabenerfüllung in eigener Regie durch die von den Betroffenen selbst gewählten Organe erfolgen sollte. Die Hinzunahme dieses Aspekts setzte sich jedoch erst allmählich nach der Stein'schen Reform, die ihrerseits mehr von liberalistischen denn demokratischen Momenten geprägt war, durch. Erst in Art. 17 II WRV schließlich wurden die Grundsätze des allgemeinen und gleichen Wahlrechts zur Volksvertretung auch für die Gemeindewahlen verbindlich geregelt. In der Zeit davor waren die Wahlen der Gemeinderäte noch privilegierten Klassen vorbehalten, so z.B. beim zensusbestimmten Dreiklassenwahlrecht von 1872 in Preußen [520]). Auch das Selbstverwaltungsrecht selbst wurde erstmals in Art. 127 WRV, dem Vorläufer von Art. 28 II S. 1 GG, verfassungsrechtlich garantiert. In der Bismarckschen Reichsverfassung gab es eine solche Regelung noch nicht.

---

[515]) Püttner, HStR IV, § 107 Rdnr. 14.

[516]) Vgl. v. Unruh, DÖV 1986, 217 (223).

[517]) So v. Unruh, ebd., S. 219. Bezeichnend erscheint in diesem Zusammenhang auch eine zeitgenössische (?) Kommentierung der Stein'schen Städteordnung von 1808: "Dem Volke wird nicht gestattet, sondern befohlen, sich selbst zu regieren", mitgeteilt von Becker, HKPW I, Entwicklung, in: HKWP I Entwicklung, S. 85.

[518]) Becker, HKPW I, Selbstverwaltung, in: HKWP I, S. 113.

[519]) Pagenkopf, S. 41.

[520]) V. Unruh, DÖV 1986, 217 (219).

## 2.1.2.2 Der Tatbestand des Art. 28 II GG

Das seit jeher bestehende "dialektische und pragmatische Spannungsverhältnis zwischen dem Ganzen und seinen Teilen" [521]) setzt sich vor allem im Kommunalrecht bis in die heutige Zeit fort.

Es kommt nicht nur in speziellen Fragestellungen, wie beispielsweise der dieser Untersuchung zugrundeliegenden zur Übertragbarkeit von parlamentsrechtlichen Grundsätzen auf den Gemeinderat, zum Ausdruck, sondern entzündet sich auch an Auslegungsproblemen der Verfassung selbst.

Allgemein wird Art. 28 II S. 1 GG als institutionelle Garantie einer kommunalen Selbstverwaltung verstanden. In den Ländern muß es die "Rechtseinrichtung Gemeinde" geben [522]).

Anhand der dargestellten politischen und juristischen Komponente des Selbstverwaltungsbegriffs werden verschiedene Eigenverwaltungsrechte zugunsten der Gemeinden entwickelt, die den Selbstverwaltungsbegriff ausfüllen und deren Existenz zugleich eine essentielle Voraussetzung für die Sachaufgabenerledigung durch die Gemeinden ist [523]). Es handelt im einzelnen um die Gebietshoheit, die Finanzhoheit, die Steuerhoheit, die Planungshoheit, die Satzungshoheit (Autonomie) [524]), die Organisationshoheit und um die Personalhoheit [525]).

Art. 28 II S. 1 GG verleiht den Gemeinden dabei kein gegen den Staat gerichtetes Grundrecht im Sinne eines subjektiv öffentlichen Rechts [526]), was unter anderem daraus hergeleitet wird, daß die Gemeinden selbst Teil des demokratischen

---

[521]) V. Unruh, DÖV 1986, 217 (218).

[522]) Ganz h.M., vgl. nur Pagenkopf, S. 57 f., der zutreffenderweise auch auf die "gesellschaftlichen Sachverhalte" verweist, die sich mit der Selbstverwaltung verbinden.

[523]) Stober, S. 76.

[524]) Der Begriff wird unterschiedlich verwandt: einmal werden darunter sämtliche hoheitlichen Funktionen und die gesamte selbständige Tätigkeit der Gemeinde subsumiert, zum Teil wird auch eine enge Sichtweise, nur beschränkt auf die Satzungsgewalt, bevorzugt, vgl. David, S. 28 ff. (m.N.).

[525]) Vgl. Reichert/Röber, S. 51 ff. Teilweise kommen die genannten Hoheitsbefugnisse spezialgesetzlich zum Ausdruck, so z.B. die Steuerhoheit in Art. 119 I S. 2 SaarVf. Zu weiteren Implikationen dieser Befugnisse, wie z.B. der Kooperationshoheit als Teil der Organisationshoheit, vgl. z.B. die Ausführungen bei v. Münch/Kunig-Löwer, Art. 28 Rdnr. 72. Allgemein zu den Inhalten der einzelnen Befugnisse, vgl. z.B. die Darstellung bei Seewald, S. 23 ff. Rdnrn. 61 ff.

[526]) Etwas mißverständlich deshalb § 1 I S. 1 GO-SH, der die gemeindliche Selbstverwaltung als "eines der Grundrechte demokratischer Staatsgestaltung" bezeichnet.

Staatsaufbaus "von unten nach oben" sind [527]). Eine Konsequenz hieraus ist, daß eine einzelne Gemeinde keinen spezifisch ausgestalteten Bestandsschutz genießt. Gegen eine Eingemeindung kann sich daher eine Gemeinde nicht auf Art. 28 II S. 1 GG berufen [528]).

Konkrete Besitzstände werden grundsätzlich nicht vom Schutzbereich der Institutsgarantie umfaßt. Staatliche Eingriffe werden so lange als zulässig angesehen, als sie nicht in den Kernbereich oder den sog. Wesensgehalt der kommunalen Selbstverwaltung eingreifen [529]). Diese Kernbereichsgarantie gewährleistet den Gemeinden die Erledigung der Aufgaben, die ihrem Wesen nach Angelegenheiten der örtlichen Gemeinschaft sind. Von gewissen Ausnahmen abgesehen, muß den Gemeinden damit die Führung der Geschäfte unter eigener Verantwortung überlassen werden. Eine Schmälerung dieses Aufgabenbereiches bzw. eine Ausnahme von dem Grundsatz der eigenverantwortlichen Verwaltung ist nur "aus Gründen des Gemeininteresses" oder, wenn "anders die ordnungsgemäße Aufgabenerfüllung nicht sicherzustellen wäre", zulässig [530]).

Aber auch außerhalb des Kernbereichsschutzes genießen die Gemeinden einen gewissen Schutz gegenüber staatlichen Eingriffen, indem auch der in den Randbereich eingreifende Gesetzgeber einer gewissen Argumentationslast unterliegt [531]). Die Notwendigkeit hierfür ergibt sich, weil ein bloßer Schutz des Kernbereichs oder Wesensgehalts ansonsten erst in dem Fall eingriffe, wenn ein "Minimumstandard schon erreicht" ist, "er würde allenfalls verteidigt, aber nicht verhindert", so das BVerfG [532]). Der Schutz der Selbstverwaltungsgarantie ist daher mehrstufig ausgestaltet [533]). Wenn der Gesetzgeber den verfassungsgewollten Vorrang der dezentralen vor einer zentralen Aufgabenwahrnehmung durchbrechen will, also gegen die Festlegung des "Regel-Ausnahme-

---

[527]) Vgl. Schröder, Kommunalrecht, S. 3 Rdnr. 2 (m.w.N.). Daher auch die Begriffsbildung "vertikale Gewaltenteilung", vgl. z.B. Stober, S. 62.

[528]) H.M., vgl. z.B. Model/Müller, GG-Kommentar, Art. 28 Rdnrn. 17 f. Dies kommt auch in einschlägigen Bestimmungen der Länder zum Ausdruck, vgl. etwa Art. 74 I BW-Vf. u. § 8 I BW-GO.

[529]) Sehr eingehend hierzu Schmidt-Jortzig, Organisationshoheit, S. 85 ff.; vgl. auch den sog. Rastede-Beschluß des BVerfG vom 23. Nov. 1988, E 79, 127 (146).

[530]) Vgl. BVerfGE 79, 127 (153).

[531]) Vgl. v. Münch/Kunig-Löwer, Art. 28 Rdnr. 50 (m.w.N.).

[532]) BVerfGE 79, 127 (148).

[533]) Für eine zweistufige Schutzgarantie v. Münch/Kunig-Löwer, Art. 28 Rdnr. 48; Stober, S. 100 f., unterscheidet drei Stufen: Rand-, Mittel- und Kernbereich.

Verhältnisses" [534]) örtliche Aufgaben einer staatlich determinierten Erledigung zuführen wolle, darf er dies ebenfalls nur aus Erwägungen des Gemeininteresses tun [535]).

Wo aber letztlich diese Grenzen als "Rahmen der Gesetze" im konkreten Einzelfall zu ziehen sind, ist nicht einfach zu beantworten. Insbesondere am Tatbestandsmerkmal "alle Angelegenheiten der örtlichen Gemeinschaft", um dessen Bestimmung es immer Streit gegeben hat [536]), wird dieses Problem virulent.

2.1.2.2.1 Alle Angelegenheiten der örtlichen Gemeinschaft

Der Begriff der "Angelegenheit" wird gleichgesetzt mit dem der "Aufgabe" [537]).

Nach der überkommenen Auffassung sind die Aufgaben solche der "örtlichen Gemeinschaft", wenn sie dort "wurzeln" oder auf diese einen besonderen Bezug haben und von der Gemeinschaft eigenverantwortlich und selbständig bewältigt werden können [538]).

Das BVerfG hat in der Rastede-Entscheidung [539]) das Tatbestandsmerkmal teilweise neu umschrieben:

"Angelegenheiten der örtlichen Gemeinschaft im Sinne von Art. 28 II S. 1 GG sind diejenigen Bedürfnisse und Interessen, die in der örtlichen Gemeinschaft wurzeln oder auf sie einen spezifischen Bezug haben, die also den Gemeindeeinwohnern gerade als solchen gemeinsam sind, indem sie das Zusammenleben und -wohnen der Menschen in der Gemeinde betreffen; auf die Verwaltungskraft der Gemeinde kommt es hierfür nicht an."

Bestimmte Regelungsbereiche, die diesem "Lokalitätsprinzip" [540]) offenbar nicht unterliegen, lassen sich grundsätzlich und ohne weiteres ausscheiden. Dazu gehören z.B. die Außenpolitik, die Verteidigungspolitik oder sog. Maßnahmen

[534]) BVerfGE 79, 127 (149).

[535]) Vgl. v. Münch/Kunig-Löwer, Art. 28 Rdnr. 50; vgl. auch BVerwGE 67, 321 (Rastede), welches den Verhältnismäßigkeitsgrundsatz bemüht.

[536]) Püttner, HStR IV, § 107 Rdnr. 17.

[537]) Vgl. v. Münch/Kunig-Löwer, Art. 28 Rdnr. 46.

[538]) BVerfGE 8, 122 (134). Der Begriff wurde 1859 durch Karl Brater eingeführt, so Schmidt-Jortzig, Organisationshoheit, S. 40 f. (FN 25, 26).

[539]) Vgl. BVerfGE 79, 127 (127, Ls. 4.; 151 f.).

[540]) Wohlfarth, S. 57 Rdnr. 32.

der Globalsteuerung [541]). In vielen anderen Bereichen ist es jedoch ungleich schwieriger, eine Abgrenzung von örtlichen und überörtlichen Aufgaben vorzunehmen, was auf verschiedenen Gründen beruhen kann.

Zunächst ist festzustellen, daß der Aufgabenkreis der Gemeinden nicht statisch für alle gleich ist, sondern er wird von ihrem Zuschnitt, ihrer Einwohnerzahl, flächenmäßigen Ausdehnung, Struktur etc. beeinflußt [542]). Insoweit kommt es also nach wie vor auf die Verwaltungskraft oder die Leistungsfähigkeit einer Gemeinde an, so daß bei größeren Gemeinden auch diejenigen Angelegenheiten örtlicher Natur sein können, die für kleinere Gemeinden ihrer Art nach dafür nicht (mehr) in Betracht kommen [543]). Die Leistungsfähigkeit bezeichnet aber kein Merkmal der Aufgaben der örtlichen Gemeinschaft, der Begriff hat also Bedeutung bei der Rechtfertigung von Eingriffen in die Selbstverwaltungsgarantie, nicht bei der Bestimmung von deren Umfang [544]).

Weiter weisen viele Verwaltungsangelegenheiten und auch öffentliche Einrichtungen für die Einwohner am Ort auch überörtliche Bezüge auf, wobei zudem bei manchen Aufgaben die Zuordnung in der historischen Entwicklung gewechselt hat. So wurde z.B. die Versorgung mit leitungsgebundenen Energien (Strom, Gas) früher als Kommunalaufgabe verstanden, ging dann mit zunehmender technischer Zentralisierung oft auf regionale und überregionale Versorgungsunternehmen über, um in der jüngeren Entwicklung dann wieder als örtliche Aufgaben qualifiziert zu werden [545]). Nur schwer erfaßt werden können außerdem die vielfältigen Aufgabenverflechtungen im gegliederten Gesamtstaat einer modernen Industriegesellschaft, wie sie unter anderem in der vielfältigen Mitwirkung der Gemeinden an überörtlichen Fach- und Gesamtplanungen des Bundes und der Länder ihren Ausdruck finden, diese "Gemengelagen" [546]) finden sich z.B. in der Raumplanung, etwa bei der Trassenführung von Verkehrsanlagen, die immer zugleich auch die Gebiete von Gemeinden treffen.

---

[541]) Vgl. Schmidt-Aßmann, S. 17 f. Rdnr. 15, der jedoch zugleich auch auf hier mögliche Ausnahmen hinweist, so z.B., daß ein Gemeindegebiet als Standort für militärische Einrichtungen vorgesehen wird.

[542]) Schmidt-Aßmann, S. 18 Rdnr. 16.

[543]) BVerfGE 79, 127 (153); vgl. Waechter, S. 39 Rdnr. 066 (FN 109); Seewald, S. 24 Rdnr. 62: "Verwaltungs- und Leistungskraft ist auch von Rechts wegen eine (allgemeine) Grenze bei der Frage der Erledigung neuer Aufgaben." Dem haben auch die Gesetzgeber teilweise Rechnung getragen, vgl. z.B. § 5 I Saar-KSVG, wonach die pflichtige Wahrnehmung von Selbstverwaltungsangelegenheiten ausdrücklich an das Leistungsvermögen der Gemeinde geknüpft ist.

[544]) Waechter, S. 41 Rdnr. 069.

[545]) Vgl. Schmidt-Aßmann, S. 18 Rdnr. 16.

[546]) Schmidt-Aßmann, S. 19 Rdnr. 16.

Trotz dieses "Abgrenzungsdilemmas" [547]) hält die h.M. an dem Tatbestandsmerkmal fest, wobei man sich an der o.g. Definition des BVerfG als einer Art Faustformel orientiert und versucht, Ergebnisse im Einzelfall materienspezifisch zu gewinnen. Dies geschieht anhand einer Prüfung, ob eine Angelegenheit nach überkommener Gesetzeslage und eingespielter Praxis gemeindlich oder überörtlich wahrgenommen wurde. Eine Rolle spielt auch, ob in gemeindlicher Trägerschaft eine sachangemessene, für die spezifischen Interessen der Einwohner förderliche und auch für den Bestand anderer Gemeindeaufgaben notwendige Erfüllung stattfinden kann [548]).

Aus der Erkenntnis, wonach letztlich immer auf die Umstände und Eigenheiten des Einzelfalles abzustellen ist, ergibt sich auch, daß es keinen gegenständlich benennbaren oder nach feststehenden Merkmalen bestimmbaren Aufgabenkatalog gibt, der zum Kernbestand der Selbstverwaltungsgarantie gehört [549]).

Kernbereichsgeschützt ist jedenfalls die Universalität oder Allzuständigkeit des gemeindlichen Wirkungskreises, also die Befugnis, als solche ermittelte Angelegenheiten der örtlichen Gemeinschaft aufzugreifen, die nicht schon einem anderen Aufgabenträger zugewiesen sind; dazu gehört auch, daß eine Gemeinde sich neuer und noch unbesetzter Aufgaben der örtlichen Gemeinschaft annehmen kann [550]).

Streng zu trennen von den originären gemeindlichen Aufgabenbereichen nach Art. 28 II S. 1 GG sind die den Gemeinden vom Staat zur Erledigung zugewiesenen sog. Auftragsangelegenheiten bzw. Pflichtaufgaben zur Erfüllung nach Weisung. Dieser aus dem 19. Jh. stammende Aufgabendualismus eines kommunalen und eines staatlichen Aufgabenbereichs ist dem Prinzip nach unbestritten, er trennt Selbstverwaltungsaufgaben und Staatsaufgaben. Für Gemeinden bilden die Selbstverwaltungsaufgaben den eigenen Wirkungskreis [551]), während die Staatsaufgaben auf sie nur im Wege gesetzlicher Übertragung in der Regel als Auftragsangelegenheiten überkommen [552]).

---

[547]) Schmidt-Aßmann, S. 19 Rdnr. 17.

[548]) Schmidt-Aßmann, ebd.

[549]) BVerfGE 79, 127 Ls. 2.; v. Münch/Kunig-Löwer, Art. 28 Rdnr. 49; vgl. z.B. zur Einschränkungsmöglichkeit der Organisationshoheit BVerfG, NVwZ 1995, 677, (Gleichstellungsbeauftragte) und OVG Rheinland-Pfalz, NVwZ-RR 1997, 310, (Mindestfraktionsstärke).

[550]) V. Münch/Kunig-Löwer, Art. 28 Rdnr. 49 (m.w.N.); von einem "Aufgabenfindungs- und einem Aufgabenwahrnehmungsrecht" spricht Wohlfarth, S. 60 Rdnr. 36.

[551]) Zur Unterscheidung zwischen sog. freien oder freiwilligen und sog. pflichtigen Selbstverwaltungsaufgaben vgl. Schmidt-Aßmann, S. 31 Rdnr. 35; Seewald, S. 36 ff. Rdnrn. 97 ff.

[552]) Vgl. z.B. Art. 7 f. BayGO; §§ 2 f. KV M-V; 5 f. Saar-KSVG; 2 ff. ThürKO.

Einige Bundesländer haben in Anlehnung an den sog. Weinheimer Entwurf der kommunalen Spitzenverbände im Jahr 1948 auf diese Trennung verzichtet und das Modell eines einheitlichen oder monistischen Gemeindeaufgabenbereichs eingeführt, der von einem einheitlichen Begriff der öffentlichen Aufgaben ausgeht. Die Erfüllung dieser Aufgaben im Gemeindegebiet soll grundsätzlich allein und in eigener Verantwortung den Gemeinden obliegen, sofern die Gesetze nichts anderes bestimmen [553]). Die Terminologie und die legislatorische Unterteilung der Aufgabenbereiche ist daher insoweit uneinheitlich, unterschieden werden hier freie Aufgaben, Pflichtaufgaben und Weisungsaufgaben. Die Vergleichbarkeit beider Systeme ist insbesondere hinsichtlich der Frage nach der Übertragbarkeit der Weisungsaufgaben im einzelnen streitig [554]).

Gerade anhand dieses vom Staat übertragenen Wirkungskreises, gleichgültig nach welchem Modell, kommt die Eingebundenheit der Gemeinden in die staatliche (Länder-) Verwaltung augenfällig zum Ausdruck. Sie wirkt sich auch auf die Arbeit des Gemeinderats aus, so daß dieser Aspekt bei der Frage nach dessen Parlamentsähnlichkeit eine nicht unwichtige Rolle spielt.

2.1.2.2.2 In eigener Verantwortung

Unter diesem Begriff wird das Recht der Gemeinden verstanden, die zu erfüllenden Selbstverwaltungsaufgaben ohne Weisung und Vormundschaft des Staates erledigen zu können, wie dies nach Maßgabe der Rechtsordnung zweckmäßig erscheint [555]). Die geschützte Eigenverantwortlichkeit steht ebenfalls unter dem Vorbehalt der gesetzlichen Rahmensetzung und muß konsequenterweise durch den Gesetzgeber institutionell ausgestaltet, aber auch institutionell respektiert werden [556]). Hier kommt der bereits erwähnte Aspekt der Unabhängigkeit, der dem Verständnis des politischen Selbstverwaltungsbegriffs inhärent ist, besonders zum Tragen. In der Praxis wird diese Eigenverantwortlichkeit der Gemeinden durch deren finanzielle Abhängigkeit allerdings stark eingeschränkt [557]).

Eine weitere Einschränkung erbringt der Umstand, daß die Eigenverantwortlichkeit die Gemeinden aufgrund der Geltung von Art. 20 III GG beschränkt ist. Dazu korrespondiert die als Rechtmäßigkeitskontrolle wirksame Aufsicht des Staates über die Gemeinden [558]).

---

[553]) Vgl. z.B. §§ 3 I BbgGO; 4 HGO; 2 I SachsGO.

[554]) Vgl. näher Stober, S. 32 ff., und Schmidt-Aßmann, S. 32 Rdnr. 39: Weisungsaufgaben als Mischform.

[555]) Vgl. etwa Schmidt-Aßmann, S. 20 Rdnr. 19.

[556]) V. Münch/Kunig-Löwer, Art. 28 Rdnr. 61.

[557]) Reichert/Röber, S. 32.

[558]) Zur Rechtsaufsicht vgl. im einzelnen Schmidt-Aßmann, S. 33 ff. Rdnrn. 41 ff.

2.1.2.2.3 Zu regeln

Dieses Tatbestandsmerkmal wird weit ausgelegt. Darunter versteht sich jede allgemein zulässige Art der Aufgabenerledigung einschließlich der Rechtsetzung durch Satzung [559]).

2.2 Gemeinderäte sind trotz ihrer Satzungshoheit keine Parlamente im Rechtssinn

Oben [560]) wurde ausführlich dargestellt, daß Gemeinderäte als vom Grundgesetz anerkannte "Teilvolksvertretungen" alle demokratischen Legitimationsformen verwirklichen, wie sie auch staatliche Parlamente aufweisen [561]). Gleichwohl macht sie dies nicht zu Parlamenten im Rechtssinn, im Gegenteil, im Ergebnis ist davon auszugehen, daß Gemeinderäte als Gemeindeorgane wie die Gemeinden insgesamt Teil der (Landes-) Exekutive sind. Gemeinderäte sind damit selbst reine Exekutivorgane, also keine Parlamente [562]). Die Gemeinderatsmitglieder sind daher auch keine Parlamentarier [563]). Diese Rechtslage nach der Verfassung wird von einigen Gemeindeordnungen besonders deutlich nachvollzogen [564]).

Im Gegensatz zu dieser Einordnung der Gemeinderäte steht der Parlamentsbegriff herkömmlicherweise als Synonym für die auf staatlicher Ebene gewählte und mit gesetzgebender Gewalt ausgestattete Volksvertretung [565]). Parlamentsrecht beschreibt dabei die Summe der Rechtssätze, welche sich auf staatliche, aus gewählten Abgeordneten des deutschen Volkes bestehenden Gesetzgebungsor-

---

[559]) V. Münch/Kunig-Löwer, Art. 28 Rdnr. 82.

[560]) Siehe I. 3., S. 28 ff.

[561]) Zur Frage, ob Gemeinderäte auch eine "Volks-vertretung" im Sinne von Art. 17 GG darstellen, bejahend OVG Münster, DÖV 1979, 60. Für Ladeur, BayVBl. 1992, 387 (389), ist der Gemeinderat jedenfalls keine "Volksvertretung minderen Ranges".

[562]) H.M., vgl. etwa Stober, S. 184 (m.w.N.); Seewald, S. 77 Rdnr. 190; Starck, AöR 1967 (Bd. 92), 449 (457); Wurzel, S. 149; Bethge, NVwZ 1983, 577 (579 f.); Hien, BayVBl. 1984, 203 (204 f.); BVerfGE 78, 344 (348); BayVerfGH, NVwZ 1985, 823; bemerkenswert ist die uneinheitliche Rechtsprechung des BVerfG, welches die Tätigkeit des Gemeinderats dem "Bereich der Legislative" zugeordnet hat, wenngleich es sich um "kein echtes Parlament" handele, E 32, 346 (361); vgl. auch BVerfGE 21, 54 (62 f.), und BVerwGE 6, 247 (251); gegen die h.M. für einen Parlamentscharakter z.B. Ott, S. 279, dem zumindest angenähert Heilmann, BayVBl. 1984, 196 (202).

[563]) So ausdrücklich Püttner, HStR IV, § 107 Rdnr. 42.

[564]) Vgl. z.B. Art. 29 BayGO: "Die Gemeinde wird durch den Gemeinderat verwaltet..."; § 35 GO-LSA: "Verwaltungsorgane der Gemeinde sind der Gemeinderat und der Bürgermeister."

[565]) Schröder, S. 23 f.

gane beziehen [566]). Parlamentsrecht kann daher auf Gemeinderäte keine direkte Anwendung finden.

Der Parlamentscharakter und damit eine unmittelbare Anwendung von Parlamentsrecht kann auch nicht durch die den Gemeinden zustehende Satzungsautonomie begründet werden.

Art. 28 II S. 1 GG gewährleistet den Gemeinden die Rechtsetzungsbefugnis in allen Angelegenheiten der örtlichen Gemeinschaft nach näherer Bestimmung, insbesondere durch die Landesgesetzgebung. Innerhalb der Gemeinde ist nach allen Kommunalverfassungen ausschließlich der Gemeinderat funktionell zum Satzungserlaß befugt [567]). Die hieraus abzuleitende Satzungsautonomie gehört zum unantastbaren Kernbereich der Selbstverwaltungsgarantie und ergibt sich nicht zuletzt auch aus dem Tatbestandsmerkmal "zu regeln" in Art. 28 II S. 1 GG.

Diese Grundgedanken finden sich auch in der gängigen Definition zum Satzungsbegriff. Satzungen sind Rechtsvorschriften, die von einer dem Staat eingeordneten juristischen Person des öffentlichen Rechts im Rahmen der ihr gesetzlich verliehenen Autonomie kraft öffentlichen Rechts mit Wirksamkeit für die ihr angehörigen und unterworfenen Personen erlassen werden [568]).

Satzungen, die vom Gemeinderat in einem bestimmten förmlichen Verfahren erlassen werden müssen [569]), haben meistens abstrakt-generelle Regelungen zum Inhalt [570]), an die nicht nur die Bürger, sondern die Gemeinde selbst gebunden sind. Es handelt sich um Normen des objektiven Rechts, die nach der ganz überwiegenden Meinung Gesetze im materiellen Sinn darstellen [571]).

Insoweit weist also das "Produkt" der gemeindlichen Satzungsbefugnis eine materielle Deckungsgleichheit mit dem entsprechenden Ergebnis der legislatorischen Tätigkeit staatlicher Parlamente auf, so daß die Gemeinde auch schon als "örtlicher Gesetzgeber" bezeichnet wurde [572]).

---

[566]) Definition von Achterberg, S. 9.

[567]) Vgl. z.B. §§ 35 II Nr. 10 BbgGO; 51 Nr. 6 HGO; 22 III Nr. 6 KV M-V; 40 I Nr. 4 NGO; 26 II Nr. 3 ThürKO. Die Befugnis zum Satzungserlaß kann in Bayern nach Art. 32 II S. 2 Nr. 2 BayGO teilweise auch auf beschließende Ausschüsse übertragen werden, vgl. hierzu die Kritik von Stober, S. 264.

[568]) Vgl. Wohlfarth, S. 103 Rdnr. 78; BVerfGE 10, 20 (49 f.).

[569]) Vgl. die entsprechenden Regelungen in den Gemeindeordnungen, z.B. in § 21 ThürKO.

[570]) Zu Ausnahmen vgl. Schmidt-Aßmann, S. 66 Rdnr. 94.

[571]) Gern, S. 176 Rdnr. 256; Wurzel, S. 132 f. (m.w.N.).

[572]) Wurzel, S. 144.

Gleichwohl ist der Gemeinderat kein Organ innerhalb der Legislative bzw. ist seine Tätigkeit funktional nicht der Legislative zuzuordnen, weil es sich bei der gemeindlichen Satzungsautonomie infolge Einordnung in die Exekutive der Länder "nur" um eine über Art. 28 I S. 2 GG bzw. die einschlägigen Vorschriften in den Landesverfassungen und den Gemeindeordnungen vom Staat abgeleitete Herrschaftsgewalt handelt. Dem Gemeinderat kommt damit keine "ursprüngliche" oder "originäre" Befugnis entsprechend der legislatorischen Tätigkeit wie der von staatlichen Parlamenten zu. [573]). Seine Kompetenzen können nicht weiter reichen als der Aufgabenbereich der Selbstverwaltungskörperschaft selbst, deren Organ er ist [574]). Darüber hinaus ist festzustellen, daß sich keine positivrechtliche Regelung findet, wo von dem Gemeinderat als Organ der "gesetzgebenden Gewalt" gesprochen wird [575]). Es handelt sich beim Gemeinderat damit um ein demokratisch legitimiertes Kollegialorgan, das staatssystematisch als Beschlußorgan einer bloßen Verwaltungsgröße einzuordnen und deshalb der zweiten Gewalt zuzurechnen ist [576]).

### 3. Unterschiede und Gemeinsamkeiten von parlamentarischen und kollegialen Volksvertretungen

### 3.1 Ausgangspunkte für die Gegenüberstellung im Wege der Analogie

Trotz des fehlenden Parlamentscharakters ist festzustellen, daß der Parlamentsbegriff nicht nur in den Medien und in der sonstigen Öffentlichkeit, sondern auch in der rechtswissenschaftlichen Literatur oder in Gerichtsentscheidungen in fast schon hartnäckiger Weise auch auf Gemeinderäte

---

[573]) Vgl. aber auch Ott, S. 158 ff., die zwischen "originärem" und "eigenem" Recht unterscheidet, und unter anderem hieraus den Charakter des Gemeinderats als Legislative zu begründen sucht. Dies vermag nicht zu überzeugen, weil es im Ergebnis auf eine von der Verfassung nicht gewollte Dreigliedrigkeit des Staatsaufbaus hinauslaufen würde.

[574]) Wurzel, BayVBl. 1986, 417 (419).

[575]) Wurzel, S. 149 (FN 3).

[576]) So prägnant Schmidt-Jortzig, Kommunalrecht, S. 42 Rdnr. 71; vgl auch Czybulka, S. 217.

("Kommunalparlament", "Gemeindeparlament" etc.) angewandt wird [577]). Diese Bewertung wird zu Recht als pauschale Gleichsetzung kritisiert [578]).

Ein Grund hierfür liegt darin, daß sich die Gemeindegesetzgeber sowohl bei der Schaffung der Kommunalverfassungen insgesamt, aber gerade auch bei der Einrichtung des kommunalen Ausschußwesens immer wieder von parlamentarischen Vorbildern haben leiten lassen [579]).

Außerdem wird in der Praxis eine zunehmende "Parlamentisierung" der kommunalen Vertretungskörperschaften festgestellt, die eine Annäherung der Funktionen der staatlichen Parlamente und der kommunalen Vertretungskörperschaften aufweist [580]). Wegen der Arbeitsweise von Gemeinderäten, insbesondere in größeren Städten, werden diese in politologischer Hinsicht als Parlamente klassifiziert [581]).

Zu den allgemeinen *politischen* Systemfunktionen, die in repräsentativen Demokratien gewählte Volksvertretungen aufweisen, die auch dem Gemeinderat beigemessen werden, gehören im wesentlichen die Wahlfunktion (Schaffung und Erhaltung der Exekutive), die Artikulationsfunktion (Aufgreifen und Debattieren der in der Öffentlichkeit vorhandenen politischen Auffassungen), die Erziehungsfunktion (Prägung des Stils der politischen Auseinandersetzung im politischen System), die Informationsfunktion (Pflicht zur Information der Mitglieder des vertretenen politischen Systems), die Kontrolle von Regierung und Verwaltung

---

577) Vgl. z.B. Miller, DVBl. 1986, 1131 (1133); BVerfGE 6, 104 (119); BVerwG, NJW 1980, 304, bezeichnet den Gemeinderat als "Kommunalparlament", lehnt gleichwohl im speziellen Fall (Fraktionsmindeststärke) die Übertragbarkeit von Parlamentsrecht auf den Gemeinderat ab. BVerfGE 32, 346 (361), ordnet den Gemeinderat "dem Bereich der Legislative" zu; vgl. auch OVG Hamburg, DVBl. 1986, 242 (246), das eine Parlamentsähnlichkeit der hamburgischen Bezirksverwaltung weitgehend verneint, deren Mitglieder jedoch als "Abgeordnete" bezeichnet.

578) Vgl. Schröder, S. 28; auch Hien, BayVBl. 1984, 203 (205), der eine "Begriffsjurisprudenz" in diesem Bereich ebenfalls ablehnt; ähnlich Bethge, NVwZ 1983, 577 (579), und Hartig, BMVPr. 1987, 193.

579) Vgl. Schröder, S. 435; Ott, S. 225; Berkenhoff, S. 68; Köttgen, Wesen, HKPW I, S. 199, der allerdings bezüglich der Vorbildnahme beim Ausschußwesen "gewisse Abwandlungen" konstatiert. Einschlägige Beispiele aus der jüngeren Vergangenheit stellen die Regelungen der §§ 27 I S. 4 ThürKO u. 51 III S. 2 NGO dar, die ersichtlich an BVerfGE 80, 188, anknüpfen.

580) Vgl. z.B. Zuleeg, Handbuch Bd. 2, § 28, S. 145 f.; Schwerdtner, DÖV 1990, 14 (15 f.); Janssen, Parlamentarisierung, S. 3 ff.; Wurzel, BayVBl. 1986, 417 ff.

581) Vgl. z.B. Schmidt-Jortzig, Kommunalrecht, S. 42 Rdnr. 71 (FN 40); zur politisch determinierten Arbeitsweise des Gemeinderats siehe die Ausführungen unten zu III. 3.4.1.2, S. 126 ff.

und die Gesetzgebungsfunktion (Erlaß von allgemein verbindlichen Rechtsnormen) [582]).

Für einen rechtlichen Analogieschluß zur konkreten Problemlösung reicht die Bejahung dieser Funktionen indes nicht.

Anhand der Analogie ist zu ermitteln, ob aus rechtlichen Gründen die kommunalrechtlichen Vorschriften zur Ausschußbildung durch Parlamentsrecht derogiert werden können oder nicht.

Analogie ist die Übertragung der für einen bestimmten Sachverhalt im Gesetz gegebenen Regel auf einen im Gesetz nicht geregelten ähnlichen Sachverhalt, der lückenhaft sein muß [583]). Die beiden miteinander zu vergleichenden Sachverhalte dürfen einander weder gleich noch absolut ungleich sein, sie müssen aber in den für die rechtliche Bewertung maßgebenden Hinsichten übereinstimmen [584]). Dabei müssen zu prüfende faktische Argumente auf Rechtspositionen beziehbar sein, um normative Relevanz gewinnen zu können [585]).

Der Analogieschluß folgt damit einem allgemeinen Gerechtigkeitsgedanken mit der Forderung, Gleichartiges gleich zu behandeln [586]). Umgekehrt ergibt sich ein Gebot zur Ungleichbehandlung und damit zur Ablehnung des Analogieschlusses, wenn tatsächliche Ungleichheiten zwischen Parlament und Gemeinderat bzw. ihrer Mitglieder so bedeutsam sind, daß eine Gleichbehandlung mit einer am Gerechtigkeitsgedanken orientierten Betrachtungsweise unverträglich erscheinen sollte [587]).

Wegen dieser Maßgeblichkeit einer rechtlich-normativen Bewertung können politologische und soziologische Gegebenheiten grundsätzlich nicht genügen, eine Analogie herzustellen. Abzulehnen ist daher die Auffassung, wonach formaljuristische Unterschiede durch eine deutliche Kongruenz zwischen beiden

---

[582]) Nach W. Bagehot, der diese Funktionen 1867 für das damalige englische Parlament aufstellte, vgl. Bagehot, S. 136 ff. Vgl. eingehend zu den Bagehot'schen Funktionen Lange, S. 110 ff., der diese im Hinblick auf ihre Anwendbarkeit auf die Hamburger Bezirksversammlungen beleuchtet.

[583]) Larenz/Canaris, S. 202; zum Vorliegen einer Lücke vgl. die Ausführungen oben zu III. 1.1, S. 78 ff.

[584]) Larenz/Canaris, ebd.

[585]) Morlok, JZ 1989, 1035 (1041).

[586]) Larenz/Canaris, S. 202.

[587]) Schwerdtner, VBlBW 1993, 328 (m.w.N.); Larenz/Canaris, ebd.

Systemen in der Verfassungswirklichkeit aufgewogen werden können [588]). Selbst wenn daraus ein beachtliches Spannungsverhältnis zwischen Verfassungsrecht (Art. 28 I S. 2 u. II S. 1 GG) einerseits und der politischen Bewertung der Strukturen auf der Gemeindeebene andererseits resultieren sollte, ist dieses, wie im Verfassungsstaat vorgegeben, grundsätzlich nach der Norm aufzulösen [589]). Eine dem Gemeinderat etwa gleichwohl gewährte Anerkennung als "Parlament" würde jedenfalls die Grenzen überschreiten, die das BVerfG [590]) als zulässigen Rahmen für eine Verfassungskonkretisierung der politischen Verfassungswirklichkeit gesetzt hat. Zurückzuweisen ist daher auch der in diesem Zusammenhang erhobene Vorwurf, die Rechtswissenschaft arbeite mit "juristischen Scheuklappen", weil sie vielfach die entscheidenden Variablen kommunaler Politik übersehe und auf formale Bestimmungen fixiert sei, ohne jeweils im Einzelfall zu fragen, was diese in der kommunalen Wirklichkeit tatsächlich bedeuten [591]).

Wegen Vorstehendem ist auch Zurückhaltung zu üben, eine Übertragung von Grundsätzen und Grundgedanken zum sog. Parlamentarismus auf den Gemeinderat zu vollziehen, soweit diese nicht zugleich normativ verankert sind [592]). "Parlamentarismus" bezeichnet eine Erscheinungsform der Vertretung des "Volkes" in einer gewählten oder berufenen Versammlung, die in der Herrschaftsordnung oder im Staatsaufbau mit bestimmten beratenden oder beschließenden Entscheidungsrechten versehen ist. [593]). Der Begriff ist relativ unscharf, aus ihm allein kann nicht ohne weiteres auf bestimmte Kompetenzen

---

[588]) So Herhaus, Gewaltenteilung, S. 49 f., der bemerkt: "Diese (die Rechtsetzungs- und Rechtsvollzugsgewalt, Anm. d.V.) allein mit dem Hinweis auf die abgeleitete Gewalt der Gemeinde zu minimieren bzw. eskamotieren, heißt, einen formalen Standpunkt strapazieren, was zweifellos angesichts der realiter sich darbietenden Gemeinde nicht der Realität entspricht."

[589]) Sondervotum Mahrenholz, BVerfGE 70, 324 (373).

[590]) BVerfGE 2, 380 (401); 3, 407 (422).

[591]) So Wehling, ZParl 1976, 460 (462). Noch pointierter Gabriel und Haungs, Opposition, S. 19, die zur von ihnen angemahnten Neubestimmung der "inneren Gemeindeverfassung" bemerken: "Man würde die politischen und sozialen Funktionen des Rechts verkennen, wenn man es als Instrument zur Verhinderung von Reformen interpretierte", und Gabriel, Mängelanalyse, S. 98: "Die starre Verwendung der Norm als Maßstab für die Wirklichkeit enthält de facto eine Verbotsforderung politischen Wandels.". AK-Faber, Art. 28 Rdnr. 60, deutet solche Reaktionen als ein "mokantes sozialwissenschaftliches Erstaunen über die Folgenlosigkeit der formalrechtlichen Institutionen."

[592]) Frotscher, ZParl 1976, 494 (499, FN 29), hält die Begriffe "Parlament" und "Parlamentarismus" auch für die kommunale Ebene für anwendbar, wenn die Divergenzen zwischen den verschiedenen Formen der Repräsentation beachtet werden.

[593]) Badura, HStR I, § 23 Rdnr. 7; enger die Definition von v. Münch/Kunig-Meyn, Art. 62 Rdnr. 3, wonach die Bestimmung durch Volkswahl vom Begriff umfaßt sei.

geschlossen werden [594]). Das parlamentarische Regierungssystem, wie es dem Grundgesetz zugrundeliegt, stellt eine mögliche Spielart des Parlamentarismus dar. Parlamentarismus ist damit auch eine Parlamentstheorie, die das Wesen [595]) eines Parlaments interdisziplinär, das heißt unter Berücksichtigung von historischen, juristischen, soziologischen und politischen Ansätzen, zu erklären und zu beschreiben sucht.

### 3.2 Unterschiede des Status und der Rechtsstellung der beiden Kollegialorgane

#### 3.2.1 Nichtgeltung des Gewaltenteilungsgrundsatzes für den Gemeinderat

##### 3.2.1.1 Situation beim Parlament

Das Gewaltenteilungsprinzip, verfassungsdogmatisch eine Ableitung aus dem Rechtsstaatsprinzip [596]) und tragendes Organisationsprinzip der Verfassung [597]), wird herkömmlicherweise aus Art. 20 II S. 2 GG hergeleitet. Der in dieser Vorschrift [598]) enthaltene Grundgedanke besagt, daß sich die begrifflich an sich unteilbare staatliche Gewalt in drei Grundtypen staatlicher Aufgabenbewältigung zu trennen hat, Legislative, Exekutive und Judikative.

Das Gebot der grundsätzlichen Funktionentrennung und die Art und Weise seiner praktischen Umsetzung wird von verschiedenen spezielleren Normen der Verfassung näher konkretisiert, wobei hier neben Bestimmungen über Struktur und Aufbau der Organe [599]) insbesondere auch die Regelungen zum Zusammenspiel der einzelnen Gewalten gehören.

Wegen ihrer "räumlichen" und "institutionellen" Nähe zueinander kommt dabei dem Verhältnis von Parlament einerseits und Regierung als Exekutivspitze andererseits eine besondere Bedeutung zu. Das Grundgesetz zeichnet ein Bild der Abhängigkeit der Regierung vom Parlament, was sich sowohl bei der

---

[594]) Anders v. Münch/Kunig-Meyn, Art. 62 Rdnr. 3, der vom Begriff jedenfalls die Gesetzgebungskompetenz umfaßt sieht. Eine "Vieldeutigkeit" des Begriffs stellt Carl Schmitt, a.a.O., S. 303, fest.

[595]) Kritisch zu diesem Begriff, Scheuerle in AcP 163 (1964), 429 (430): Das Wesensargument der Juristen sei ein der Klarheit entbehrendes Argument und ein sog. Kryptoargument, das heißt eines, hinter welchem sich die anderen Argumente verbergen.

[596]) Vgl. Maunz/Zippelius, S. 92 ff.

[597]) Vgl. BVerfGE 9, 268 (279).

[598]) Die vergleichbaren Bestimmungen in den Verfassungen der alten Bundesländer beleuchtet Schröder, S. 316.

[599]) Zum Prinzip der funktionsgerechten Organstruktur, vgl. Ausführungen oben zu III. 1.2.2, S. 82 ff.

Regierungsbildung (Art. 63 GG) als auch bei der Kontrolle der laufenden Geschäfte und deren weiteren Fortbestand (Art. 67 f. GG) äußert.

Zwar ist festzustellen, daß in der Verfassungswirklichkeit ein gewisser Wandel stattgefunden hat, wonach diese Beschränkung der Regierungsmacht im Laufe der Zeit schrittweise auf die Opposition verlagert worden ist. Die Mehrheitsparteien im Parlament haben wegen ihrer funktionellen Verklammerung mit der Regierung ihre Kontrollfähigkeit weitgehend verloren [600]), so daß sie die Regierung verteidigen, anstatt sie zu kontrollieren. "Gewaltenteilung" und "Gewaltentrennung" als Beschreibung des Verhältnisses zwischen beiden Funktionen wird mit "Gewaltenverschränkung" bzw. mit der gemeinsamen Aufgabe der "Staatsleitung...zur gesamten Hand" umschrieben [601]). Demgegenüber besteht die eigentliche Funktion des Parlaments im Ganzen in seinem Verhältnis zur Regierung vornehmlich noch darin, deren Tätigkeit demokratisch zu legitimieren, wobei zusätzlich eine Plattform für die öffentlichen Debatten zwischen Regierungsmehrheit und Opposition zur Verfügung gestellt wird [602]).

Jedoch ist dies nicht das Bild des verfassungsgeprägten parlamentarischen Systems, das als normativer Maßstab für die Analogieüberlegungen heranzuziehen ist. Insoweit ist nach wie vor darauf abzustellen, daß das Parlament "Kontrollinstanz" der Exekutive ist.

Überdies zeigt sich dieser Grundgedanke nach wie vor in vielen Facetten des Mit- und Nebeneinander beider oberster Staatsorgane. Beispielhaft genannt seien hier die Kontrollmechanismen der sog. Mißbilligungsvoten, des Zitierrechts, der Großen und Kleinen Anfragen und das Recht auf Einsetzung von Untersuchungsausschüssen [603]).

### 3.2.1.2 Situation beim Gemeinderat

Eine Übertragbarkeit des Gewaltenteilungsprinzips staatsverfassungsrechtlicher Prägung auf die kommunale Ebene ist wegen der Eingliederung der Gemeinden in den Verwaltungsaufbau der Länder grundsätzlich nicht möglich [604]). Wegen dieser Einbindung ausschließlich in das Binnengefüge nur einer Teilgewalt des Staatsganzen gibt es im Gemeindeverfassungsrecht kein der staatsverfas-

---

[600]) Birk, NJW 1988, 2521 (2522).

[601]) So schon Friesenhahn, VVDStRL 16 (1958), 9 (38); vgl. hierzu mit aktuellen Beispielen Vogel, NJW 1996, 1505.

[602]) Vgl. Bleckmann, S. 792 Rdnr. 1863.

[603]) Auch gibt es in der Praxis nach wie vor Fälle gesamtparlamentarischer Kontrolle, vgl. Oppermann, DÖV 1974, 804 (806, Nr. 12).

[604]) Vgl. Schröder, S. 434 ff.; Wurzel, S. 117 ff.

sungsrechtlichen Gewaltenteilung vergleichbares Institut, es kann es auch nicht geben [605]).

Darüber hinaus ist festzustellen, daß auch die im innergemeindlichen Organisationsgefüge anzutreffende spezifische Konstituierung, Trennung und Verteilung von Funktionen auf bestimmte Organe, bei der es sich nach dem Vorgesagten ohnehin nur um eine "Verwaltungsteilung" [606]) handeln kann, mangels gemeinsamer normativer Grundlagen nicht mit dem Gewaltenteilungssystem auf Staatsebene vergleichbar ist.

Art. 28 II S. 1 GG normiert keinen Zwang zur Gewaltenteilung im Gemeindeverfassungsrecht [607]). Art. 28 I S. 2 GG verlangt für die Gemeinden lediglich das Bestehen eines Gemeinderats nach dem Prinzip der repräsentativen Demokratie. Es werden keine weiteren konkreten Aussagen zur Stellung bzw. zum Verhältnis des Gemeinderats zu anderen Gemeindeorganen gemacht, die für die Geltung des Gewaltenteilungsprinzips bemüht werden könnten.

Insbesondere ergibt sich auch aus der aus dem Repräsentationsprinzip herzuleitenden Vorrangstellung des Gemeinderats hierfür nichts. Zwar kommt ihm die Position und die Funktion als "zentrale Führungsinstanz" unter den Gemeindeorganen zu [608]). Diese folgt unmittelbar aus dem demokratischen Prinzip und ist letztlich aus Art. 20 III GG auch normativ herzuleiten. Auch handelt es sich dabei prinzipiell um die gleiche Vorrangstellung wie die des Bundestages bzw. der Landtage [609]). Wie im einzelnen das Verhältnis zu anderen Gemeindeorganen ausgestaltet ist, wird dadurch jedoch nicht beantwortet.

Ein verfassungsrechtlicher Ansatz für die Geltung von machtbeschränkenden Mechanismen im Sinne des Gewaltenteilungsprinzips ergibt sich im Ansatz aus Gedanken zur Inkompatibilität.

Das BVerfG hat mehrfach zur Inkompatibilitätsvorschrift des Art. 137 I GG ausdrücklich festgestellt, daß diese die "organisatorische Gewaltenteilung" sicherstellen soll, wobei sie auch im kommunalen Bereich anzuwenden sei [610]). Indes betrifft dies nur Teilaspekte der Gewaltenteilung, die allein nicht als

---

[605]) Schröder, S. 438.

[606]) Vgl. Schröder, S. 435 f. (m.w.N.).

[607]) Schröder, S. 434.

[608]) Vgl. BVerfGE 47, 253 (275).

[609]) Wurzel, S. 112 f.; Frotscher, ZParl 1976, 494 (499 f.), der darauf verweist, daß diese Vorrangstellung aufgrund der Allzuständigkeit des Rats über die der staatlichen Parlamente noch weit hinausreiche.

[610]) BVerfGE 12, 73 (77); 18, 172 (183); 48, 64 (82 f.); 57, 43 (62), kritisch hierzu Schröder, S. 441.

tragfähige Grundlage für eine verfassungsrechtliche Herleitung des Gewaltenteilungsprinzips auf Gemeindeebene angeführt werden können.

Es ist daher mit der h.M. [611]) festzustellen, daß sich für die Anwendung des Gewaltenteilungsprinzips auf der Gemeindeebene keine direkte Grundlage in der Verfassung findet. Dies muß im übrigen schon deshalb angenommen werden, weil jedenfalls eine "dritte Gewalt" auf der Kommunalebene nicht existiert [612]).

Auch das Gemeindeverfassungsrecht der Länder bietet kein anderes Bild. Zum Teil finden sich sogar gegenteilige Aussagen. Es gibt in keiner Gemeindeordnung eine dem Art. 20 II S. 2 GG entsprechende Vorschrift. Insbesondere gibt es keine Regelungen, die den Gemeinderat als das "besondere Organ" der "Gesetzgebung" charakterisieren.

Alle Gemeindeordnungen enthalten zugunsten des Gemeinderats zuständigkeitsbegründende Generalklauseln, nach welchen der Gemeinderat in allen wesentlichen Gemeindeangelegenheiten zu entscheiden hat, soweit nicht das Gesetz Aufgaben einem anderen Organ zugewiesen hat [613]). Bei diesen Generalklauseln handelt es sich um die einfachgesetzliche Ausprägung der verfassungsrechtlich abgesicherten Vorrangstellung des Gemeinderats.

Zwar kommt dem Gemeinderat die ausschließliche Befugnis zur Satzungsgebung zu, die materiell der Legislativfunktion von staatlichen Parlamenten entspricht [614]). Ferner ist es möglich, im Gemeindeverfassungsrecht zwischen dieser Rechtsetzung und einer "Verwaltung im engeren Sinn" zu unterscheiden [615]), was an eine Trennung gemeindlicher Funktionen ähnlich wie zwischen Legislative und Exekutive auf Staatsebene erinnern mag.

Jedoch sind die Gemeinderäte nach den Gemeindeordnungen nicht nur zur Satzungsgebung, sondern gerade auch zur Mitverwaltung der Gemeinde "im

---

[611]) Vgl. die Nachweise bei Hien, BayVBl. 1984, 203 (205, FN 20).

[612]) Abzulehnen ist die Meinung von Herhaus, Gewaltenteilung, S. 25 f., der die fehlende dritte Gewalt auf der kommunalen Ebene durch die Kommunalaufsicht bzw. durch die Verwaltungsgerichtsbarkeit ersetzen und hierdurch anscheinend eine kompensatorische Wirkung erzielen will. Auch die örtlichen Schiedsgerichte können die Funktion der Judikative nicht ausfüllen, unklar Ott, S. 200.

[613]) Art. 29 BayGO; §§ 24 I BW-GO; 35 BbgGO; 17 f. BrhvVerf.; 51 HGO; 22 KV M-V; 40 NGO; 32 GO-RP; 35 Saar-KSVG; 28 I SachsGO; 44 GO-LSA; 28 I GO-SH; 22 III, 26 II ThürKO.

[614]) Vgl. die Ausführungen oben zu III. 2.2, S. 98 ff.

[615]) Vgl. etwa § 40 I Nr. 4 NGO, der die Befugnis des Gemeinderats zur Satzungsgebung regelt und § 62 I Nr. 2., II NGO mit der Pflicht des Bürgermeisters zur Ausführung der Ratsbeschlüsse und zur Leitung und Aufsicht über den Geschäftsgang der Verwaltung.

engeren Sinn" aufgerufen [616]), so daß eine durchgängig trennende Zuordnung von gemeindlichen Funktionen an jeweils *ein* Organ nicht festzustellen ist. Darüber hinaus ist zu bemerken, daß die vom Gemeinderat erledigte Verwaltungstätigkeit "im engeren Sinn" quantitativ ein deutliches Übergewicht gegenüber seiner rechtsetzenden Tätigkeit hat [617]).

Diese "gesetzliche Multizuweisung" von gemeindlichen Aufgaben an den Gemeinderat mit einem zudem noch quantitativ relativ geringfügigen "Legislativanteil" stellt somit einen wesentlichen Unterschied zur ausschließlichen Legislativbefugnis von Parlamenten bzw. überhaupt zur Situation auf Staatsebene dar. Eine Unterscheidung von Grundtypen gemeindlicher Aufgaben *und* deren Zuordnung an getrennte Organe findet nicht statt. Wegen des deutlichen Übergewichts der "Verwaltung im engeren Sinn" würde sich eine solche Zuordnung im übrigen auch zu Lasten eines ausschließlich zur Rechtsetzung befugten Gemeinderats auswirken, ein Ergebnis, das seiner Rolle als "zentrales Führungsorgan der Gemeinde" nicht gerecht würde. Seine verfassungsrechtliche Gewährleistung würde jedenfalls unterlaufen, wenn er keine oder kaum Kompetenzen erhielte [618]).

Auch die in den Gemeindeordnungen ansonsten vorhandenen freiheitssichernden und machtbeschränkenden Mechanismen bzw. "eine typisch körperschaftliche Kompetenzteilung" [619]) vermögen es nicht, eine Basis für eine Analogie zu schaffen, wiewohl sich dies durchaus ähnlich wie die Gewaltenteilung auf staatlicher Ebene auswirkt [620]). Äußerlich bietet sich hier wie dort oftmals im wesentlichen das gleiche Bild: Normsetzung in Bund, Ländern und Gemeinden ist das Ergebnis eines komplizierten Zusammenspiels von Regierung bzw. Verwaltung, Ausschüssen, Fraktionen und Plenum. Es wird daher zum Teil davon ausgegangen, daß sich auf allen Ebenen des politischen Systems ein ziemlich gleichartiger Verfahrensablauf eingespielt hat [621]).

Es ist jedoch festzustellen, daß es innerhalb der Gemeinde für ein Regierungs- und Oppositionssystem nach parlamentarischem Vorbild an *rechtlichen*

---

[616]) Vgl. z.B. §§ 22 II S. 1 KV M-V; 44 II S. 1 GO-LSA; vgl. dazu Schröder, S. 437; Frowein, Handbuch Bd. 2, § 28 S. 85.

[617]) Schröder, ebd. (m.w.N.).

[618]) Vgl. Janssen, Parlamentisierung, S. 13; Schröder, S. 437.

[619]) Schröder, S. 438.

[620]) Schröder, ebd.

[621]) Ausführliche Beschreibungen des Systems auf gemeindlicher Ebene finden sich z.B. bei Wallerath, DÖV 1986, 533, und Miller, DVBl. 1986, 1131 (jeweils m.w.N.).

Anknüpfungspunkten weitgehend fehlt [622]). Die erwähnten Mechanismen gründen auf die spezifische Rollenverteilung zwischen dem ehrenamtlichen und politischen Element einerseits und dem hauptamtlichen bzw. administrativen Element andererseits [623]).

Vor allem zu den Funktionen der Bürgermeister, insbesondere in den dualistischen und den sog. trialistischen Gemeindeverfassungen, ist festzustellen, daß diesen Befugnisse und Kompetenzen zukommen, die bei rein politischer Betrachtungsweise, also unter Ausblendung rechtlicher Kategorien, den Exekutiv-Funktionen der Regierungen auf Bundes- und Länderebene, also der Rolle der "Bürokratie", zumindest ähnlich sind [624]). Der Bürgermeister leitet die Gemeindeverwaltung und vollzieht die Beschlüsse des Gemeinderats und der Ausschüsse [625]). Im Ergebnis ist diese Sichtweise einer dem Grunde nach angelegten politischen Funktionsteilung auch in den monistischen Gemeindeverfassungen zu bejahen. Zwar liegen hier zunächst alle Erstzuständigkeiten bei einem Organ, und zwar beim Gemeinderat, jedoch wird dies in der normativen Praxis der Gemeindeordnungen dann sogleich weitgehend eingeschränkt [626]).

Der Gemeinderat hat gegenüber Bürgermeister und Verwaltung politische Kontroll- und Überwachungsfunktionen, die sich zumindest in den dualistischen und trialistischen Gemeindeordnungen normativ belegen lassen [627]).

Jedoch sind diese Grundlagen und die nähere Ausgestaltung dieser Mechanismen mit der staatlichen Gewaltenteilung nicht vergleichbar, was sich unter anderem gerade auch aus der Existenz von unterschiedlichen landesrechtlichen Gemeindeverfassungstraditionen ableiten läßt. Die verschiedenen Gemeindeverfassungstypen beinhalten das Trennungsprinzip in unterschiedlicher Weise, indem

---

[622]) Hien, BayVBl. 1984, 203 (205), bezogen auf die BayGO; vgl. auch OVG Hamburg, DVBl. 1986, 242 (243): "Maßstäbe der parlamentarischen Opposition sind weder unmittelbar noch entsprechend anzuwenden.", bezogen auf die hamburgische Bezirksverwaltung; auch Grawert, VVDStRL 36, 277 (331).

[623]) Wallerath, DÖV 1986, 533 (538 f.).

[624]) Nicht zuletzt deswegen wird dafür plädiert, das Gewaltenteilungsprinzip auch in rechtlicher Hinsicht wenigstens differenziert auf die kommunale Ebene zu übertragen, vgl. z.B. Janssen, Parlamentarisierung, S. 14.

[625]) So wörtlich z.B. § 29 I ThürKO.

[626]) Wolff-Bachof-Stober, S. 104 Rdnr. 51, mit dem Beispiel des Zusammenspiels der §§ 28 I S. 1 u. 47 III GO-NRW (a.F.).

[627]) Vgl. etwa in der sog. süddeutschen Ratsverfassung in Bayern, wo dem Bürgermeister als Gemeindevorsteher nach Art. 37 I BayGO originäre Kompetenzen zukommen, er sich nach Art. 30 III BayGO gleichwohl vom Gemeinderat kontrollieren lassen muß; vgl. z.B. auch §§ 44 II S. 2 GO-LSA und 33 I, II GO-RP. Einzelheiten zur Kontrollfunktion des Gemeinderats erläutert am Beispiel der HGO Ott, S. 187 ff.

sie sich "offen" oder auch nur "weniger offen" dazu bekennen, allgemeingültige Normen der Gewaltenteilung, wie sie für die Staatsebene prägend sind, kann es daher für die Gemeindeebene nicht geben [628]).

Weiter ist festzustellen, daß es im Gemeindeverfassungsrecht der meisten Bundesländer auch keine "Regierung" in dem Sinn gibt, daß der Gemeinderat sie zu bilden hätte. Nur noch nach einigen wenigen Gemeindeordnungen [629]) sind die Gemeinderäte dazu aufgerufen, den Gemeindevorsteher bzw. Bürgermeister zu wählen. Die im Vormarsch befindliche Direktwahl des Bürgermeisters durch das Gemeindevolk zwingt daher sogar dazu, die Parlamentseigenschaft auch in politologischer Hinsicht in Frage zu stellen, weil das Merkmal der sog. Wahlfunktion weitgehend weggefallen ist [630]). Die gleiche Inkongruenz zum Parlamentsrecht zeigt sich auch bei der Abwahl des Bürgermeisters durch den Gemeinderat, da diese Möglichkeit in den Gemeindeordnungen nicht durchgängig vorgesehen ist. Die Gemeindeordnungen ohne Direktwahl räumen dem Gemeinderat gegenüber einem von ihm gewählten Bürgermeister diese Möglichkeit ein, bei einer unmittelbaren Volkswahl ist eine Abwahl durch die Gemeindebürger, teilweise auch nach einem Beschluß des Gemeinderats, vorgesehen [631]). Mit den in Art. 63, 67 GG und in den vergleichbaren Bestimmungen der Landesverfassungen festgelegten Grundsätzen ist dieses Bild nur schwerlich in Einklang zu bringen.

### 3.2.2 Vielfach fehlende Souveränität des Gemeinderats

#### 3.2.2.1 Situation beim Parlament

Von prägender Bedeutung für das Parlament ist seine Unabhängigkeit als Kollegium sowohl in politischer Hinsicht [632]) als auch in rechtlicher Hinsicht.

Nach der Vorgabe des Grundgesetzes unterliegt es keiner Rechts- oder Fachaufsicht im Sinne einer bewachenden Beobachtung und Beeinflussung der

---

[628]) Vgl. Schröder, S. 439 (m.w.N.).

[629]) Vgl. die Übersicht bei Erlenkämper, NVwZ 1995, 649 (653 ff.).

[630]) Abzulehnen ist daher die Auffassung von Ott, S. 183, die im Wegfall dieser Funktion deshalb keine Einbuße für die Parlamentsähnlichkeit des Gemeinderats sieht, weil er von vornherein nur soweit "Vertretung" des Volkes sein könne, als dieses Aufgaben nicht selbst wahrnehme. Diese Meinung ignoriert, daß tatsächlich ein Aspekt von "normativer Vergleichbarkeit" entfallen ist.

[631]) Vgl. z.B. §§ 32 IV KV M-V; 66 II GO-NRW; 40 a GO-SH einerseits und §§ 61 a NGO; 51 VII SachsGO andererseits; vgl. zur Abwahlmöglichkeit Schmidt-Aßmann, S. 51 f. Rdnr. 71.

[632]) Eingehender zur politischen Bestimmtheit von Parlament und Gemeinderat, vgl. die Ausführungen unten zu III. 3.4.1., S. 125 ff.

parlamentarischen Tätigkeit [633]). Diese Unabhängigkeit bzw. Selbständigkeit beruht auf dem Umstand, daß das Parlament den obersten Träger der Staatsgewalt, das Volk, verkörpert. Die Souveränität des Volkes selbst würde in Frage gestellt werden, würde man eine solche Aufsicht zulassen [634]). Aus dieser Unabhängigkeit des Parlaments und seiner Mitglieder (Art. 38 I S. 2 GG) ergibt sich, daß seine Rechtsbindungen nur nach Maßgabe der Verfassungsgerichtsbarkeit kontrolliert werden können [635]).

Ein wesentliches Merkmal dieser Unabhängigkeit ist das Selbstorganisationsrecht, das durch die Geschäftsordnungsautonomie nach Art. 40 I S. 2 GG gewährleistet ist [636]). Auch dieses Recht ist als notwendige Konsequenz der Stellung des Parlaments als Vertretungsorgan des Volkes selbstverständlich. Mit dieser Stellung wäre es z.B. unvereinbar, wenn ein anderes Verfassungsorgan oder ein sonstiger Dritter über die innere Organisation des Parlaments oder über sein Verfahren bestimmen könnte [637]). Zwar wirken verfassungsrechtliche Prinzipien, wie z.B. das Gebot der Chancengleichheit und das freie Mandat (Art. 38 I S. 2 GG), unmittelbar beschränkend auf die Geschäftsordnungsautonomie des Bundestages ein [638]). Jedoch wird in der Rechtsprechung im Ergebnis doch von einer weitgehenden Gestaltungsfreiheit ausgegangen [639]).

Einen weiteren spezialrechtlichen Ausfluß aus der Unabhängigkeit stellt die eigene Wahlprüfung durch den Bundestag mit Beschwerdemöglichkeit zum BVerfG (Art. 41 I S. 1, II GG) dar [640]).

Etwas schwächer ausgeprägt ist hingegen die Position des Parlaments, soweit seine Selbstauflösung in Frage steht. Nach der Verfassung besitzt nur der

---

633) Schröder, S. 310.

634) Schröder, ebd.

635) Schröder, S. 310 f.

636) Der Rechtscharakter der Geschäftsordnungen des Bundestages und anderer Verfassungsorgane auch in den Bundesländern ist umstritten. Die wohl h.M. geht davon aus, daß ihnen Satzungscharakter zukommt, vgl. die Darstellung bei Bleckmann, S. 804 f. Rdnrn. 1904 ff.

637) Vgl. Ott, S. 215 (m.w.N.).

638) Vgl. Ott, S. 217, mit Verweis auf BVerfGE 44, 308 (315), und Hinweis auf teilweise qualitativ weitgehendere Einschränkungen in einigen Landesverfassungen, allerdings ohne konkrete Beispiele zu nennen. Vgl. insoweit z.B. Art. 70 II S. 3 BbgVf., der ein Grundmandat auf vollberechtigte Mitarbeit in einem Ausschuß zugunsten eines fraktionslosen Landtagsabgeordneten anordnet.

639) Vgl. BVerfGE 80, 188 (Ls. 3.c)).

640) Vgl. dazu näher Bleckmann, S. 802 f. Rdnrn. 1882 ff.

Bundespräsident formal das Recht, in bestimmten Fällen (vgl. Art. 63 IV, 68 GG) den Bundestag aufzulösen, wiewohl das Parlament selbst hierbei maßgebliche Mitbeeinflussung nehmen kann bzw. muß [641]). Von einem "Recht zur Selbstauflösung" im formalen Sinn kann daher mit Bezug auf den Bundestag nicht gesprochen werden [642]). Ein Recht zur Selbstauflösung haben jedoch die Landtage nach den Landesverfassungen [643]), weil es hier ein dem Bundespräsidenten vergleichbares Organ nicht gibt.

3.2.2.2 Situation beim Gemeinderat

Aufgrund der Einbettung der Gemeinden in die Exekutive ergeben sich für den Gemeinderat wesentlich weitergehende Einschränkungen für seine Unabhängigkeit. Insbesondere die hieraus resultierende Staatsaufsicht als ein selbstverständliches Gegenstück zu jeder Dezentralisation [644]) wirkt begrenzend. Die Verfassungen der Länder bringen dies entsprechend zum Ausdruck [645]).

Zwar stehen dem Gemeinderat aus Art. 28 II S. 1 GG in bezug auf die Wahrnehmung der Selbstverwaltungsrechte relativ weitgehende Zuständigkeiten zu, indem er für die Gemeinde deren Recht auf Aufgabenallzuständigkeit wahrnehmen kann. Jedoch ist schon bezüglich der sog. pflichtigen Selbstverwaltungsangelegenheiten einschränkend darauf zu verweisen, daß den Gemeinden hier kein sog. Entschließungsermessen eingeräumt ist [646]). Auch kann der Gesetzgeber hier unter Umständen bis ins einzelne gehende Maßstäbe für die Durchführung einer Aufgabe festlegen [647]).

Die Unabhängigkeit des Gemeinderats wird durch die vorhandene Rechtsaufsicht der Kommunalaufsichtsbehörde als einem Organ eines höheren Verbandes weiter merklich relativiert. Die Aufsichtsmaßnahmen reichen dabei von einem Informationsrecht bis hin zur Einschaltung eines sog. Beauftragten [648]).

---

[641]) Zur Auflösung nach Art. 68 GG und zum Mitentscheidungsrecht von Bundeskanzler, Bundestag und Bundespräsident, vgl. BVerfGE 62, 1 (39 f.).

[642]) Mißverständlich Hien, BayVBl. 1984, 203 (205, linke Spalte unten), der vermutlich das Selbstauflösungsrecht des bayerischen Landtags meint.

[643]) Vgl. etwa Art. 62 II BbgVf.; 80 HessVf.; 35 I S. 1 NRW-Vf.; 84 I RP-Vf.; 68 SaarVf.; 13 II SH-Vf.; 50 II Nr. 1 ThürVf.

[644]) Vgl. BVerfGE 6, 104 (118): Kommunalaufsicht als "Korrelat" der Selbstverwaltung.

[645]) Vgl. etwa Art. 83 IV S. 1 BayVf.: "Die Gemeinden unterstehen der Aufsicht der Staatsbehörden."

[646]) Vgl. Seewald, S. 37 Rdnr. 101; Stober, S. 39 f.

[647]) Seewald, S. 38 Rdnr. 107.

[648]) Vgl. z.B. §§ 119 ff. ThürKO.

Aus dieser Aufsicht ergeben sich weitergehende Beschränkungen der Selbständigkeit des Gemeinderats, weil zu seiner Auflösung die Kommunalaufsicht berufen ist [649]) und auch die Wahlprüfung grundsätzlich durch die Aufsichtsbehörden vorgenommen wird. Zur Wahlprüfung ist allerdings einschränkend festzustellen, daß dieses Verfahren in einigen Bundesländern in Anlehnung an das Parlamentsrecht über die Gemeinderäte zu den Verwaltungsgerichten führt [650]).

Noch einschneidender wird die Unabhängigkeit der Gemeinde beschnitten, soweit sie staatliche Aufgaben erledigt. Dabei kann im Rahmen dieser Untersuchung dahinstehen, wie diese Übertragung von staatlichen Aufgaben in den Gemeindeordnungen im einzelnen geregelt ist [651]). Selbst nach dem monistischen Modell sind mit den sog. Weisungsaufgaben Bereiche auszumachen, in denen die Gemeinden unzweifelhaft staatlicher Weisung unterliegen, wobei das Weisungsrecht - vom Einzelfall abhängig - unbeschränkt oder auch beschränkt sein kann [652]). Dies gilt erst recht für die sog. Auftragsangelegenheiten nach dem dualistischen Modell, bei denen den Gemeinden die Ausführung von Staatsaufgaben als sog. Fremdverwaltung [653]) obliegt. Korrespondierend hierzu existieren weitgehende Fachaufsichtsbefugnisse des Staates, die sich auch auf die Handhabung des gemeindlichen Verwaltungsermessens erstrecken [654]).

Zwar ist festzustellen, daß sich diese sonderaufsichtlichen Befugnisse nur in einem Fall auch direkt an den Gemeinderat als Adressaten richten, der so zum unmittelbaren Vollzugsorgan für staatliche Weisungen wird, wodurch seine Repräsentationsbefugnis erheblich beschnitten wird [655]). Ansonsten sind der

---

[649]) Vgl. etwa Art. 114 III BayGO; §§ 141 a BbgGO; 84 KV M-V; 122 II ThürKO; Schröder, S. 419, sieht im Auflösungsrecht des Staates einen Beleg für die weitgehend fehlende Unabhängigkeit des Gemeinderats.

[650]) Vgl. dazu Stober, S. 144 (mit umfassendem Fundstellennachweis bezüglich der gesetzlichen Regelungen in den einzelnen Bundesländern).

[651]) Vgl. zum dualistischen bzw. monistischen Gliederungsmodell und der sich daraus ergebenden unterschiedlichen Trennung zwischen Selbstverwaltungsangelegenheiten und Staatsaufgaben Schmidt-Aßmann, S. 30 ff. Rdnrn. 32 ff.; Stober, S. 32 ff.; Seewald, S. 35 ff. Rdnrn. 95 ff.

[652]) Vgl. die Beispiele bei Seewald, S. 40 Rdnr. 111 (FN 231 u. 232).

[653]) Vgl. zu diesem Begriff Stober, S. 33; Schmidt-Aßmann, S. 32 Rdnr. 38.

[654]) Die Weisungsbefugnis im dualistischen Modell ist grundsätzlich unbegrenzt, beim monistischen Modell muß sie dem Staat im einzelnen verliehen sein, vgl. Schmidt-Aßmann, S. 36 Rdnr. 44.

[655]) Nur in Bayern, vgl. Art. 116 I S. 2 BayGO, ist "die Gemeinde" insgesamt angesprochen, so daß auch der Gemeinderat hier miteinzubeziehen ist (arg. Art. 37 II, III; 59 I BayGO); vgl. hierzu im Näheren Schröder, S. 358.

Bürgermeister bzw. der Gemeindevorstand zuständige Adressaten für sonderaufsichtliche Weisungen, so daß der Gemeinderat insoweit formalrechtlich nicht betroffen ist [656]). Gleichwohl kann auch in diesen Fällen der Gemeinderat selbst nachteilig betroffen sein [657]).

Bedeutsame Unterschiede ergeben sich auch zum Selbstorganisationsrecht.

Das Recht, eine Geschäftsordnung zu erlassen, wird allgemein zur sog. Selbstorganisationshoheit des Rats gerechnet. Der Gemeinderat kann seine inneren Angelegenheiten durch eine Geschäftsordnung regeln [658]). Die Gemeindeordnungen lassen dem Gemeinderat bezüglich der Regelung der verschiedenen Einzelfragen mal einen weiteren, mal einen engeren Gestaltungsspielraum [659]).

Grundsätzlich ist zu berücksichtigen, daß der Staat aufgrund seiner Organisationsgewalt [660]) befugt ist, die Gemeinden zu verfassen und mit Organen zu versehen. Die Geschäftsordnung des Gemeinderats ist daher in wesentlichen Punkten "gesetzlich verordnet" [661]), das heißt, sie wird von einem Organ eines höheren Verbandes determiniert.

Wie weit die verfassungsrechtlich garantierte bzw. vorausgesetzte Organisationshoheit reicht, ist dabei im einzelnen umstritten. *Schmidt-Jortzig* [662]) geht davon aus, daß die Kompetenz zur normativen Formung der existentialen Gemeindegrundlagen nicht vom funktionalen Selbst-verwaltungsgedanken her bestimmt werde, vielmehr stehe dieses Recht - bis auf die verfassungsunmittelbar festgeschriebenen Grundeinrichtungen - dem Staat und seiner Organisationsgewalt zu. Daß dieser dann "Einzelfasern" dieser Organisationsgewalt den

---

[656]) Vgl. z.B. §§ 42 I a) BrhvVerf.; 37 V KV M-V; 53 III S. 1 SachsGO; 29 II Nr. 2 ThürKO.

[657]) So z.B., wenn eine Beratung des Bürgermeisters mit dem Gemeinderat zu einer ihm übertragenen Aufgabe (vgl. etwa § 37 V S. 3 KV M-V) aufgrund Ermessensreduzierung im Einzelfall obsolet wird.

[658]) Vgl. z.B. §§ 60 I S. 1 HGO; 34 II GO-SH; 34 I ThürKO.

[659]) Vgl. Gern, S. 282 Rdnr. 440.

[660]) Vgl. eingehend zu diesem Begriff und zu seiner Abgrenzung zur "Organisationshoheit" Schmidt-Jortzig, Organisationshoheit, S. 9 ff.

[661]) Schröder, S. 427 ff.

[662]) Schmidt-Jortzig, Organisationshoheit, S. 224; dag. Gönnenwein, S. 223 u. 50, der meint, daß bei konsequenter Durchführung des Selbstverwaltungsgedankens die Gemeinde dazu berufen sein müßte, sich ihre (gesamte) innere Verfassung zu geben; Ott, S. 217 f., geht am Beispiel der HGO von einer weitgehenden Gestaltungsfreiheit aus; Reinhart, S. 105, sieht in den Gemeindeordnungen "üblicherweise nur ein Minimum des zulässigen Inhalts der Geschäftsordnungen bestimmt".

Kommunen zur Selbstgestaltung überlasse, entspringe einer (weitgehend) frei getroffenen eigenen Delegationsentscheidung.

Darin liegt ein entscheidender Unterschied zur Autonomie des Bundestages. Zwar sieht auch das Grundgesetz Rahmenbedingungen bezüglich seiner Organe und seinem Geschäftsgang vor [663]). Auch trifft den Bundestag die generelle Pflicht, sich eine Geschäftsordnung zu geben [664]).

Jedoch ist festzustellen, daß die Vorgaben durch die Gemeindeordnungen im einzelnen erheblich weiter gehen als die durch die Verfassungen. So haben die Gemeindegesetzgeber beispielsweise das Ausschußrecht bis in Einzelheiten geregelt [665]), während das Parlamentsrecht die Ausschüsse mehr oder weniger als selbstverständlich voraussetzt und sich mit spärlichen Regelungen begnügt. Die Geschäftsordnungsautonomie des Gemeinderats hat daher nur relativ wenig mit der von Parlamenten gemein [666]).

### 3.2.3 Personelle Zusammensetzung

#### 3.2.3.1 Situation beim Parlament

Nach Art. 38 I S. 1 GG und vergleichbaren Bestimmungen in den Landesverfassungen [667]) setzt sich der Bundestag ausschließlich aus Abgeordneten zusammen, die durch Volkswahl dazu bestimmt wurden. Die Notwendigkeit dazu ergibt sich direkt aus dem Repräsentationsprinzip, weil in einer parlamentarischen Demokratie nach dem Muster des Grundgesetzes nur so die Legitimation des Parlaments durch das Volk gewährleistet werden kann [668]).

Zwar ist einzuräumen, daß sich auch die staatlichen Parlamente bzw. deren Ausschüsse Sachverständige bedienen bzw. ausnahmsweise auch nicht demokratisch legitimierte Personen bestimmten Gremien als Mitglieder

---

[663]) Vgl. z.B. Art. 39; 40 I S. 1; 42 I, II; 45 a I; 45 b; 45 c; 76 ff. GG; vgl. Ott, S. 216 f.

[664]) Ein Umstand, der in Lit. und Rechtspr. oftmals unerwähnt bleibt, vgl. - auch nur ansatzweise - Trossmann, § 1 Rdnr. 9: Der Bundestag hat aufgrund Art. 40 I S. 2 GG "die Aufgabe", sich eine Geschäftsordnung zu geben; auch BVerfGE 80, 188 (Ls. 2.b)). Die Pflicht ergibt sich aus dem Grundsatz der funktionsgerechten Organstruktur (siehe die Ausführungen oben S. 82 ff.) und aus der überragenden Bedeutung der parlamentarischen Geschäftsordnung, vgl. BVerfGE 1, 144 (148).

[665]) Vgl. z.B. § 27 ThürKO; näher dazu Schröder, S. 427 (mit Fundstellennachweisen zu länderrechtlichen Besonderheiten).

[666]) Vgl. auch Scholtis, S. 278 f.

[667]) Vgl. etwa Art. 66 SaarVf.

[668]) Zu den Grundsätzen des Repräsentationsprinzips vgl. die Ausführungen oben zu I. 2.3, S. 8 ff.

angehören können [669]). Auch gab und gibt es immer wieder politische Bestrebungen, dies im Grundgesetz festzulegen [670]). Gleichwohl handelt es sich insoweit nur um begrenzte Ausnahmen, die die demokratische Legitimation der Parlamente selbst nicht nachhaltig "verwässern" können.

### 3.2.3.2 Situation beim Gemeinderat

Anders verhält sich die Situation beim Gemeinderat und seinen Ausschüssen, wo nicht ausschließlich der Wille der Wählerschaft die Zusammensetzung bestimmt. Es finden sich in etlichen Gemeindeordnungen Regelungen, die die Mitarbeit von "fremden Personen", das heißt, solchen, die nicht durch das Volk demokratisch legitimiert sind, vorsehen.

Betreffend den Gemeinderat selbst sind hier zunächst die Bürgermeister zu nennen, die nach einigen Gemeindeordnungen aus der Mitte des Rats gewählt werden [671]). In einigen Ländern werden die Bürgermeister (Gemeindevorstand) kraft Gesetzes zum Vorsitzenden des Gemeinderats bestimmt, regelmäßig mit Stimmrecht [672]). Ähnliche Regelungen zu Gunsten der Bürgermeister finden sich auch bezüglich der Gemeinderatsausschüsse [673]). Denkbar ist auch die Zuziehung von sachkundigen Einwohnern und Sachverständigen zu den Beratungen einzelner Angelegenheiten im Gemeinderat [674]).

Weiter existiert mit Art. 40 BayGO in Bayern eine Regelung, nach der in Gemeinden über 10000 Einwohner berufsmäßige Ratsmitglieder durch den Gemeinderat durch Zuwahl bestimmt werden, die beratende Funktion haben.

---

[669]) Den Enquête-Kommissionen nach § 56 GOBT können auch Mitglieder von außerhalb des Bundestages angehören; vgl. z.B. auch § 63 V BremGO bezüglich der ständigen Ausschüsse der Bürgerschaft.

[670]) In der 24. Sitzung der Gemeinsamen Verfassungskommission zur Änderung und Ergänzung des Grundgesetzes am 17.06.1993 wurde über einen entsprechenden Antrag der SPD-Mitglieder abgestimmt, der auf die Einführung eines neuen Art. 44 a GG (Enquête-Kommissionen mit Nichtparlamentariern als Mitglieder) abzielte. Er fand zwar die Mehrheit, nicht jedoch das erforderliche Zweidrittelquorum, vgl. BT-Drucks. 12/6000 Nr. 6.5., S. 92.

[671]) Die Wahl des Bürgermeisters durch den Gemeinderat war zuletzt noch vorgesehen in Nordrhein-Westfalen, Schleswig-Holstein (bis 1998) und Mecklenburg-Vorpommern (bis 1999).

[672]) Vgl. etwa §§ 42 I BW-GO; 36 II KV M-V; 23 I S. 2 ThürKO; kein Stimmrecht steht dem Bürgermeister z.B. nach § 42 I Saar-KSVG zu. Aus der Mitte des Gemeinderats gewählt wird der Vorsitzende z.B. in Hessen, vgl. § 57 I S. 1 HGO.

[673]) Vgl. z.B. § 35 I S. 5 KV M-V, wonach der Bürgermeister in hauptamtlich verwalteten Gemeinden als stimmberechtigter Vorsitzender des Hauptausschusses fungiert.

[674]) Vgl. z.B. § 33 III BW-GO.

Darüber hinaus ist vorgesehen, daß in den Gemeinderatsausschüssen auch andere nicht unmittelbar demokratisch legitimierte Personen mitarbeiten. Es handelt sich hierbei um "sachkundige Bürger", die durch den Gemeinderat entsprechend den Vorgaben der Gemeindeordnungen zu Ausschußmitgliedern, zum Teil ausgestattet mit Stimmrecht, bestimmt werden [675]).

Dieses, zudem noch in sich uneinheitliche Bild bei den einzelnen Gemeindeordnungen weicht deutlich von dem des Bundestages ab.

Die gesetzlich verordnete Bestimmung des Vorsitzenden ist ihm fremd, er wählt seinen Präsidenten selbst (Art. 40 I GG). Die relativ weitgehende mitgliedschaftliche Beteiligung von nicht Gewählten in Ausschüssen zum Zweck der Stärkung des bürgerschaftlichen Elements bei der Selbstverwaltung [676]) bewirkt eine Hinwendung zu plebiszitären Strukturen. Diese Bürger können keine Volksvertreter im Sinne des Repräsentationsprinzips sein [677]). Regelungen in Gemeindeordnungen, die bezüglich der Rechtsstellung von sachkundigen Bürgern auf den Status von Ratsmitgliedern unter Einbeziehung von deren freien Mandat verweisen [678]), sind entsprechend einschränkend auszulegen [679]).

Die gegenüber dem Bundestag festzustellenden Abweichungen in der personellen Zusammensetzung sind insgesamt als Abschwächung des Repräsentationsprinzips und damit als ein Gesichtspunkt für die mangelnde Vergleichbarkeit zwischen beiden Volksvertretungen anzusehen [680]).

### 3.2.4 Diskontinuität

#### 3.2.4.1 Diskontinuität beim Parlament

Der Grundsatz der Diskontinuität bezeichnet die parlamentarische Praxis, daß mit dem Ablauf einer Legislaturperiode die beim alten Parlament eingebrachten Gesetzesvorlagen, Anfragen etc. automatisch ihre Erledigung finden, also vom neuen Parlament nicht weiterbehandelt werden, es sei denn, sie werden neu eingebracht. § 125 S. 1 GOBT sieht daher folgendes vor: "Am Ende der Wahlperiode des Bundestages gelten alle Vorlagen als erledigt." [681]).

---

[675]) Vgl. hierzu die Ausführungen oben zu I. 6.1, S. 44.

[676]) Vgl. Seewald, S. 81 Rdnr. 196.

[677]) Schröder, S. 363; Waechter, S. 231 Rdnr. 330.

[678]) Vgl. z.B. § 51 VI S. 4 NGO.

[679]) So im Ergebnis auch Schröder, S. 364 (mit Fundstellen zur Gegenmeinung).

[680]) Vgl. Schröder, S. 359 ff., ihm folgend Scholtis, S. 252 ff.

[681]) Ähnlich die Regelungen auf Landesebene, vgl. etwa § 61 Saar-GO-LT.

Diese sog. sachliche Diskontinuität ist eine direkte Folge des Umstands, daß der Bundestag nach Ablauf der Wahlperiode auch personell sein Ende findet [682]). Die Beeinflussung dieses Grundsatzes durch das Repräsentativprinzip ist somit offensichtlich.

### 3.2.4.2 Keine Diskontinuität auf Gemeindeebene

Da sich auf Gemeindeebene eine dem § 125 I S. 1 GOBT vergleichbare Vorschrift nicht findet [683]), ist es nicht möglich, über dieses Institut einen Ansatz zu einem Analogieschluß herzuleiten [684]). Im Fehlen des Instituts offenbart sich vielmehr ein weiteres trennendes Merkmal, das - trotz der Geltung des Repräsentativprinzips für den Gemeinderat - in dessen Eigenschaft als Verwaltungsorgan begründet liegt [685]).

## 3.3 Unterschiede und Gemeinsamkeiten des Status und der Rechtsstellung der Mitglieder - amtsrechtliche Einflüsse auf den Status der Gemeinderatsmitglieder

### 3.3.1 Gesetzliche Einräumung von Schutzrechten

#### 3.3.1.1 Situation beim Parlamentarier

Es wurde bereits herausgestellt, daß der Parlamentsabgeordnete über seine Rechte aus Art. 38 I S. 2 GG sehr weitgehend unabhängig ist [686]). Die Unabhängigkeit des Gesamtparlaments findet so ihre individuelle Ausprägung im freien Mandat der Abgeordneten, das deren Unabhängigkeit von Weisungen aus dem gesellschaftlich-politischen Raum garantiert [687]).

Aus dieser Rechtsstellung lassen sich weitere Absicherungen ableiten.

Nach Art. 48 III S. 1 GG haben Abgeordnete Anspruch auf eine angemessene, ihre Unabhängigkeit sichernde Entschädigung. Diese Aufwandsentschädigung hat

---

[682]) Demokratie als "Herrschaft auf Zeit", vgl. Art. 39 I S. 1 GG; vgl. hierzu Schröder, S. 130 ff., mit Darstellung von anderen Erklärungsansätzen im Schrifttum.

[683]) Lediglich in Rheinland-Pfalz gibt es eine Regelung zur Diskontinuität der *Ratsgeschäftsordnung*, vgl. § 37 II S. 1 GO-RP. § 39 S. 4 Saar-KSVG regelt die *Kontinuität* der Ratsgeschäftsordnung.

[684]) Vgl. z.B. Hofmann/Muth/Theisen, S. 362.

[685]) Schröder, S. 528 f., hält die Notwendigkeit der Schaffung einer der parlamentarischen Diskontinuität vergleichbaren Einrichtung für den Gemeinderat weder für selbstverständlich noch für eine funktionsadäquate Erfüllung der Ratsaufgaben als erforderlich.

[686]) Zur Stellung des Parlamentsabgeordneten aus dem Repräsentativprinzip und seinem freien Mandat vgl. die Ausführungen oben zu I. 2.4.1, S. 22 ff.

[687]) Schröder, S. 376, bezeichnet das freie Mandat als "den Angelpunkt" der Rechtsstellung des Abgeordneten.

nach Auffassung des BVerfG weitgehend den Charakter eines Gehalts oder einer Besoldung [688]), es handelt sich um eine "Alimentation" des Abgeordneten und seiner Familie zur Sicherung des Lebensunterhalts, also nicht nur um eine Entschädigung wie im Ehrenamtsbereich.

Unübersehbar ist damit ein Bezug zum Repräsentationsprinzip, die "Entschädigung" dient zur Sicherung des repräsentativen Status des Abgeordneten und der Sicherung seines freien Mandats, so daß er sich frei von den Belastungen einer Erwerbstätigkeit auf sein Mandat konzentrieren können soll. Das Grundgesetz hat damit einem Honoratiorenparlamentarismus früherer Zeiten eine Absage erteilt, wodurch gewährleistet ist, daß grundsätzlich jedermann die Übernahme eines parlamentarischen Mandats möglich sein soll, diese jedenfalls nicht Wohlhabenden vorbehalten bleibt. Die Existenz von Diätenregelungen mit diesen Inhalten belegt auch eine weitere Facette der parlamentarischen Arbeit des Abgeordneten. Um überhaupt eine sachgerechte Repräsentation leisten zu können, wie nach dem Grundgesetz vorausgesetzt, soll sich der Abgeordnete dieser Tätigkeit möglichst ausschließlich widmen können [689]).

Weitere besondere Statusrechte, die in diesem Zusammenhang zu nennen sind, sind der Urlaubsanspruch, der Kündigungsschutz und der Anspruch auf Freifahrt (vgl. Art. 48 I, II S. 2, III S. 2 GG). Ferner genießt der Abgeordnete den besonderen Schutz des Art. 48 II S. 1 GG (Schutz gegen Behinderungen bei Übernahme und Ausübung des Mandats).

Eine weitere Absicherung des freien Mandats ist der in Art. 46 II GG geregelte Immunitätsschutz. Historisch betrachtet handelt es sich um einen Mechanismus gegen exekutive Willkürmaßnahmen in der Frühzeit des Konstitutionalismus, die durch Verhaftungen von politisch mißliebigen Abgeordneten Eingriffe in die parlamentarischen Abstimmungsverhältnisse bewirkten [690]). Aufgrund dieses geschichtlichen Hintergrunds, der allerdings heute seine praktische Relevanz weitgehend verloren hat, kann der Immunitätsgrundsatz seinem Ursprung nach aus dem Spannungsverhältnis zwischen Exekutive und Legislative hergeleitet werden. Es besteht ein offensichtlicher Zusammenhang zum Repräsentativprinzip, indem der Abgeordnete als Vertreter des Volks als oberstem Souverän einem relativ weitgehenden Schutz unterliegen soll, damit eine ungestörte Aufgabenerfüllung weitestgehend gewährleistet ist [691]). In seiner praktischen Auswirkung handelt es sich um ein strafprozessuales Prozeßhindernis. Prozessuale Wirkungen entfaltet ferner das Zeugnisverweigerungsrecht nach Art. 47 GG (vgl. z.B. § 53 I Nr. 4 StPO).

---

688) Vgl. BVerfGE 40, 296 (316), allerdings handelt es sich dabei um kein Gehalt bzw. keine Besoldung im beamtenrechtlichen Sinn.

689) Zum Berufspolitikertum allgemein und zu den Strukturen der "politischen Eliten", vgl. Rudzio, S. 445 ff.; auch Patzelt, ZParl 1996, 462 ff.

690) Model/Müller, GG-Kommentar, Art. 46 Rdnr. 1.

691) Vgl. Schröder, S. 118, 120 f. (m.N.).

Einen weiteren Schutz bietet das Institut der sog. Indemnität. Nach Art. 46 I GG darf ein Abgeordneter wegen seiner Abstimmung oder wegen einer Äußerung im Parlament oder in seinen Ausschüssen grundsätzlich nicht gerichtlich oder auch sonst zur Verantwortung gezogen werden. Indemnität ist damit eine besondere, dem Parlamentsabgeordneten gewährte Rede-, Abstimmungs- und Verantwortungsfreiheit [692]). Diese "bedeutsame Garantie für das Gewissensmandat des Abgeordneten" [693]) hat in § 36 StGB auch einen einfachgesetzlichen Niederschlag gefunden.

3.3.1.2 Situation beim Gemeinderatsmitglied

Trotz der weitgehend identischen Grundlagen aus der Verfassung, wonach Gemeinderatsmitglieder jedenfalls mit einem auf dem Repräsentationsprinzip fußenden freien Mandat, vergleichbar dem von Parlamentsabgeordneten, ausgestattet sind [694]), ergibt sich auf der anderen Seite für kommunale Volksvertreter auch eine "beamtenrechtsähnliche Ausgestaltung ihrer Pflichtenseite" [695]). Ihr Status weist damit auch starke amtsähnliche Züge auf, so daß sich die "Ratsmitgliedschaft als Rechtsstellung sui generis" [696]) deshalb in wesentlichen Punkten von dem der Parlamentarier unterscheidet [697]).

Dies äußert sich vor allem in fehlenden Rechten, wie z.B. in nicht vorhandenen Indemnitäts- bzw. Immunitätsbestimmungen. Nur eine scheinbare Ausnahme bildet Art. 51 II S. 1 BayGO, der nahezu wortgleich der Indemnitätsregelung des Art. 46 I GG nachgebildet ist. Eine strafrechtliche Verantwortlichkeit eines Gemeinderatsmitglieds kann jedoch diese Vorschrift schon grundsätzlich nicht ausschließen, weil der Landesgesetzgeber mangels Gesetzgebungskompetenz nicht in der Lage ist, ein Gemeinderatsmitglied vor strafrechtlicher Verfolgung zu schützen [698]). Im übrigen ist darauf hinzuweisen, daß - die "Tauglichkeit der Vorschrift" einmal unterstellt - eine vereinzelte Regelung in nur einem Bundesland keine Basis für eine Herleitung einer "analogietauglichen Vergleichbarkeit" bieten kann. Mit Blick auf den ebenfalls fehlenden

---

[692]) Scholtis, S. 192; zu den entwicklungsgeschichtlichen Grundlagen der Indemnität, vgl. Schröder, S. 114 ff.

[693]) Schröder, S. 379.

[694]) Vgl. die Ausführungen oben zu I. 3. u. 4., S. 28 ff.

[695]) Vgl. Wurzel, BayVBl. 1986, 417 (418); speziell zur Haftung der Gemeinderatsmitglieder, differenzierend Schröder, S. 411: Wegen einer "eigenartigen, zwischen Amts- und Parlamentsrecht hin- und herpendelnden Rechtsstellung" des Gemeinderatsmitglieds charakterisiert er diese als "spezifisch gemeinderechtlich".

[696]) Schröder, S. 376, 391 f.

[697]) Vgl. z.B. Hien, BayVBl. 1984, 203 (205); Wurzel, BayVBl. 1986, 417 (418).

[698]) Vgl. Kuhn, BayVBl. 1989, 169 (171); Schröder, S. 383.

Immunitätsschutz müssen daher Gemeinderatsmitglieder in allen Bundesländern generell damit rechnen, wegen ihrer Mandatsausübung auch außerhalb des Gemeinderats zur Rechenschaft gezogen zu werden [699]).

Ferner gibt es in den Gemeindeordnungen für Ratsmitglieder kein Zeugnisverweigerungsrecht entsprechend Art. 47 GG [700]). Allerdings werden aus Prozeßordnungen ähnliche Rechtspositionen hergeleitet [701]).

Ähnlichkeiten ergeben sich bezüglich gewisser Schutzrechte. Etliche Gemeindeordnungen enthalten Rechtspositionen, die normativ vergleichbar mit denen des Parlamentsrechts sind. Dazu zählen vor allem Benachteiligungsverbote und Freistellungsgebote zugunsten der Ratsmitglieder. Gemeinderatsmitglieder dürfen danach an der Übernahme und Ausübung des Mandats nicht gehindert und müssen zur Erledigung der Ratsarbeit freigestellt werden [702]).

Die Gemeindeordnungen enthalten überdies Regelungen über Ansprüche der Ratsmitglieder auf Auslagenersatz, Verdienstausfall und Aufwandsentschädigung, unter Umständen auch auf Versorgung bei Dienstunfall [703]). Eine zur Analogieziehung nutzbare Vergleichbarkeit mit der Alimentation von Parlamentariern ergibt sich jedoch kaum, im Gegenteil, es werden weitere Unterschiede deutlich. Während Parlamentarier ihre Repräsentation als "Fulltime-Tätigkeit" betreiben, sind Gemeinderatsmitglieder nur als sog. Feierabendpolitiker tätig [704]). Gemeinderatsmitglieder üben weiterhin ihren Hauptberuf aus oder gehen einer anderen Tätigkeit nach [705]), sie üben ihr Mandat nur ehrenamtlich aus, was der Tradition und dem Selbstverständnis kommunaler Aufgabenerfüllung entspricht [706]).

---

[699]) Vgl. Schröder, S. 380, der deshalb erhebliche "Rückwirkungen auf den Sinngehalt des freien Mandats" auf Kommunalebene sieht; allein deswegen könne dieses nicht mit dem parlamentarischen Mandat gleichgesetzt werden.

[700]) Ott, S. 273.

[701]) Vgl. Ott, S. 273 f., unter anderem mit Verweis auf § 383 I Nr. 6 ZPO und § 98 VwGO, wobei sie im Ergebnis ein entsprechendes Zeugnisverweigerungsrecht jedenfalls im Zivil- und Strafprozeß bejaht; dies erscheint jedoch wegen einer Überbetonung amtsrechtlicher Elemente für den Status von Ratsmitgliedern problematisch.

[702]) Vgl. z.B. §§ 32 II BW-GO; 37 II BbgGO; 35 a I, IV HGO; 39 II NGO; 42 II GO-LSA.

[703]) Vgl. z.B. §§ 32 IV BW-GO; 39 V, VI NGO; 30 I, 28 I Saar-KSVG; 36 I, 33 I, II GO-LSA; 35 I, 21 I S. 1, II SachsGO.

[704]) Vgl. Stober, S. 185.

[705]) Vgl. BVerfGE 48, 64 (89).

[706]) Vgl. z.B. § 36 I S. 1 GO-LSA; dazu Stober, S. 186; Schmidt-Aßmann, S. 62 Rdnr. 88; auch Schröder, S. 384, der i.ü. entwicklungsgeschichtliche Unterschiede zwischen dem Ehrenamtsprinzip und dem traditionellen Amtsrecht aufzeigt, a.a.O., S. 281 ff.

In der Vergangenheit ist zwar immer wieder versucht worden, den Status der Gemeinderatsmitglieder, insbesondere in größeren Städten, durch eine Teil- oder Vollalimentierung dem des Parlamentariers anzugleichen [707]). Dennoch wird nach wie vor an der Ehrenamtlichkeit der Mandatsausübung als Essentialie der kommunalen Selbstverwaltung festgehalten [708]).

Dieses trennende Merkmal hat also nach wie vor Bestand, jedoch ist andererseits in diesem Zusammenhang auch festzustellen, daß die Ratsmitglieder dadurch nicht zu Ehrenbeamten werden, was einen weiteren trennenden Ansatz erbrächte. Obwohl ihr Status als Ehrenamtsträger nach manchen Gemeindeordnungen dem des Ehrenbeamten angenähert ist [709]), sind beide von einander abzugrenzen. Der Ehrenbeamte steht in einem Treue- und Dienstverhältnis zu seinem Dienstherren, Ehrenbeamte sind Beamte im staatsrechtlichen Sinn. Das Ratsmitglied hingegen steht in einem Auftragsverhältnis zum Wähler, er ist Volksvertreter [710]).

### 3.3.2 Gesetzlich festgelegte Pflichtenkreise

#### 3.3.2.1 Situation beim Parlamentarier

Der normativ festgelegte Pflichtenkreis des Abgeordneten ist relativ schwach ausgebildet. Die Verfassung hat auf eine Positivierung einer Mitwirkungspflicht verzichtet, eine allgemeine Verpflichtung zur Mitarbeit im Parlament ergibt sich für die Abgeordneten aus ihrer Einbindung ins kollegial verfaßte Organ [711]). § 44 a AbgG verlangt Bestimmungen zu Verhaltensregeln über die Angabe der beruflichen Tätigkeit etc., wobei diese Vorschrift Rechtsgrundlage für die Verhal-

---

[707]) Vgl. etwa den Artikel "Mehr Zeit und Geld - Oberbürgermeisterin Beate Weber fordert bessere Bedingungen für Gemeinderäte", in: FOCUS 22/1995, S. 82; Thränhardt, a.a.O., S. 40, fordert wegen der zumindest in Großstädten geleisteten professionellen oder semiprofessionellen Tätigkeit eine Halbtagsbezahlung. Ehrenamtlichkeit der gemeindlichen Volksvertreter nur noch als ein "bloß akzidentelles Merkmal der kommunalen Selbstverwaltung?", so die kritische Frage von Hubert Meyer hierzu, a.a.O., S. 427 (m.N.).

[708]) Hubert Meyer, S. 428 (m.N.).

[709]) Vgl. z.B. §§ 16, 18 BW-GO; vgl. andererseits § 12 ThürKO, der zunächst ausführliche Regelungen zur ehrenamtlichen Tätigkeit bietet (Absätze I-III), bezüglich des Ehrenbeamten jedoch auf die "besonderen gesetzlichen Bestimmungen" verweist (Absatz IV).

[710]) Vgl. Stober, Der Ehrenbeamte, S. 27, und Wurzel, S. 103 ff., jeweils mit weiteren trennenden Merkmalen. Weder ein Ehrenamt noch eine ehrenamtliche Tätigkeit nach § 28 I bzw. II GO-NRW nehmen Rehn/Cronauge, GO-NRW, Kommentar, 19. Erg. Febr. 1997, § 28 Anm. 1, bezüglich des Status des Ratsmitglieds an; dies ergibt sich aus der Gesetzeslage in NRW, weil bezüglich des Status des Ratsmitglieds ausdrücklich nicht auf § 28 verwiesen wird (arg. §§ 43 II S. 1, 28 I, II GO-NRW).

[711]) Vgl. Schröder, S. 290 f.; vgl. auch Scholtis, S. 193, der auf allgemeine Verfahrensmaximen und auf ungeschriebene Normen des Parlamentsrechts abstellt; ähnlich Demmler, S. 54, der eine entsprechende Herleitung aus dem Abgeordnetenstatus als Amt vornimmt.

tensregeln des Bundestages ist. Darüber hinaus enthält die GOBT (vgl. §§ 13 ff.) noch bestimmte Pflichten, wie z.B. die Präsenzpflicht. Ein Sanktionssystem für den Fall der Nichteinhaltung gibt es nicht.

3.3.2.2 Situation für Gemeinderatsmitglieder

Für Gemeinderatsmitglieder existiert eine ganze Reihe von Rechtspflichten, die ihre Tätigkeit für die Gemeinde reglementieren. Damit soll dem Umstand Rechnung getragen werden, daß die Gemeinderatsmitglieder ihre Entscheidungen in einer wesentlich geringeren Distanz zum Sachvorgang zu treffen haben als Parlamentsabgeordnete [712]).

Neben einer allgemeinen Treuepflicht [713]) statuieren die Gemeindeordnungen eine ganze Reihe von bestimmten Treueverpflichtungen, die sich in speziellen Geboten und Verboten äußern. In Bayern und Baden-Württemberg wird den in den Rat gewählten Bürgern eine grundsätzliche Pflicht zur Mandatsübernahme und zur Beibehaltung des Mandats in der Wahlzeit auferlegt [714]). Etliche Gemeindeordnungen verlangen eine Bekräftigung der Mandatsübernahme durch Eid oder eine förmliche Verpflichtungserklärung [715]). Es bestehen durchgängig Verbote einer Entscheidungsmitwirkung bei Befangenheit [716]), ferner gibt es damit zusammenhängende sog. Vertretungsverbote [717]). Während jedes Ratsmitglied auch ohne gesetzliche Festlegung die allgemeine Pflicht zur Mitarbeit im Gemeinderat hat [718]), bestehen darüber hinaus spezielle Mitwirkungspflichten, so z.B. die

---

[712]) Schmidt-Aßmann, S. 45 Rdnr. 60, spricht von einer "rechtsstaatlichen Ausbalancierung".

[713]) Nicht durchgängig in allen Gemeindeordnungen, vgl. etwa §§ 30 I S. 3, 26 I Saar-KSVG; die Treuepflicht hat hier nur programmatischen Charakter, weil Verstöße folgenlos bleiben, vgl. Wohlfarth, S. 145 Rdnr. 121; sehr eingehend zur Herleitung des Instituts Schröder, S. 390 ff.

[714]) Vgl. Art. 31 II, 19 I, IV BayGO; § 15 I BW-GO; nach manchen anderen Gemeindeordnungen bestehen solche Verpflichtungen ausdrücklich nicht, vgl. etwa §§ 23 III S. 4 KV M-V; 33 III S. 1 Saar-KSVG; 35 I S. 1, 18 SachsGO; 12 I S. 2 ThürKO. Schröder, S. 384, sieht in der Pflicht zur Mandatsübernahme und -beibehaltung einen bemerkenswerten Gegensatz zum Parlamentsrecht.

[715]) Z.B.: Art. 31 V BayGO (Eid); §§ 28 I S. 5 KV M-V; 42 S. 1 NGO; 33 II Saar-KSVG; 32 GO-LSA; 24 II S. 1 ThürKO.

[716]) Vgl. z.B. Art. 49 BayGO; §§ 25 HGO; 24 KV M-V; 26 I NGO; 38 ThürKO.

[717]) Vgl. etwa Art. 50 BayGO; §§ 17 III BW-GO; 12 S. 3 BrhvVerf.; 26 S. 3 HGO; 26 KV M-V; 32 I S. 2 GO-NRW; 27 I S. 1 NGO.

[718]) Sie ergibt sich aus seiner Einbindung in den kollegial verfaßten Gemeinderat, vgl. Schröder, S. 394; ausdrücklich geregelt ist die allgemeine Mitwirkungspflicht z.B. in Bayern und im Saarland, vgl. Art. 48 I S. 1 BayGO bzw. § 33 I Saar-KSVG.

Pflicht, an Sitzungen und Abstimmungen teilzunehmen [719]) und die zugewiesenen Geschäfte gewissenhaft wahrzunehmen [720]). Ferner unterliegen die Ratsmitglieder einer Geheimhaltungs- bzw. Verschwiegenheitspflicht [721]).

Die Verletzung von Pflichten durch ein Gemeinderatsmitglied ist nach den Gemeindeordnungen mitunter folgenlos [722]), jedoch sehen etliche Gemeindeordnungen für bestimmte Fälle zumindest disziplinarrechtsähnliche Sanktionsmöglichkeiten vor, die neben einer Belegung mit einem Zwangs- oder Ordnungsgeld bzw. einer Geldbuße [723]) auch einen (zeitweisen) Amtsentzug bzw. -verlust [724]) vorsehen. Schließlich existieren im Gemeinderecht auch Haftungsregelungen mit entsprechenden Verpflichtungen der Ratsmitglieder gegenüber den Gemeinden [725]).

Trotz der Tatsache, daß sich zu einzelnen Verpflichtungen der Ratsmitglieder durchaus vereinzelte Parallelen zur Situation des Abgeordneten ziehen lassen [726]), weicht dieses - wegen der unterschiedlichen Regelungen in den Ländern zudem noch in sich uneinheitlich konturierte - Bild des Pflichtenkreises der Ratsmit-

---

[719]) In Bayern existiert mit Art. 48 I S. 2 BayGO sogar ein Stimmenthaltungsverbot, vgl. dazu näher Hien, BayVBl. 1984, 203.

[720]) Vgl. z.B. Art. 48 I S. 1 BayGO; §§ 38 I BbgGO; 23 III S. 3 KV M-V; 33 I Saar-KSVG; 24 I S. 1, 12 III S. 1 ThürKO.

[721]) Vgl. z.B. §§ 38 II lit. a, 27 BbgGO; 23 VI KV M-V; 25 NGO; 33 I Saar-KSVG; 32 III S. 1, 21 II-V GO-SH; 24 I S. 1, 12 III S. 1 ThürKO.

[722]) Ein Verstoß gegen die allgemeine Mitwirkungspflicht, beispielsweise durch Fernbleiben von Ratssitzungen, bleibt rechtlich ohne Sanktionen, wenn keine gesetzlich ausdrücklich normierte Pflicht besteht, so etwa nach der NGO.

[723]) Vgl. z.B. § 37 ThürKO: Ordnungsgeldandrohung bei unentschuldigtem Fernbleiben an Gemeinderatssitzungen bzw. Verstoß gegen die allgemeine Mitwirkungspflicht; auch § 26 IV, II Saar-KSVG: Geldbuße bei Verletzung des Vertretungsverbots.

[724]) Vgl. z.B. § 30 II S. 2 GO-RP: Verweigerung der förmlichen Bekräftigung der ordnungsgemäßen Mandatserfüllung durch das Ratsmitglied bewirkt den Verzicht auf den Amtsantritt; auch Art. 48 III BayGO bzw. § 60 II HGO; zum Amtsentzug nach der BayGO vgl. Knemeyer, S. 142 Rdnr. 170.

[725]) Z.B. bei der Verletzung der Verschwiegenheitspflicht, wenn dadurch der Gemeinde ein Schaden entstanden ist, vgl. etwa §§ 39 BbgGO; 39 IV, 25 NGO; 43 IV GO-NRW. Schröder, S. 411, qualifiziert diese Haftung als "spezifisch gemeinderechtlich" und ähnlich der Beamtenhaftung nach § 46 BRRG.

[726]) Vgl. z.B. Art. 83 I S. 2 BremVf., der für den Abgeordneten eine besondere Treuepflicht gegenüber der Hansestadt Bremen statuiert. Sehr instruktiv die rechtvergleichende Darstellung von Schröder, S. 383 ff.

glieder insgesamt doch erheblich von dem des Parlamentariers ab. Eine Analogieziehung kann dadurch erschwert werden.

### 3.4 Gemeinsamkeiten des Status und der Rechtsstellung der beiden Kollegialorgane

#### 3.4.1 Vorrangstellung als Repräsentativorgan einer politischen Einheit

##### 3.4.1.1 Situation beim Parlament

Die wesentlichen rechtlichen Grundlagen eines Parlaments in Ausgestaltung des Repräsentationsprinzips wurden bereits ausführlich dargestellt [727]). Kraft dieser Legitimation durch den obersten Souverän und durch die Befugnisse zur Gesetzgebung bzw. zur parlamentarischen Kontrolle der Regierung, sind beim Parlament auch die ausschlaggebenden Entscheidungs- und Handlungsmöglichkeiten politischer Herrschaft vereinigt [728]). Diese Aufgabe der politischen Führung und Leitung des Gemeinwesens umfaßt neben der Entscheidung in allen wesentlichen Angelegenheiten im Vorbehaltsbereich durch Gesetz auch die Ausfüllung der politischen Systemfunktionen.

Als Repräsentationorgan des Volkes fungiert es darüber hinaus als "Forum der Nation" [729]), so daß ihm eine grundsätzliche Entscheidungskompetenz in grundlegenden und richtungsweisenden Angelegenheiten zukommt. Es besteht demnach ein Zugriffs- und Befassungsrecht in Form einer allgemeinen Willensbildungskompetenz, die es dem Parlament ermöglicht, zu allen politischen und öffentlichen Fragen Stellung zu nehmen, auch soweit diese außerhalb des verfassungsrechtlichen Vorbehaltsbereichs liegen [730]).

Die zuletzt genannten Aufgaben und Befugnisse sind weitgehend aus dem Gedanken der repräsentativen Demokratie (Art. 20 II S. 2 GG) selbst herzuleiten, spezialrechtliche Regelungen sind im Grundgesetz nicht vorhanden [731]).

---

[727]) Siehe die Ausführungen oben zu I. 2.3, S. 8 ff.

[728]) Badura, HStR I, § 23 Rdnr. 5.

[729]) Stern, Staatsrecht II, S. 47, § 26 II 2 a.

[730]) Vgl. Ott, S. 148 f. (m.w.N.); diese Vorrangstellung aufgrund "stärkster demokratischer Legitimation" kann dem Parlament durch die Exekutive nicht streitig gemacht werden, vgl. Ott, S. 139 f., auch BVerfGE 34, 52 (89): "Nur das Parlament besitzt die demokratische Legitimation zur politischen Leitentscheidung."

[731]) Vgl. aber die Verfassungen einiger neuer Bundesländer, die Funktion und weitere Aufgaben der Landtage benennen, so z.B. Art. 41 I S. 4 LSA-Vf.: "...verhandelt öffentliche Angelegenheiten..."; Art. 39 II SachsVf.: "Stätte der politischen Willensbildung".

### 3.4.1.2 Situation beim Gemeinderat

Dem Gemeinderat kommt eine vergleichbare Position innerhalb der Gemeinde zu, wobei dies - im Gegensatz zum Parlamentsrecht auf Bundesebene - teilweise positivrechtlichen Niederschlag gefunden hat.

Er ist das hervorgehobene Repräsentationsorgan, welches die politischen und sozialen Gruppierungen der Bürgerschaft widerspiegelt und als maßgebliches Beschlußgremium zumindest in grundsätzlichen Angelegenheiten der kommunalen Selbstverwaltung fungiert [732]). Als "zentrale Führungsinstanz der Gemeinde" [733]) verkörpert er auf Gemeindeebene das System der repräsentativen Demokratie genauso, wie die Landtage auf Landes- und der Bundestag auf Bundesebene [734]). Diese hervorgehobene Rechtsstellung ist einerseits direkt aus Art. 28 I S. 2 i.V.m. Art. 20 II GG herzuleiten [735]), sie wird aber auch in den Gemeindeordnungen klar herausgestellt. Diese enthalten neben umfassenden Aufgabenzuweisungen in ihren Kompetenzkatalogen [736]) zuweilen Vorschriften, die die Vorrangstellung ausdrücklich bezeichnen. So spricht beispielsweise § 9 I S. 1 HGO von der hessischen Gemeindevertretung als "dem obersten Organ", das die wichtigen Entscheidungen trifft und die gesamte Verwaltung überwacht [737]).

Ein Ausfluß dieser Vorrangstellung, die insoweit parlamentsähnlich ist, ist das sog. Budgetrecht. Dieses liegt bei den Gemeinderäten, indem sie durch den Beschluß der Haushaltssatzung bzw. durch die Festsetzung der Abgaben und Entgelte über Aufkommen und Verwendung der kommunalen Finanzen bestimmen [738]).

Allerdings ist zu konzedieren, daß diese Rolle nicht in allen Gemeindeordnungen gleichermaßen stark ausgebildet ist. Zwar erhält der Gemeinderat aufgrund seiner Direktwahl (Art. 28 I S. 2 GG) nach allen Gemeindeverfassungstypen den Status

---

[732]) Frowein, Handbuch Bd. 2, § 28 S. 82.

[733]) BVerfGE 47, 253 (275).

[734]) BayVerfGH, BayVBl. 1984, 621 (622); differenzierend Schröder, der wegen der politischen Willensbildung auf Gemeindeebene zwar auch von einer Repräsentation ausgeht (vgl. S. 355), diese jedoch im Ergebnis als nicht so "rein verwirklicht" ansieht, wie die auf Staatsebene (vgl. S. 355, 366).

[735]) Vgl. Tettinger, S. 53 Rdnr. 81; Ott, S. 145 f. (m.w.N.); Frotscher, ZParl 1976, 494 (499, FN 32), bemüht Art. 20 III GG.

[736]) Vgl. z.B. § 40 I NGO.

[737]) Vgl. auch §§ 31 I S. 1 NGO; 27 I SachsGO: "Hauptorgan"; siehe auch Engelken, NVwZ 1995, 432 (434).

[738]) Vgl. z.B. die Rechtslage in NRW nach § 41 I lit. g, lit. h GO-NRW; dazu Hofmann/Muth/Theisen, S. 362; vgl. auch Wurzel, S. 162.

des zentralen Beschlußorgans [739]), gleichwohl wird ihm nach einigen Gemeindeordnungen mit einem direkt gewählten Bürgermeister, dieser zudem noch mit einem eigenen Kompetenzbereich ausgestattet, ein zweites Organ von politischem Eigengewicht an die Seite gestellt [740]). Eine spezialgesetzliche Ausprägung dieser Position ist z.B. das Widerspruchsrecht des Bürgermeisters gegen Ratsbeschlüsse [741]).

Die Richtigkeit der Aussage, daß der Gemeinderat auch politische Entscheidungen trifft, bedarf noch eines Belegs. Die Frage wird vom BVerfG nicht einheitlich beantwortet [742]).

Die Eigenschaft der Gemeinde als politische Einheit kann aufgrund der von Art. 28 II S. 1 GG gegebenen spezifischen Institutsgarantie uneingeschränkt bejaht werden. Art. 28 GG stellt auch ein sog. politisches Formprinzip zugunsten der örtlichen Gemeinschaft dar, die aufgerufen ist, ihr Schicksal in eigener Verantwortung solidarisch zu gestalten [743]). Zwar erhält die Gemeinde aus der vorgegebenen räumlichen Beschränktheit kein allgemeinpolitisches Mandat, so daß es ihr auch grundsätzlich verwehrt ist, sich mit solchen allgemeinen Themen zu befassen [744]). Dennoch ergibt sich schon aus dem gestuften und gegliederten Aufbau der Demokratie nach dem Verständnis des Grundgesetzes, daß eine Gemeinde eine politische Einheit im Sinne eines - gegenüber Bund und Ländern - eigenständigen politischen Systems darstellt [745]).

Politisch zu handeln bedeutet allgemein, Entscheidungen zu treffen, mit denen zugleich auch Entscheidungsspielräume anderer Bürger (z.B. für ihren Familienbereich, Beruf, Ausbildung etc.) festgelegt, Handlungschancen eröffnet

---

[739]) Schmidt-Aßmann, S. 42 Rdnr. 55; so im Ergebnis auch Ehlers, Jura 1988, 337 (341).

[740]) Schmidt-Aßmann, S. 43 Rdnrn. 56 f.; vgl. etwa die Rechtslage im Saarland, wo sich beide Organe rechtlich gleichgewichtig gegenüberstehen, so Wohlfarth, S. 137 Rdnr. 111; nur eine stärkere Legitimation als Leiter der Verwaltung, nicht hingegen die auf jeden Fall beim Rat verbleibende "Vertretung" des Volkes, kommt in Hessen dem Bürgermeister nach Auffassung von Ott, S. 146, zu.

[741]) Vgl. z.B. §§ 43 II BW-GO; 63 I HGO; 65 NGO.

[742]) Vgl. einerseits BVerfGE 2, 1 (76) (negativ), und andererseits BVerfGE 18, 151 (154): Verschiebung einer Kommunalwahl als weitreichender Eingriff in den verfassungsgerechten Ablauf des politischen Lebens, also nicht etwa als eine Störung der Verwaltung, wie Hartig, BMVPr. 1987, 193, kritisch feststellt.

[743]) So schon Arnold Köttgen, Sicherung, S. 198.

[744]) Vgl. hierzu Schmidt-Aßmann, S. 17 f. Rdnr. 15.

[745]) Vgl. Herhaus, System, S. 15.

oder verschlossen werden [746]. Für die politische Dimension des Handelns einer Gemeinschaft ist prägend, daß sie ihr Wesen selbst bestimmt und die Möglichkeit hat, der Entscheidung eigene Wertmaßstäbe zugrundezulegen [747]. Auch die Tatsache, daß auf Gemeindeebene keine "hochpolitischen" Entscheidungen getroffen werden, kann dies nicht in Frage zu stellen [748].

Die Annahme, daß es sich beim Gemeinderat um ein politisch bestimmtes Vertretungsorgan handelt, wird vor allem durch die Tätigkeiten und das Wirken der politischen Parteien im kommunalen Bereich bestätigt. Die Besetzung der Kommunalpolitik durch die politischen Parteien, die auch als Argument für einen zunehmenden kommunalen Parlamentarismus - und damit zugleich auch für eine Gleichstellung des Gemeinderats mit den staatlichen Parlamenten - ins Feld geführt wird [749], wird schon in einer frühen Entscheidung des BVerfG als "soziologisches Faktum" bewertet [750].

Die politische Bestimmtheit des Gemeinderats äußert sich schon bei seiner Bildung: Fast nur noch auf dem Weg über eine Parteinominierung ist ein Einrücken in die kommunalen Vertretungskörperschaften möglich [751].

Unter Berücksichtigung, daß der Geltungsbereich des Art. 21 GG nach gängiger Meinung auch auf den kommunalen Bereich Anwendung findet [752], finden sich so auch Vorschriften in Gemeindeordnungen, die diese wichtige Rolle der Parteien normativ belegen [753]. Insbesondere die Normen, die sich mit der Gemeinderatsfraktion befassen, beziehen sich mitunter auf die Parteien, wodurch die enge

---

[746]) Kux, S. XXI.

[747]) Schröder, S. 350 f.

[748]) Vgl. hierzu näher Schröder, S. 353 f.; Ott, S. 115.

[749]) AK-Faber, Art. 28 Rdnr. 60.

[750]) BVerfGE 6, 104 (114); vgl. auch Banner, DÖV 1984, 364 (368): "Parteipolitik ist der wichtigste Schlüssel zum Verständnis im kommunalen Handlungssystem". Einen übersichtlichen geschichtlichen Überblick über die zunehmende Einflußnahme der polit. Parteien auf die Kommunalverwaltung bietet die Monographie "Politische Parteien und Kommunale Selbstverwaltung" (1964) von Ziebill.

[751]) Die politischen Parteien als "die eigentlichen motorischen Kräfte der Kommunalwahlen", vgl. Stober, S. 85. Erwähnenswert auf Kommunalebene sind aber auch die sog. Rathausparteien, die nicht mit den politischen Parteien gleichzusetzen sind.

[752]) BVerfGE 6, 367 (375); Schmidt-Jortzig, Kommunalrecht, S. 43 Rdnr. 74; Bick, S. 63.

[753]) Vgl. z.B. Art. 33 I BayGO; §§ 50 II S. 3 BW-GO; 45, 59 II S. 4 GO-RP ("politische Gruppen"); 43 GO-LSA; 25 ThürKO.

Verzahnung zwischen Partei und Fraktion auch auf der kommunalen Ebene deutlich wird [754]).

Die enge Verbindung der politischen Parteien zu "ihren" Fraktionen in den kommunalen Vertretungskörperschaften ist Gegenstand etlicher Untersuchungen gewesen und kann als empirisch bewiesen angesehen werden [755]). Die Einflußnahme der politischen Parteien über die Fraktionen äußert sich auf nahezu allen Ebenen des kommunalen Verwaltungsgeschehens: So nimmt die Politik z.B. Einfluß auf Personalentscheidungen, auf den Verwaltungsvollzug und auf die Herstellung von Verwaltungsentwürfen zu konkreten Sachthemen [756]).

### 3.4.2 Geltung eines parlamentsrechtsähnlichen Organisationsprinzips - politische Kollegialität

#### 3.4.2.1 Situation beim Parlament

Das Kollegialprinzip ist nicht ausdrücklich verfassungsrechtlich verankert, dennoch wird es als ein maßgebliches Formprinzip des Parlamentsrechts eingestuft [757]). Seine Bedeutung kommt in der Verfassung unter anderem dadurch zum Ausdruck, daß der Bundestag als Kollegialorgan [758]) strukturiert ist.

Die Organisation des Zusammenwirkens der einzelnen Abgeordneten als Organwalter bzw. Organträger in ihrer Bedeutung für die Arbeitsweise und Funktionsfähigkeit des Kollegialorgans insgesamt setzt kollegiale Befugnisse voraus, was sich z.B. in der Einräumung einer Geschäftsordnungsautonomie (Art. 40 I 2 GG) oder in der Ausbildung eines Ausschußwesens zeigt.

Das kollektive Miteinander der einzelnen Kollegiumsmitglieder benötigt einen Grundkonsens hinsichtlich der Beachtung allgemein gültiger Verhaltensregeln. Die Regeln der parlamentarischen Disziplin, deren Einhaltung der

---

[754]) Z.B. §§ 40 I BbgGO; 23 IV KV M-V.

[755]) Vgl. z.B. die Untersuchungen von Mayntz, "Parteigruppen in der Gross-Stadt" (1959); Trachternach, "Parteien in der kommunalen Selbstverwaltung" (1974); Fürst, "Kommunale Entscheidungsprozesse" (1975); Derlien pp., "Kommunalver-fassung und Kommunales Entscheidungssystem" (1976).

[756]) Vgl. die anschaulichen Schilderungen mit Beispielen von Lehmann-Grube, DÖV 1985, 1 ff.

[757]) Vgl. Schröder, S. 304 (m.N.).

[758]) Schon eine rein semantische Betrachtungsweise (Bundes*tag*) legt nahe, daß von einer Vielzahl von natürlichen Personen auszugehen ist; vgl. auch die Begriffe "Abgeordnetenhaus" und "Bürgerschaft". Zur Definition von "Kollegialorgan" vgl. die Ausführungen oben zu I. 6.1, S. 42.

Parlamentspräsident überwacht, dienen auch dem Funktionenschutz des Parlaments [759]).

Die Ausbildung des Parlaments als Kollegialorgan mit entsprechend vielen einzelnen Organwaltern ist eine direkte Folge des Repräsentationsprinzips. Die Abkehr von plebiszitären Entscheidungsmechanismen zu einem Repräsentativsystem bedeutet notwendigerweise, daß das gewählte Repräsentativorgan durch eine ausreichend groß bemessene Anzahl von Repräsentanten gebildet wird. Nur so kann das Parlament seine vielfältigen Aufgaben sachgerecht bewältigen.

3.4.2.1.1 Insbesondere: Einflüsse des Demokratieprinzips

Weiterhin ergeben sich sehr enge Verzahnungen des Kollegialprinzips mit dem Demokratieprinzip [760]). Das Postulat der prinzipiellen Gleichberechtigung der einzelnen Abgeordneten untereinander ist die Konsequenz daraus, daß Bildung und Zusammensetzung des Parlaments auf allgemeinen und gleichen Wahlen beruhen. Die Gleichheit der Bürger beim Wahlgang setzt so sich bei ihren Repräsentanten fort. Auch der demokratische Grundsatz des Mehrheitsentscheids (Art. 42 II S. 1 GG), der schon der Einsetzung des Parlaments zugrundeliegt, ist für dessen Arbeitsweise prägend. Der Bundestag verhandelt öffentlich (Art. 42 I S. 1 GG).

Diese Abhängigkeiten des Kollegialprinzips vom Repräsentativ- und von dem Demokratiegrundsatz zeigen zugleich auch eine politische Komponente auf, da sich hauptsächlich im Wahlvorgang die politische Willensbildung des Volkes vollzieht. Das Prinzip des Mehrheitsentscheids als Merkmal der parlamentarischen Kollegialität berührt notwendigerweise auch Fragen des parlamentarischen Minderheitenschutzes, die in der Verfassung allerdings nur marginal erwähnt sind [761]).

Eine weitere Facette parlamentarischer Kollegialität äußert sich in einer gewissen Homogenität der personellen Zusammensetzung des Parlaments. Das Kollegium soll in dem Zeitraum, für den es gewählt ist, im wesentlichen unverändert

---

[759]) Schröder, S. 125 (m.w.N.), der hinsichtlich der parlamentarischen Disziplin auch Erklärungsansätze aus dem Repräsentationsprinzip aufzeigt, vgl. S. 124 f.

[760]) Vgl. hierzu eingehend Dagtoglou, S. 17 ff.

[761]) Vgl. z.B. Art. 42 I S. 2 GG.

bestehen bleiben [762]). Hier zeigen sich auch Berührungspunkte zum Demokratieprinzip [763]).

### 3.4.2.1.2 Doppelfunktion der Gliederungssysteme

Parlamentarische Kollegialität zeigt sich weiter in einer typischen Doppelfunktion der einzelnen Gliederungssysteme, in die das Parlament strukturiert ist. Plenum, Ausschüsse, Fraktionen etc. sind Ausdruck einer für Kollegialorgane kennzeichnenden funktionsbezogenen Arbeitsteilung, wobei diese Gliederungen wiederum die politische Bestimmtheit des Parlaments widerspiegeln. Besonders deutlich wird diese Gemengelage bei der Fraktionsbildung. § 10 I GOBT verbindet dabei ein typisches funktionssicherndes Element (5%-Quorum) mit einem politischen Attribut (Parteizugehörigkeit) [764]).

### 3.4.2.1.3 Ausschußstrukturen

Die Kollegialität zeigt sich schließlich in der Ausbildung eines Ausschußwesens. Die Ausschüsse bilden insofern das Kernstück des Parlaments, als bei ihren Beratungen die politische, juristische und textliche Durcharbeitung von Vorlagen und Gesetzentwürfen geleistet wird [765]). Über ihre Beschlußfassungen stimmt das Plenum ab, um sie als Gesetzentwurf zu verabschieden oder zu verwerfen, wobei das Plenum im Normalfall keine weitere Veränderungen mehr an den Ausschußfassungen vornimmt [766]). Diese überaus wichtige Bedeutung der Ausschüsse und deren Arbeit für das Parlament ist in der Verfassung selbst nur unvollkommen wiedergegeben. Das Grundgesetz bestimmt im wesentlichen nur, daß es bestimmte Ausschüsse geben muß (vgl. Art. 45 a, 45 c GG) und Untersuchungsausschüsse eingerichtet werden können (Art. 44 GG). An anderen Stellen setzt es die Existenz von Ausschüssen voraus (vgl. z.B. Art. 43 I GG). Daß der Bundestag Ausschüsse einrichten darf, ergibt sich aus allgemeinen

---

[762]) Mandatsniederlegungen während einer Legislaturperiode sind die Ausnahme. So haben beispielsweise in der 8. WP (1976-80) nur 21 Abgeordnete und in der 9. WP (1980-83) 24 Abgeordnete ihr Mandat während der laufenden Wahlperiode niedergelegt, vgl. Schindler, Datenhandbuch (1980-1987), S. 133.

[763]) Art. 39 I GG: Demokratie als "Herrschaft auf Zeit".

[764]) Vgl. die Hinweise bei Schröder, S. 313 (FN 224), zu parlamentarischen Geschäftsordnungen einiger Länder, die die politische Komponente nicht vorsehen, wobei jedoch die parlamentarische Praxis die Gleiche ist; von den neuen Bundesländern haben sich Brandenburg (vgl. § 8 Bbg-GO-LT) und Sachsen-Anhalt (§ 2 I LSA-GO-LT) gegen die Aufnahme des Merkmals der Parteizugehörigkeit entschieden.

[765]) Lemke-Müller, Aus Politik und Zeitgeschichte 1996, 3 (16).

[766]) Lemke-Müller, ebd.

Erwägungen zur Organisationsgewalt der Organe, wonach jedes Organ die notwendigen Hilfsorgane einrichten kann [767]).

Daneben ergibt sich zuweilen eine gesetzliche Stütze in Form einfacher Bundesgesetze, aber auch durch Parlamentsbrauch [768]). Die Komplexität des Ausschußwesens hat in ihrer rechtlichen Ausformung vor allem in der GOBT ihren Niederschlag gefunden. Insbesondere unter Abschnitt VII "Ausschüsse" finden sich in den §§ 54-74 Regelungen zu den Ausschüssen, es gibt darüber hinaus in zahlreichen weiteren Einzelbestimmungen [769]) Aussagen zum Ausschußwesen.

Ein ähnliches Bild ergibt sich auf der Ebene der Länder, wo einer relativ sparsamen verfassungsrechtlichen Normierung ebenfalls eingehende Regelungskataloge der Geschäftsordnungen gegenüberstehen. Bezogen auf einen Vergleich mit den Verfassungen der alten Bundesländer ergeben sich Abweichungen allenfalls bezüglich landesspezifischer Eigenheiten [770]).

In einer Grobeinteilung können drei Gruppen unterschieden werden: Pflichtausschüsse nach Verfassungsrecht (Art. 45 a, 45 c, 53 a, 77 II GG), Pflichtausschüsse nach der GOBT (z.B. Ausschüsse nach Art. 95 II GG, § 6 II BVerfGG und Art. 41 GG i.V.m. § 3 BWPrG) sowie freiwillige Ausschüsse (z.B. Rechtsausschuß) [771]).

Für die Arbeit des Bundestages sind die sog. Fachausschüsse [772]), die ihre Aufgaben vom Bundestag nach fachlichen Gesichtspunkten zuerteilt erhalten, am

---

[767]) Bleckmann, S. 810 f. Rdnr. 1898; BVerfGE 44, 308 (318), spricht sogar von einem "faktischen Zwang zur Arbeitsteilung im parlamentarischen Bereich".

[768]) Vgl. z.B. § 6 II BVerfGG; mit der Bedeutung des Parlamentsbrauchs befaßt sich BVerfGE 1, 144 (148 f.).

[769]) Z.B. §§ 78 II, 80, 92, 94, 96 GOBT.

[770]) Vgl. z.B. Art. 80 SaarVf.: "Ausschuß für Grubensicherheit". Anders zum Teil die neuen Länder, vgl. z.B. Art. 70 II S. 3 BbgVerf., welcher dem fraktionslosen Abgeordneten im brandenburgischen Landtag das Recht zugesteht, in einem Ausschuß mit Stimmrecht mitzuwirken, kritisch hierzu Starck, S. 21 f.

[771]) Model/Müller, Art. 40 Rdnr. 4; abstrakt-funktionell sechs Gruppen unterteilt Frost, AöR 1970 (Bd. 95), 38 (52); dag. Achterberg, der vier Gruppen bildet, vgl. S. 139 (FN 83). Im übrigen muten die Bemühungen der Literatur, die Ausschüsse zu klassifizieren, zum Teil verwirrend an, vgl. z.B. die weitere Unterscheidung in offene/geschlossene, in sperrende/nicht sperrende etc., bei Achterberg, S. 136.

[772]) Vgl. BVerfGE 84, 304 (326).

bedeutungsvollsten. Fachausschüsse bestehen aus Mitgliedern des Parlaments [773]), sie bilden für die Dauer der Wahlperiode eingerichtete Institutionen zur Behandlung bestimmter Aufgabengebiete. Die Hauptaufgabe dieser Ausschüsse liegt in der Behandlung legislatorischer Vorlagen in der sog. Ausschußphase des Gesetzgebungsvorgangs [774]), wobei sie als vorbereitende Beschlußorgane konzipiert sind (vgl. § 62 I S. 2 GOBT).

Fachausschüsse werden jedoch nicht nur zur Vorbereitung der Verhandlungen des Parlaments oder zur Vorberatung seiner Entscheidungen tätig, sondern - keine Regel ohne Ausnahme - es gibt auch Ausschüsse, denen Entscheidungs- oder Erledigungsfunktionen übertragen sind [775]). Eine (nur) vorbereitende Natur der Aufgabenwahrnehmung kann also nicht als essentielles Kriterium des Fachausschusses betrachtet werden [776]).

Der Funktionsbereich der Fachausschüsse deckt sich häufig mit dem Aufgabenbereich eines Ministeriums oder auch nur einer oder mehrerer seiner Abteilungen, so daß sich aus dieser Gruppe zahlenmäßig die meisten ständigen Ausschüsse rekrutieren. Der Bundestag verfügte zu Beginn der 13. WP über 22 Fachausschüsse, darunter Ausschüsse aus den klassischen Feldern, wie z.B. der auswärtige Ausschuß, Innenausschuß, Finanzausschuß, Rechtsausschuß, Ausschuß für Wirtschaft, Verteidigungsausschuß und Ausschuß für Arbeit und Sozialordnung [777]). Sofern nicht normativ (durch Verfassung, Gesetz oder GOBT) vorgeschrieben, liegt es im Ermessen des Bundestages, wieviele und welche Ausschüsse - durch Parlamentsbeschluß - gebildet werden [778]).

Bei der Ausschußbildung mit Festlegung der Mitgliederzahl ist die verfassungsrechtliche Vorgabe zur Gewährleistung der Weitergabe der Repräsentation zu beachten. §§ 57 I S. 1, 12 GOBT geben vor, daß die Ausschüsse die politischen Kräfteverhältnisse innerhalb des Parlaments wi-

---

[773]) Dieser Grundsatz erfährt jedoch zumindest eine eindeutige Ausnahme, vgl. § 63 V BremGO, wonach Senatoren und andere Nicht-Abgeordnete in Ausschüsse der Bürgerschaft gewählt werden können.

[774]) Frost, AöR 1970 (Bd. 95), 38 (53).

[775]) Vgl. z.B. den Wahlprüfungsausschuß (Art. 41 GG i.V.m. § 3 BWPrG) oder den Wahlmännerausschuß (Art. 94 I S. 2 GG i.V.m. § 6 BVerfGG).

[776]) So ausdrücklich Achterberg, S. 135, mit etlichen Beispielen zur Wahrnehmung von Entscheidungsfunktionen durch Ausschüsse, S. 678 ff.

[777]) Vgl. Amtliches Handbuch des Deutschen Bundestages, 13. WP, III. A21.

[778]) Auch die normativ vorgegebenen Ausschüsse werden durch Parlamentsbeschluß eingesetzt, vgl. Achterberg, S. 146 f., der in diesem Zusammenhang auf die im Organisationsrecht vorgenommene Differenzierung zwischen (abstrakter) Organbildung und (konkreter) Organerrichtung hinweist.

derspiegeln sollen [779]). Die Geschäftsordnung folgt damit für die Ausschußbildung dem Proporzprinzip.

Ausschüsse wählen ihren Vorsitzenden und die Stellvertreter, sie können auch Unterausschüsse bilden. Es gibt Regelungen über die innere Ordnung und Abläufe von Sitzungen und Vorgaben über die Zusammenarbeit verschiedener Ausschüsse [780]). Bundestagsausschüsse tagen grundsätzlich nicht öffentlich (vgl. § 69 I S. 1 GOBT) [781]).

3.4.2.2 Situation beim Gemeinderat

Die Maßgeblichkeit des Kollegialprinzips für den Gemeinderat, ähnlich dem parlamentarischen Kollegialprinzip, ergibt sich aus seiner auf Zusammensetzung und Volkswahl beruhenden kollegialen Struktur [782]), so daß insoweit ebenfalls ein Zusammenhang mit dem Repräsentationsprinzip deutlich wird. Alle Gemeindeordnungen sehen auch ein durchstrukturiertes Selbstorganisationsrecht mit der Befugnis des Gemeinderats beispielsweise zum Erlaß von Geschäftsordnungen [783]) und zur Einrichtung eines Ausschußwesens [784]) vor.

3.4.2.2.1 Insbesondere: Einflüsse des Demokratieprinzips

Neben dem bereits erwähnten Bezug zum Repräsentationsprinzip ist weiter festzustellen, daß auch die Gemeinderatskollegialität Aspekte des Demokratieprinzips aufweist. Die Existenz und die konkrete Zusammensetzung des Gemeinderats beruht auf der Einsetzung durch Mehrheitsentscheid einer einheitlichen Wählerschaft [785]). Das Mehrheitsprinzip gilt auch für die Entscheidungsfindung innerhalb des Rats selbst [786]). In Übereinstimmung mit dem Parlamentsrecht ist weiter festzustellen, daß sich die Gleichheit der Wähler auch

---

[779]) BVerfGE 80, 188 (222 f.).

[780]) Wegen Einzelheiten wird auf die §§ 54 ff. GOBT verwiesen.

[781]) Vgl. zu neueren Reformentwicklungen Lemke-Müller, Aus Politik und Zeitgeschichte 1996, 3 (16 f.).

[782]) Vgl. z.B. §§ 33 BbgGO; 23 I KV M-V; 31 NGO; 32 Saar-KSVG; 23 ThürKO.

[783]) Vgl. z.B. §§ 60 I S. 1 HGO; 34 II GO-SH; 34 I ThürKO.

[784]) Vgl. etwa Art. 32 f. BayGO; §§ 39 ff. BW-GO; 51 ff. NGO; 26 f. ThürKO.

[785]) Vgl. z.B. § 23 II ThürKO i.V.m. den einschlägigen Vorschriften des ThürKWG.

[786]) Vgl. etwa §§ 47 I NGO; 39 I S. 1 ThürKO.

auf die Mitglieder im Rat erstreckt [787]). Ratssitzungen sind nach den Gemeindeordnungen durchgängig öffentlich abzuhalten [788]).

Es finden sich beim Gemeinderat noch eine Reihe weiterer gleicher Indikatoren, die - vergleichbar mit dem Parlamentsrecht - eine entscheidungsoffene und plurale Kollegialität garantieren: Neben dem freien Mandat [789]) und freien Wahlen gehören hierzu die Zulassung von Parteien und die grundsätzliche Garantie von Rechten zugunsten von Minderheiten [790]).

3.4.2.2.2 Übereinstimmungen im äußeren Aufbau der Gliederungssysteme

Im übrigen zeigen sich auch Übereinstimmungen bezüglich Organisation, Geschäftsgang und Disziplin des Rates, die sich zum Teil aus der politisch bestimmten Zusammensetzung und Funktion des Rates ergeben [791]). Dazu gehört neben der Existenz der bereits erwähnten Fraktionen z.B. die Einrichtung von Leitungsorganen, wie das eines Präsidenten und eines Ältestenrats [792]). Auch auf Gemeinderatsebene finden sich für die Fraktionen mit gesetzlich festgelegten Mindeststärken typisch funktionssichernde Elemente, so daß insoweit ebenfalls eine dem Parlamentsrecht vergleichbare Doppelfunktion erkennbar wird.

3.4.2.2.3 Vergleichbarkeit der Ausschußstrukturen

Etliche Gemeindeordnungen erkennen die Doppelfunktionalität der Gliederungssysteme des Gemeinderats an, indem sie ausdrücklich eine Besetzung der Ratsausschüsse nach der Stärke der politischen Kräfte im Rat vorsehen [793]).

Wie bereits ausführlich dargestellt [794]), sehen die Gemeindeordnungen beschließende und beratende Ausschüsse vor. Diese dienen - ebenso wie bei den staatlichen Parlamenten - der Entlastung des Plenums, damit sich dieses auf die

---

[787]) Vgl. dazu die Ausführungen oben zu I. 4.1, S. 33 ff.

[788]) Vgl. z.B. §§ 48 II S. 1 GO-NRW; 40 I ThürKO.

[789]) Siehe dazu die Ausführungen oben zu I. 4.2, S. 35 ff.

[790]) Vgl. Schröder, S. 417 f. (m.w.N.).

[791]) Schröder, S. 426 f.

[792]) Vgl. z.B. §§ 43 NGO ("Ratsvorsitz") bzw. 33 a BW-GO (Ältestenrat); eingehender Ott, S. 227 ff.

[793]) Vgl. Art. 33 I S. 2 BayGO; §§ 50 II S. 1 BbgGO; 34 III BrhvVerf.; 45 I S. 1 GO-RP; 48 II S. 1 Saar-KSVG; 42 II S. 1 SachsGO; 46 I S. 1 GO-LSA; 46 I S. 1 GO-SH; 27 I S. 3 ThürKO; weniger deutlich z.B. die Regelung in der BW-GO, hier sehen die §§ 40 I S. 2, 41 I S. 2 lediglich vor, daß die Ausschußmitglieder "aus der Mitte" gebildet werden; vgl. zu weiteren landestypischen Eigenheiten Schröder, S. 423 f.

[794]) Siehe oben die Ausführungen zu I. 6., S. 41 ff.

Beratung und Beschlußfassung der wichtigen, gemeinderechtlich nicht auf die Ausschüsse übertragbaren Aufgaben konzentrieren kann [795]). Ähnlich wie beim Bundestag ist die Einteilung der anzutreffenden Gemeinderatsausschüsse in verschiedene Kategorien vielschichtig und komplex.

Wie erwähnt [796]), ist die Situation bei den Bundestagsausschüssen grundsätzlich davon geprägt, daß diesen lediglich "vorbereitender Charakter" zukommt, jedoch sich in einigen Bereichen eine - zum Teil sogar gesetzlich normierte - Entscheidungsfunktion von Ausschüssen herausgebildet hat.

Während dieses Bild mehr einem Regel-Ausnahme-Verhältnis nahekommt, bedient sich das Gemeinderecht sehr viel eindeutiger und konsequenter dieser weitergehenden Entlastungsmaßnahme zugunsten der Gemeinderäte. Alle Gemeindeordnungen [797]) sehen die Errichtung von beschließenden Ausschüssen vor.

Im übrigen sind auch die Ausschüsse auf Gemeindeebene - wie die Strukturen beim Bundestag - nach "Ressorts" aufgeteilt. Die durch manche Gemeindeordnungen vorgegebenen obligatorischen Ausschüsse (Ausschüsse für Finanzangelegenheiten, Personalfragen, Rechnungsprüfung, vgl. z.B. § 48 I S. 2 Saar-KSVG) betreffen besonders wichtige Felder der Verwaltungsarbeit der Gemeinden. Sowohl diese Bereiche als auch die freiwillig gebildeten Ratsausschüsse erinnern durchaus an die Gliederungen bei staatlichen Parlamentsausschüssen.

In der Verfassungswirklichkeit stellt sich die Ausschußphase auch für den gemeindlichen Entscheidungsprozeß - dies gilt auch für die Arbeit der "nur" vorberatenden Ausschüsse - als ein "starker Filter" dar, indem insbesondere aufgrund der Konfliktregelungsfunktionen bestimmter maßgebender Ausschüsse (z.B. Hauptausschuß), aber auch durch die Praxis, dem Plenum so gut wie keine Alternativen mehr vorzulegen, die Entscheidungen des Plenums weitgehend vorgezeichnet sind bzw. sogar von den beschließenden Ausschüssen selbst getroffen werden [798]).

---

[795]) BVerwG, NVwZ-RR 1988, 42.

[796]) Siehe soeben zu III. 3.4.2.1.3, S. 131 ff.

[797]) In Brandenburg, Mecklenburg-Vorpommern und Niedersachsen wird die Funktion der beschließenden Ausschüsse durch den Hauptausschuß (§§ 55 ff. BbgGO, 35 f. KV M-V) bzw. den Verwaltungsausschuß (§§ 56 ff. NGO) wahrgenommen.

[798]) Vgl. Derlien/Gürtler/Holler/Schreiner, S. 103, unter Zugrundelegung empirischer Forschungsergebnisse.

Aus alledem ergibt sich, daß die Situation der Ausschüsse auf Gemeindeebene durchaus ähnlich ist wie die beim Bundestag bzw. bei den Länderparlamenten. Dies gilt auf jeden Fall für die vorberatenden Ausschüsse [799]).

Diese Kongruenz setzt sich fort bei der Diskussion, ob Ausschußsitzungen öffentlich oder nichtöffentlich abgehalten werden sollen. Die Argumente für und gegen die Zulassung der Öffentlichkeit sind im wesentlichen die gleichen wie bei der Diskussion bei den staatlichen Parlamenten [800]).

3.5 Gemeinsamkeiten des Status und der Rechtsstellung der Mitglieder - insbesondere: das freie Mandat

Oben [801]) wurde bereits ausführlich dargestellt, daß das demokratische Prinzip allgemein gilt, es gewährleistet auf der Gemeindeebene die Vertretung des Volkes ebenso wie auf der staatlichen Ebene (Art. 28 I S. 2, 38 I S. 1 GG). Auch das freie Mandat der Gemeinderatsmitglieder beruht auf weitgehend den gleichen verfassungsrechtlichen Grundlagen wie das entsprechende Recht für Parlamentsabgeordnete [802]). In seinem Kernbestand wird es für beide Volksvertreter aus dem Repräsentationsgedanken (Art. 20 II S. 2 GG) hergeleitet, wobei es für den Bundestagsabgeordneten mit Art. 38 I S. 2 GG zudem noch eine besondere Regelung gibt. Obwohl Art. 38 I S. 2 GG für den kommunalen Volksvertreter nicht direkt gilt, hat damit auch sein Mandat Verfassungsrang [803]).

Auch die formale Gleichheit, wie sie für die Mitglieder in Parlamenten prägend ist, gilt im Verhältnis der Gemeinderatsmitglieder untereinander, so daß diese im Grundsatz gleiche Mitwirkungsrechte haben, die sich auch auf die den Abstimmungen vorausgehenden Beratungen beziehen [804]). Diese Gleichheitsrechte statuieren auch Teilhaberechte zugunsten von Minderheiten, die damit prinzipiell die gleichen Mitwirkungsbefugnisse haben wie Angehörige der Mehrheit. Dieses Ergebnis kann sowohl aus dem Grundsatz der demokratischen Repräsentation wie auch aus der Wahlrechtsgleichheit hergeleitet werden.

---

[799]) Ebenso im Ergebnis Ott, S. 227; Waechter, S. 229 Rdnr. 327; vgl. auch Schmidt-Jortzig, Kommunalrecht, S. 43 Rdnr. 72, bezogen auf die beratenden Ausschüsse, bei i.ü. sehr zurückhaltender Position zur Annahme einer Vergleichbarkeit des Gemeinderats mit dem staatlichen Parlament.

[800]) Vgl. z.B. die Darstellung bei Ziebill, S. 73 f.; instruktiv zur Frage der Öffentlichkeit von Parlamentsausschüssen Linck, DÖV 1973, 513, nach seiner Meinung trägt die Öffentlichkeit nicht zu einer Optimierung der parlamentarischen Ausschußarbeit bei, vgl. S. 520.

[801]) Vgl. S. 28 ff.

[802]) Vgl. im einzelnen die Ausführungen oben, S. 35 ff.

[803]) Demmler, S. 26; vgl. z.B. auch Schmidt-Jortzig, Kommunalrecht, S. 76 Rdnr. 172.

[804]) Vgl. z.B. BVerwG, NVwZ-RR 1993, 209; BVerwGE 90, 104 (108); Tettinger, S. 54 Rdnr. 83; Schwerdtner, VBlBW 1993, 328 (329).

### 3.6 Bewertung und Gewichtung der aufgezeigten Unterschiede und Gemeinsamkeiten - verfassungsrechtliches Gebot zum Analogieschluß mit Art. 38 I S. 2 GG

Der Vergleich der prägenden Normen für beide Volksvertretungen hat ergeben, daß sich trotz einiger Unterschiede in anderen Bereichen deutliche Ähnlichkeiten zeigen.

Bedeutsame Unterschiede, die nach geltender Verfassungslage zwingend vorgegeben sind, ergeben sich aus der Einbettung der Kommunen - und damit auch ihrer Gemeinderäte - in das System der (Landes-) Exekutive. Sie betreffen die Einordnung der Tätigkeit des Gemeinderats als Legislative bzw. die Geltung des Gewaltenteilungsgrundsatzes auf Gemeindeebene. Zwar finden sich vielfach, zum Teil auch normativ abgesicherte Aussagen, daß sich auch auf Gemeindeebene "gewaltenverschränkende Strukturen" ganz ähnlich wie auf Staatsebene herausgebildet haben. Es kann auch davon ausgegangen werden, daß der Gemeinderat die klassischen Parlamentsfunktionen im politologischen Sinn erfüllt.

Jedoch kann aufgrund der eindeutigen verfassungsrechtlichen Vorgabe daraus im Ergebnis nicht abgeleitet werden, daß es sich bei dem Gemeinderat um eine Legislative im staatsverfassungsrechtlichen Sinn handelt. Trotz einer sich im Fluß befindlichen Bedeutung des Gewaltenteilungsgrundsatzes kann so auch die auf Gemeindeebene vorgefundene Funktionstrennung - auch angesichts vielfacher Ähnlichkeiten in den äußeren Abläufen mit vergleichbaren politischen Beziehungsgeflechten - rechtlich nicht als "Gewaltenteilung" wie auf Staatsebene qualifiziert werden.

Es hat sich aber andererseits gezeigt, daß andere parlamentsrechtliche Prinzipien, die für die Lösung der gemeinderechtlichen Probleme bei der Ausschußbildung besonders maßgeblich erscheinen, ein sehr weitgehendes Maß an Deckungsgleichheit mit den normativen Gegebenheiten im Gemeinderat aufweisen. Zum Teil sind sie identisch.

Dies gilt insbesondere für die Geltung des Repräsentationsprinzips und für die sich daraus ergebende Stellung des einzelnen Gemeinderatsmitglieds [805]). Dieses Prinzip gewährleistet auf Gemeindeebene die Vertretung des Volkes ebenso wie auf staatlicher Ebene (Art. 28 I S. 2, 38 I S. 1 GG), so daß auch hier eine Institutionalisierung der deliberativen, veröffentlichenden Funktion der Kontrolle

---

[805]) "Unleugbare Parallelen" zwischen Parlament und Kommunalvertretung in bezug auf das Repräsentationsprinzip und das freie Mandat hat auch das VG Regensburg (Urt. vom 6.12.1989, Az.: RO 3 K 89 0994) ausgemacht und infolgedessen einer Klage eines fraktionslosen Ratsmitglieds auf mündliche Antragsbegründung in Ausschüssen, denen es nicht angehörte, weitgehend stattgegeben; Urteil wurde aufgehoben durch BayVGH, NVwZ 1990, 1197.

des monokratischen oder kollektiven Verwaltungsorgans durch Rückkopplung an den Willen der Wahlbevölkerung stattfindet [806]).

Aus dieser Strukturgleichheit der Legitimationsquelle und des Legitimationsvorgangs folgt so eine unmittelbare demokratische Legitimation auch im Hinblick auf die Willensbildung des Gemeinderats mit ähnlicher Ausgestaltung seiner Organisation und Arbeitsweise. Für die individuelle Rechtsstellung des einzelnen Gemeinderatsmitglieds bedeutet dies, daß es als Inhaber eines freien Mandats die gleichen Teilhaberechte an der Arbeit des Gesamtorgans beanspruchen kann wie der einzelne Parlamentarier.

Nicht zuletzt wegen der normativen Gleichheit in diesem Bereich ergibt sich im Ergebnis das Gebot zu einem Analogieschluß [807]). Unterschiede in anderen Vergleichsbereichen haben dahinter zurückzutreten bzw. sind nicht maßgebend.

Nicht dagegen steht die festgestellte teilweise deutliche amtsrechtliche Beeinflussung des freien Mandats des Gemeinderatsmitglieds.

*Schröder* [808]) hat in seinem ausgedehnten Detailvergleich zu Unterschieden und Gemeinsamkeiten zwischen der Rechtsstellung des Parlamentariers und der des Gemeinderatsmitglieds insbesondere anhand der oben [809]) genannten Pflichten des Kommunalvertreters herausgearbeitet, daß dessen Status sowohl amtsrechtliche wie auch parlamentsrechtliche Züge trägt. Entsprechend den jeweiligen Regelungen in den Gemeindeordnungen kann dies von Bundesland zu Bundesland variieren. Diese Mischung amts- und parlamentsrechtlicher Elemente prägt nach seiner Auffassung ein Bild einer besonderen Rechtsstellung "sui generis" [810]).

Aus der Eingliederung des Gemeinderats in die Selbstverwaltung wird die Legitimation des (Landes-) Gesetzgebers hergeleitet, eine stärkere Beschränkung des "freien Mandats" der Ratsmitglieder zu statuieren, jedoch nur, soweit und sofern diese mit administrativen Erfordernissen begründet werden kann [811]). Die besondere Pflichtenstellung des Gemeinderatsmitglieds hat ihre Grundlage in der Forderung nach Sicherung der gemeinwohlorientierten und uneigennützigen Ent-

---

[806]) Ladeur, BayVBl. 1992, 387 (388).

[807]) Vgl. z.B. auch Hubert Meyer, S. 227.

[808]) Schröder, S. 376 ff.

[809]) Vgl. S. 123 ff. zu III. 3.3.2.2.

[810]) Vgl. Schröder, a.a.O., S. 414; ähnlich auch Schmidt-Aßmann, S. 44 Rdnr. 59: "kommunalrechtliches Mandat eigener Prägung".

[811]) Vgl. Ladeur, BayVBl. 1992, 387 (388); Ott, S. 277; so im Ergebnis auch Schröder, S. 377 f.

scheidung des Mandatsträgers [812]). Die vergleichsweise stärkere Pflichtenstellung läßt sich rechtfertigen, weil damit den stärker auf den Einzelfall bezogenen Entscheidungen des Gemeinderats Rechnung getragen werden soll. Wegen der "Überschaubarkeit des Systems" und der damit zugleich gegebenen größeren Gefahr eines Interessenkonflikts ergibt sich die Notwendigkeit, daß beim Gemeinderatsmitglied - im Vergleich zum Parlamentarier - die Schutzfunktion des freien Mandats gegenüber staatlichen Einflußnahmen auf Gegenstand und Inhalt seiner Mandatstätigkeit weniger ausgeprägt ist [813]).

Indes handelt es sich bei den Beschlüssen über die Verteilung der Ausschußsitze nicht um Maßnahmen aufgrund solcher administrativer Erfordernisse, sondern vielmehr um innerorganisationsrechtliche Entscheidungen ohne hoheitlichen Charakter. Dies äußert sich formalrechtlich z.B. darin, daß diese Entscheidungen gegenüber den Fraktionen und Gruppen keine Verwaltungsakte darstellen [814]). Die Verweigerung des Zugangs zu der Arbeit in den Gemeinderatsausschüssen beruht zwar auf der Vorgabe der Sicherung einer effektiven Erledigung der Gemeinderatstätigkeit durch Verhinderung zu großer Ausschüsse, so daß der Ausschluß von Minderheiten durchaus im Interesse einer Gewährleistung der administrativen Entscheidungsfunktion der Gemeinde dienen kann. Jedoch handelt es sich dabei um kein typisch *verwaltungs*spezifisches Postulat, der Gedanke beruht vielmehr allgemein auf der Forderung nach Schaffung einer funktionsgerechten Organstruktur, der gerade auch für parlamentarische Kollegialorgane gilt [815]). Der Ausschluß von Minderheiten bei der Ausschußbesetzung betrifft damit Fälle, bei denen der "geschützte Teil" des freien Mandats der Gemeinderatsmitglieder betroffen ist, amtsrechtliche Ausprägungen der Pflichtenstellung der Gemeinderatsmitglieder, wie etwa die fehlende Immunität, spielen hier grundsätzlich keine Rolle. Ebenso wie bei staatlichen Parlamenten geht es vielmehr um Probleme der Weitergabe oder Vorverlagerung der Repräsentation auf bzw. in die Gemeinderatsausschüsse.

Dem Analogieschluß steht auch nicht entgegen, daß die Arbeit des Gemeinderats insgesamt der Verwaltung zuzuordnen ist. Tragender Grund für die Geltung des freien Mandats ist nicht eine legislative Funktion des Mandatsträgers, sondern allein der Gedanke der Repräsentation, der für den Gemeinderat auch dann gilt, wenn er eindeutig als Exekutivorgan tätig wird [816]).

---

[812]) Vgl. Ott, S. 277, die zutreffend darauf verweist, daß insoweit eine Parallele zu staatlichen Parlamenten besteht.

[813]) Ott, ebd.; vgl. z.B. auch Schmidt-Aßmann, S. 45 Rdnr. 60.

[814]) Vgl. Schuegraf, BayVBl. 1969, 116; Hellermann, Jura 1995, 145 (146).

[815]) Vgl. Schröder, S. 302 ff.; zur Sicherung der "Funktionsfähigkeit" des Parlaments im Zusammenhang mit der Sperrklausel vgl. BVerfG, NJW 1997, 1568 (1569).

[816]) Vgl. Hien, BayVBl. 1984, 203 (204).

Wegen diesen schon von Verfassungs wegen gebotenen Vorgaben ist weiter darauf hinzuweisen, daß länderspezifische Unterschiede bei den einzelnen Gemeindeordnungen, die den teilweise amtsrechtsähnlichen Charakter des Gemeinderatsmandats mal mehr, mal weniger stark ausgeprägt vorsehen, keine Rolle spielen können. Das heißt, daß auch Minderheiten im Regelungsbereich der BayGO, die - in toto betrachtet - als die "parlamentsrechtsfernste Gemeindeordnung" [817]) eingestuft wurde, von diesem Analogieschluß profitieren. Trotz Fehlen einer positiven Bestimmung in der BayGO übt auch das bayerische Gemeinderatsmitglied ein freies Mandat aus, welches von Verfassungs wegen den gleichen Sinngehalt aufweisen muß wie das in anderen Bundesländern [818]). Die verstärkte Pflichtenstellung des Gemeinderatsmitglieds in Bayern, wie sie beispielweise im Stimmenthaltungsverbot des Art. 48 I S. 2 BayGO zum Ausdruck kommt, wird aber vom hier interessierenden Fragenkreis der Vorverlagerung der Repräsentation schon von der Sache her nicht berührt. Es ist daher im Ergebnis auch nicht akzeptabel, auf der Basis einer mangelnden "Reinheit" des freien Mandats, aufgrund eines festgestellten verstärkten Einflusses von Amtsrecht, Vorbehalte gegen eine Analogieziehung in bezug auf solche Vergleichsbereiche anzumelden, die nicht betroffen sind [819]). Eine solche Sicht verkennt im übrigen die Reichweite und die Bedeutung des Primats des Verfassungsgesetzgebers.

Überdies gibt es weitere Umstände, die es auf Gemeinderatsebene sogar noch drängender als für die Parlamentsebene erscheinen lassen, dem Repräsentationsprinzip zugunsten des einzelnen Ratsmitglieds bzw. einer Minderheitenfraktion Geltung zu verschaffen.

Dies betrifft zunächst die bereits erwähnte "Multifunktion" des Gemeinderats, der sowohl legislativ tätig ist als auch insbesondere mit Aufgaben der "Verwaltung im engeren Sinn" befaßt ist [820]). Da die Ausschüsse an der Gesamttätigkeit des Gemeinderats, dessen Spektrum somit wesentlich vielfältiger ist als das der auf eine rein legislative Tätigkeit beschränkten Parlamente, maßgeblich beteiligt sind, ist die gleiche Teilhabe von allen Ratsmitgliedern an der Ausschußarbeit besonders dringlich geboten. Dies um so mehr, weil sich gezeigt hat, daß verbleibende Mitwirkungsrechte im Plenum eine Nichtberücksichtigung von Minderheiten bei der Arbeit der Ausschüsse kaum bzw. gar nicht kompensieren können [821]).

---

[817]) Vgl. Schröder, S. 366, 383: Wesentliche Gründe sind aus seiner Sicht der intensivere Pflichtenkatalog für die Gemeinderatsmitglieder und die Einordnung des Gemeinderats als Vollzugsorgan für sonderaufsichtsrechtliche Weisungen.

[818]) Vgl. z.B. Hien, BayVBl. 1984, 203; Schmidt-Jortzig, Kommunalrecht, S. 42 Rdnr. 69 (FN 39).

[819]) So aber wohl Schröder, vgl. z.B. S. 413 f.

[820]) Vgl. oben zu III. 3.2.1.2, S. 105 ff.

[821]) Vgl. die Ausführungen oben zu II. 5.2, S. 74 ff.

Auch die überaus starke Bedeutung der Arbeit von beschließenden Ausschüssen drängt besonders dazu, eine partielle Analogie von Art. 38 I S. 2 GG auf Gemeinderatsmitglieder zu fordern.

Gemessen am Einfluß der Bundestagsausschüsse erscheint die Bedeutung und das Gewicht beschließender Ausschüsse des Gemeinderats wesentlich stärker ausgeprägt. Obwohl es sich in der Sache regelmäßig um Routineangelegenheiten minderer Bedeutung handelt [822]), entscheiden diese jedenfalls grundsätzlich abschließend. Auch sind die beschließenden Ausschüsse durch die vielfachen Entscheidungs- und Kontrollkompetenzen über die Verwaltung relativ stark in die Verwaltung bestimmter Geschäftsbereiche miteinbezogen, so daß es für den einzelnen Ratsvertreter - im Vergleich zu seinen "Kollegen" in staatlichen Parlamenten - noch wesentlich drängender erscheinen muß, in einem Ausschuß mitarbeiten zu können [823]).

Schließlich ist die Gefahr der Vermischung öffentlicher und privater Interessen auf Gemeindeebene wegen der geringeren Distanz zum Sachvorgang größer als auf Staatsebene. Dies stellt einen weiteren Aspekt dar, der die überwachende Mitarbeit aller im Gemeinderat vertretenen Gruppierungen in möglichst umfänglichen Maß besonders gebietet, damit der Gefahr von Mißbräuchen durch Mehrheitsinteressen im Gemeinderat besser begegnet werden kann [824]).

Gemessen an den vorangestellten abstrakten Analogievoraussetzungen [825]) ist abschließend festzustellen, daß die Rechtsstellung des Gemeinderatsmitglieds und die des Parlamentariers in den für die rechtliche Bewertung maßgebenden Hinsichten übereinstimmen, ein Analogieschluß ist möglich und geboten. Es ist weiter festzustellen, daß die Rechtsprechung zurückzuweisen ist, soweit sie die Zulassung von Minderheiten in Gemeinderatsausschüsse wegen einer angeblich mangelnden Vergleichbarkeit mit der Situation auf Parlamentsebene ablehnt.

Die hier vertretene Auffassung muß sich allerdings mit dem Argument auseinandersetzen, daß sich durch eine Analogie ein Konflikt mit den Geboten des Proportionalitätsgrundsatzes bzw. des Erhalts einer effektiven Ausschußarbeit ergeben kann [826]). Ob dem so ist, ist nach dem Maßstab der zur

---

[822]) Vgl. Ott, S. 226; Gabriel, Mängelanalyse, S. 192 f.

[823]) Die sich aus diesem Umstand ergebende "erhöhte Bedeutung" des Gebots der Spiegelbildlichkeit der Zusammensetzung von Ratsplenum und -ausschüssen betont auch das BVerwG, NVwZ-RR 1993, 209; vgl. auch Röper, VR 1991, 298.

[824]) Vgl. Ladeur, BayVBl. 1992, 387 (389), der eine "schärfere Akzentuierung der Deliberationsfunktion des Gemeinderats" auch wegen der auf Gemeindeebene schwächer ausgebildeten Informationsmöglichkeiten fordert; vgl. auch Schwerdtner, VBlBW 1993, 328 (330).

[825]) Vgl. die Ausführungen oben S. 100 ff. unter III. 3.1.

[826]) Vgl. z.B. BVerwG, NVwZ-RR 1993, 209.

Analogieziehung heranzuziehenden parlamentsrechtlichen Grundsätze zu klären, wobei etwaigen Besonderheiten auf Gemeinderatsebene Rechnung zu tragen ist. Ausgangspunkt dieser Überlegungen hat daher eine nähere Würdigung insbesondere von BVerfGE 80, 188 zu sein.

## 4. Grundgedanken von BVerfGE 80, 188

### 4.1 Art. 38 I S. 2 GG als Anspruchsgrundlage

#### 4.1.1 Verfassungsrechtliche Neudefinition des Abgeordnetenstatus

Allein gestützt auf Art. 38 I S. 2 GG - andere Prüfungsmaßstäbe (Minderheitenschutz, formalisierter Gleichheitssatz) sollen formalrechtlich nicht (mehr) in Betracht kommen - begründet das BVerfG die Rechte des fraktionslosen Abgeordneten. Der verfassungsrechtlich gebotene Schutz der parlamentarischen Minderheit, der auch dem einzelnen Abgeordneten zugute kommen könne, verleihe ihm keine Rechte über jene hinaus, die sich aus Art. 38 I S. 2 GG ergeben [827]).

Auch aus dem formalisierten Gleichheitssatz und dem Prinzip der repräsentativen Demokratie folge nichts anderes: Letztgenanntes Prinzip habe in der Bestimmung des Art. 38 I S. 2 GG seinen erschöpfenden Niederschlag gefunden [828]), der formalisierte Gleichheitssatz besage im vorliegenden Zusammenhang nur, daß die Geschäftsordnung das gleiche Recht jedes Abgeordneten, seine Vorstellungen in die politische Willensbildung einzubringen, nicht antasten dürfe, möge auch der tatsächliche Einfluß der einzelnen Abgeordneten auf die parlamentarische Entscheidungsfindung aufgrund differierender Umstände (Fraktionszugehörigkeit, Arbeitseinsatz etc.) unterschiedlich entwickelt sein [829]).

Diese gegenüber früheren Entscheidungen [830]) vorgenommene Neudefinition des Abgeordnetenstatus durch das BVerfG verzichtet also dogmatisch darauf, die vorher herangezogenen Prüfungsmaßstäbe des Minderheitenschutzes, des formalisierten Gleichheitssatzes und der repräsentativen Demokratie als eigenständige Anspruchsgrundlagen zu bewerten. Diese Grundsätze gehen also in der Rechtsstellung des einzelnen Abgeordneten in Art. 38 I S. 2 GG auf [831]).

---

[827]) BVerfGE 80, 188 (220).

[828]) BVerfGE 80, 188 (221).

[829]) BVerfGE 80, 188 (221).

[830]) Vgl. etwa BVerfGE 40, 296 ff.; 44, 308 ff.

[831]) Schulze-Fielitz, DÖV 1989, 829 (832).

### 4.1.2 Bedeutung der parlamentarischen Ausschußarbeit

Das Urteil bietet dann einen summarischen Überblick über die beratende und vorbereitende Tätigkeit der Ausschüsse nach der Geschäftsordnung und beschreibt so die Abwanderung parlamentarischer Funktionserfüllung dorthin [832]).

Konsequenz dieser Feststellungen ist, daß die in den Ausschüssen geleistete Arbeit als "in die Repräsentation des Volkes durch das Parlament" miteinbezogen werden muß. Das Repräsentationsprinzip prägt nach Auffassung des Gerichts "den gesamten Bereich der parlamentarischen Willensbildung" [833]).

Die weitere Begründung in Fortsetzung der Rechtsprechung E 44, 308 geht dahin, daß infolgedessen die Geschäftsordnung das gleiche Recht des Abgeordneten, am Willensbildungsprozeß mitzuwirken, nicht antasten darf, auch wenn sich der tatsächliche Einfluß der Abgeordneten unterschiedlich entwickeln mag [834]). Ohne in einem Zusammenhang zu Fragen der Repräsentation zu argumentieren, wird vom Gericht weiter besonders hervorgehoben, daß dem Abgeordneten die Möglichkeit belassen werden muß, sich Sachgebieten, denen sein besonderes Interesse gilt, eingehender widmen zu können [835]).

Ein weiterer Kernsatz lautet: "Die prinzipielle Möglichkeit, in einem Ausschuß mitzuwirken, hat allerdings für den einzelnen Abgeordneten angesichts des Umstandes, daß ein Großteil der eigentlichen Sacharbeit des Bundestages von den Ausschüssen bewältigt wird, eine der Mitwirkung im Plenum vergleichbare Bedeutung; vor allem in den Ausschüssen eröffnet sich den Abgeordneten die Chance, ihre eigenen politischen Vorstellungen in die parlamentarische Willensbildung einzubringen." [836]).

Das Gericht hat aus alledem hergeleitet, daß das Benennungsmonopol der Fraktionen bei der Ausschußbesetzung (§ 57 II GOBT a.F.) diese Rechte des fraktionslosen Abgeordneten aus Art. 38 I S. 2 GG verletze [837]), und seinen Anspruch auf Mitarbeit in einem Ausschuß grundsätzlich zuerkannt. Bei der

---

[832]) BVerfGE 80, 188 (221 f.).

[833]) BVerfGE 80, 188 (222).

[834]) BVerfGE 80, 188 (221).

[835]) BVerfGE 80, 188 (226); vgl. Bernzen/Gottschalck, ZParl 1990, 393 (398).

[836]) BVerfGE 80, 188 (222).

[837]) Hölscheidt, DVBl. 1989, 291 (294), der im Ergebnis ebenfalls einen Anspruch aus Art. 38 I GG annimmt, nimmt eine verfassungskonforme Auslegung von § 57 II GOBT a.F. u. § 12 GOBT vor. Danach gehen diese Vorschriften nur von Ausnahmen zugänglichen "Grundsätzen" aus, so daß durch ein solches verfassungskonformes Verständnis dem Anspruch Fraktionsloser auf Ausschußmitgliedschaft auch ohne Änderung der GOBT Rechnung getragen werden könne.

Verteilung der parlamentarischen Handlungschancen zwischen dem einzelnen Abgeordneten und den Fraktionen [838]), die unter der Prämisse steht, daß nicht jedem alles gegeben werden kann, hat das Gericht damit scheinbar zugunsten des Einzelnen entschieden.

### 4.1.3 Zur Begrenzung des Anspruchs des Fraktionslosen

Gleichwohl schränkt das BVerfG dieses Ergebnis sehr weitgehend ein.

Unter Betonung der überragenden Stellung der Fraktionen [839]) hält das Gericht eine Beschneidung der Rechte des Einzelnen aus Art. 38 I S. 2 GG durch das Benennungsmonopol der Fraktionen "jedenfalls dann nicht" für hinnehmbar, wenn der Zahl der Abgeordneten eine entsprechend große Zahl von Ausschußsitzen gegenübersteht [840]). Das Gericht hält es damit also implizit für verfassungsgemäß, einzelnen fraktionslosen Abgeordneten keinen Ausschußsitz zuzugestehen, wenn die Zahl der Ausschußsitze nicht einmal für alle Fraktionsangehörige ausreicht [841]). Das BVerfG läßt unbeantwortet, ob es eine Rechtspflicht des Parlaments zur Schaffung einer hinlänglichen Zahl von Ausschußsitzen gibt [842]) oder ob nicht jedenfalls Manipulationen an der Zahl der Ausschußsitze untersagt sind.

Eine weitere Entwertung des Ergebnisses aus Sicht des Einzelnen bedeutet es, daß das BVerfG ihm mit Blick auf das entgegenstehende Rechtsgut der Erhaltung der Funktionstüchtigkeit des Parlaments das Stimmrecht vorenthält [843]).

Das Gericht stellt dazu zunächst fest, daß ein Abgeordneter nicht ohne gewichtige, an der Funktionstüchtigkeit des Parlaments orientierte Gründe von jeder Mitarbeit in den Ausschüssen ausgeschlossen werden kann [844]). Mit dieser Aussage impliziert es bereits die erwähnte Einschränkung: Zwar ist ein Ausschluß jeglicher Mitarbeit in den Ausschüssen nicht denkbar [845]). Jedoch führt dieser Ausgangspunkt dazu, daß dem Einzelgänger nur eine Ausschußmitarbeit

---

[838]) Dem eigentlichen "Kernproblem des Falles", so Morlok, JZ 1989, 1035 (1038).

[839]) BVerfGE 80, 188 (223): "...maßgebliche Faktoren der parlamentarischen Willensbildung...".

[840]) BVerfGE 80, 188 (223).

[841]) So auch die Deutung von Schulze-Fielitz, DÖV 1989, 829 (836).

[842]) Morlok, JZ 1989, 1035 (1041), hält dies für eine schwierigere "und aus Gründen dogmatischer Klarheit wichtigere Frage."

[843]) BVerfGE 80, 188 (224 ff.).

[844]) BVerfGE 80, 188 (222).

[845]) Anders noch BVerfGE 70, 324 (366).

ohne Stimmrecht zugebilligt wird, weil dieses nach Auffassung des Gerichts notwendigerweise überproportional wirken würde [846]).

Nach Meinung des Gerichts bedarf die Gewährung auch eines Stimmrechts einer verfassungsrechtlichen Rechtfertigung, die sich jedoch nur aus Art. 38 I S. 2 GG ergeben könne. Diese Vorschrift gebe aber dafür nichts her. Es sei vielmehr so, daß das aus dem verfassungsrechtlichen Status resultierende Stimmrecht vom Einzelgänger nach wie vor im Plenum ausgeübt werden könne. Im Ausschuß stehe es ihm deswegen nicht zu, weil ihm dort nicht das gleiche Gewicht zukomme wie den anderen, auch für andere Abgeordnete sprechenden Ausschußmitglieder. Seine Einflußnahme im Ausschuß auf die Beschlußempfehlung ans Plenum sei daher nur begrenzt [847]).

Darüber hinaus stellt das Gericht auf die Funktion der Ausschüsse ab, die die Mehrheitsfähigkeit einer Vorlage im Plenum sicherzustellen habe. Auch in bezug auf diese Funktion gebühre der Stimme des fraktionslosen Abgeordneten eine wesentlich geringere Bedeutung als der des fraktionsangehörigen, überdies bekäme seine Stimme sogar zusätzliches, möglicherweise ausschlaggebendes Gewicht, wenn sie bestehende Mehrheitsverhältnisse im Ausschuß in Frage stellen könnte [848]).

Sichtbar wird damit der unmittelbare Zusammenhang zur Stellung der Fraktionen und insbesondere des Konfliktpotentials, welches der Konstellation "allein gegen alle" [849]) innewohnt. Dem einzelnen etwas zu geben heißt gleichzeitig zwangsläufig, den anderen etwas zu nehmen.

Das BVerfG hat betont, daß die Fraktionen vor allem für den technischen Ablauf der Parlamentsarbeit sehr wichtig sind [850]). Was die Organisation der Ausschußarbeit anbelangt, hält es das BVerfG denn so auch grundsätzlich mit dem Grundgesetz vereinbar, daß die Benennung der Ausschußmitglieder nach der GOBT den Fraktionen zu überlassen sei [851]).

Dies ergibt sich aus der damit in Zusammenhang stehenden Geschäftsordnungsautonomie des Bundestages (Art. 40 I S. 2 GG), die ihrerseits eine verfassungsrechtlich abgesicherte Position im Sinne einer

---

[846]) Vgl. BVerfGE 80, 188 (224); Ziekow, JuS 1991, 28 (30), deutet das frühere obiter dictum in BVerfGE 70, 324 (366), des zweiten Senats als Präjudiz, daß in BVerfGE 80, 188, eine in vollem Umfang gegenteilige Stellungnahme nicht zu erwarten gewesen sei.

[847]) BVerfGE 80, 188 (224 f.).

[848]) BVerfGE 80, 188 (225).

[849]) Morlok, JZ 1989, 1035 (1036).

[850]) Vgl. z.B. BVerfGE 43, 142 (149).

[851]) BVerfGE 80, 188 (223).

Ermächtigungsnorm [852]) ist, die dem Bundestag eine weitgehende Freiheit zur Gestaltung seiner inneren Ordnung gibt. Er muß sich dabei allerdings primär an dem Ziel orientieren, das Parlament funktionsfähig zu machen und eine möglichst reibungslose Parlamentsarbeit zu gewährleisten [853]). Daneben besteht aber auch die Verpflichtung zu einer angemessenen Wahrung von Minderheitsrechten [854]).

Der Bundestag reagierte auf dieses Urteil durch Neufassung des § 57 GOBT, indem ein neuer Satz 2 "Jedes Mitglied des Bundestages soll grundsätzlich einem Ausschuß angehören" an Absatz I angefügt und dessen Absatz II durch "Der Präsident benennt fraktionslose Mitglieder des Bundestages als beratende Ausschußmitglieder" erweitert wurde [855]).

Die praktische Umsetzung der Neuregelungen erfolgt dergestalt, daß sich der fraktionslose Abgeordnete mit einem konkreten Vorschlag seiner Ausschußmitgliedschaft an den Präsidenten wendet, der beim Ausschuß anfragt, ob hiergegen Bedenken bestehen. Sofern keine Bedenken bestehen [856]), benennt der Präsident den fraktionslosen Abgeordneten durch entsprechendes Schreiben an den Ausschußvorsitzenden. Der fraktionslose Abgeordnete hat somit in der Praxis sogar die Möglichkeit, in seinem "Wunsch-Ausschuß" mitarbeiten zu können [857]).

4.2 Stellungnahme zu BVerfGE 80, 188

Rechtsdogmatisch hat das Urteil für die Fortentwicklung des Parlamentsrechts keine aufsehenerregenden Neuerungen gebracht. Dies gilt sowohl im Hinblick auf eine Fixierung der (dominierenden) Stellung der Fraktionen als auch in bezug auf die Herausstellung und "Potenzierung" der hergebrachten Erkenntnisse unter Art. 38 I S. 2 GG.

Was die Stellung der Fraktionen anbelangt, ist jedoch immerhin festzustellen, daß die Rechte des einzelnen Abgeordneten auf deren Kosten gestärkt wurden. Die Fraktionen wurden nicht aus einer Verlängerung der Parteienstaatlichkeit ins Par-

---

[852]) Ziekow, JuS 1991, 28 (29, m.w.N.).

[853]) Zu beachten ist, daß aus Gründen der Arbeitsökonomie noch keine gravierende Funktionsbeeinträchtigung der Arbeitsfähigkeit hergeleitet werden kann, die eine Begrenzung der Ausschußmitgliederzahl legitimieren könnte, so BayVerfGH, NJW 1989, 1918 (1919).

[854]) Hölscheidt, DVBl. 1989, 291 (292).

[855]) Bekanntmachung v. 18.12.1989 (BGBl. I. S. 2442), in Kraft getreten am 01.01.1990.

[856]) Dies war jedenfalls bis April 1995 nicht vorgekommen, so eine Mitteilung der Bundestagsverwaltung vom 25.04.1995 an den Verfasser.

[857]) Begehren fraktionsloser Abgeordneter auf Doppelmitgliedschaft in Ausschüssen oder anderen parlamentarischen Gremien wurden hingegen im genannten Zeitraum ausnahmslos abgelehnt, so die Mitteilung des Bundestages, siehe vorh. FN.

lament hinein gerechtfertigt, sondern lediglich als (immer unter Rechtfertigungsdruck stehendes) Instrument der Parlamentsarbeit [858]). Der Außenseiter im Parlament muß um der Gemeinwohlverantwortung willen, die maßgeblich dem Volk gegenüber, nicht gegenüber der Fraktion oder der Partei gegenüber besteht, strukturell möglich bleiben [859]).

Auch die neue Herleitung der Abgeordnetenrechte allein aus einem Mitwirkungsanspruch aus Art. 38 I S. 2 GG ist - soweit ersichtlich - ohne große Diskussion von der Literatur zur Kenntnis genommen worden. *Bernzen/Gottschalck* [860]) etwa bemerken, daß das Verständnis von Repräsentation im Urteil "bedeutsamer als die Bestimmung der formal richtigen Anspruchsgrundlage" sei und es "dahinstehen" könne, ob dieses Verständnis im Rahmen der Ansprüche aus dem Grundsatz der repräsentativen Demokratie direkt oder aus Art. 38 I S. 2 GG zu erörtern sei. Das Urteil wird also als Fortschreibung der entwickelten Grundsätze zur repräsentativen Demokratie etc., sozusagen im neuen dogmatischen Gewand, angesehen.

Dieser Aspekt ist für die vorliegende Untersuchung von Bedeutung, weil Art. 38 I S. 2 GG nicht unmittelbar auf den Gemeindevertreter anwendbar ist. Es ergeben sich jedenfalls hieraus keine rechtsdogmatischen bzw. methodologischen Bedenken, die dem Urteil zugrundegelegten hergebrachten verfassungsrechtlichen Grundsätze zu übernehmen.

Die die Nichtzuerkennung des Stimmrechts tragende Argumentation ist jedoch starker Kritik ausgesetzt [861]).

Bemängelt wurde, daß das Gericht nirgends eine klare Definition von "Repräsentation" vorgenommen habe, die auf Konkretisierung einer grundgesetzlichen Norm ausgerichtet wäre. Das BVerfG habe es offengelassen, ob die

---

[858]) Morlok, JZ 1989, 1035 (1047); differenzierend Schulze-Fielitz, DÖV 1989, 829 (832), nach dessen Deutung das Urteil die Existenz von Fraktions(vor)rechten gleichsam als Konkretisierung "immanenter" Schranken der Abgeordnetenfreiheit durch die gleichen Rechte der anderen Abgeordneten einstufe; so besonders deutlich das Sondervotum Kruis, BVerfGE 80, 188 (244 ff.), der in der Zuerkennung der stimmrechtslosen Ausschußmitgliedschaft "eine tendenziell systemsprengende Wirkung" sieht und diese ablehnt.

[859]) So Morlok, ebd.

[860]) ZParl 1990, 393 (397); vgl. auch Ziekow, JuS 1991, 28 (29): "Für den Inhalt der aus dem Status des Abgeordneten fließenden Rechte hat die unterschiedliche Ableitung jedoch keine Bedeutung."; "juristisches business as usual", so Morlok, JZ 1989, 1035 (1036), der allerdings zutreffend auch darauf hinweist, daß es nicht erste Aufgabe des Gerichts ist, Dogmatik zu entwickeln.

[861]) Vgl. das Sondervotum Mahrenholz, BVerfGE 80, 188 (235 ff.); Bernzen/Gottschalck, ZParl 1990, 393 (399 ff.); Schulze-Fielitz, DÖV 1989, 829 (833); Morlok, JZ 1989, 1035 (1040 ff.); Ziekow, JuS 1991, 28 (31); vgl. aber auch das diametral entgegengesetzte Sondervotum Kruis, BVerfGE 80, 188 (244 ff.).

geschilderte Beteiligung der Ausschüsse am Entscheidungsprozeß als tatsächliche oder auch als rechtliche Kategorie im Sinne einer Fortentwicklung des Repräsentationsprinzips anzusehen sei [862]).

Die Konsequenz hieraus sei, daß die hervorgehobene Rolle der Ausschüsse rechtlich auch nur unvollkommen auf die individuellen Statusgarantien der Freiheit und Gleichheit des Abgeordneten projeziert worden sei. Dies habe zur Folge, daß sich die Entscheidung verfrüht den diesen Anspruch begrenzenden Gegengründen zuwende, wobei jene hierdurch ihrerseits an relativem Gewicht gewännen [863]).

Zudem sei das Argument der "Funktionstüchtigkeit des Parlaments" eher beiläufig eingeführt, jedenfalls nicht in der verfassungsrechtlichen Weise begründet worden, wie es notwendig gewesen wäre, um die verfassungskräftigen Abgeordnetenrechte einzuschränken [864]).

*Mahrenholz* [865]) hat in seinem Sondervotum darauf verwiesen, daß es nicht möglich sei, wegen des in Art. 38 I S. 2 GG garantierten gleichen freien Mandats unterschiedliche Rechtsstatus bei den Abgeordneten herzuleiten [866]). Eine einzelne Abgeordnetenstimme könne nicht je nach Zusammensetzung als "überrepräsentiert" ohne genaue Einzelfallprüfung gewichtet werden. Ein verkürztes Stimmrecht im Ausschuß könne auch nicht mit dem bleibenden Stimmrecht im Plenum gerechtfertigt werden, weil dies sinngemäß ebenfalls für das aus Art. 38 GG abgeleitete Rede- und Antragsrecht im Ausschuß gelten müßte. Im übrigen widerspreche dies der herausgehobenen Bedeutung der Ausschußarbeit.

Das Rede- und Stimmrecht lasse sich in parlamentarischen Gremien nicht voneinander trennen, der geistige Vorgang, der mit dem Wort "Beratung" bezeichnet werde, sei ein einheitlicher. Die maßgeblichen Gründe für eine Ausschußarbeit des Fraktionslosen lassen sich nicht gleichzeitig gegen sein Stimmrecht wenden.

---

[862]) Bernzen/Gottschalck, ZParl 1990, 393 (397, 399).

[863]) Morlok, JZ 1989, 1035 (1040 f.), der jedoch - nicht ganz widerspruchsfrei - dem Urteil an anderer Stelle beimißt, es habe hinsichtlich des Status der Gleichheit des Abgeordneten "eine überzeugende Fundierung in der Repräsentativfunktion des Bundestages" gebracht, a.a.O., S. 1047.

[864]) Morlok, JZ 1989, 1035 (1041).

[865]) Sondervotum BVerfGE 80, 188 (235 ff.).

[866]) Vgl. auch Schulze-Fielitz, DÖV 1989, 829 (834): "...neu kreierte Zwitterfigur des stimmrechtslosen Abgeordneten..." und Morlok, JZ 1989, 1035 (1041): "Soll es fürderhin Abgeordnete zweiter Klasse mit Brief und Siegel geben?".

Unter Hinweis auf den sog. formalisierten Gleichheitssatz unterstreicht das Sondervotum schließlich, daß sich hieraus ein verfassungsrechtlicher Schutz vor Eingriffen in das Recht auf gleiche Mitwirkung aller an der Erfüllung der Aufgaben des Bundestages ergebe.

Mithin könne es für die Ausübung eines Mitwirkungsrechts nicht darauf ankommen, ob es "geboten" sei, dem fraktionslosen Abgeordneten dieses Recht "zu geben". Es sei vielmehr umgekehrt danach zu fragen, ob es rechtfertigende Gründe gibt, ihm dieses Recht zu nehmen.

Diese Einwände überzeugen.

Das Gericht hat einerseits bewußt weiterführende Ausführungen und Überlegungen zur repräsentativen Demokratie und den anderen Grundsätzen (formalisierter Gleichheitssatz, Minderheitenschutz) aus seiner Argumentationskette herausgelassen, hat es aber andererseits unterlassen, diese in gebührender Weise in seine Betrachtungen zur Rechtsposition des Abgeordneten aus Art. 38 I S. 2 GG einzustellen.

Jede Einschränkung der Abstimmungsbefugnis des Abgeordneten - aus welchem Grund auch immer - muß im Range von Verfassungsrecht stehen [867]). Dazu gehört auch die Erhaltung der Funktionsfähigkeit und -tüchtigkeit des Parlaments.

Der Hinweis auf die gefährdete Funktionstüchtigkeit verfängt hier jedoch nicht. Es ist nicht mit der gebotenen Deutlichkeit sichtbar geworden, daß eine Vollbeteiligung des Fraktionslosen ganz erhebliche praktische Schwierigkeiten erbringen würde, so daß damit der Funktionsfähigkeits- und Effizienzgedanke des Art. 40 I S. 2 GG entgegenstünde.

Die Befürchtung, die Mehrheitsfähigkeit einer Ausschußvorlage im Plenum sei durch ein Stimmrecht in Gefahr, entbehrt der praktischen Relevanz.

Zunächst zutreffend ist der dahinterstehende Gedanke, daß die vorbereitende Funktion der Ausschüsse nur dann erfüllt werden kann, wenn die Mehrheitsverhältnisse in einem Ausschuß denen im Plenum entsprechen. Die Ausschußarbeit liefe sonst in Gefahr, zur "Spielwiese" zu werden, sie kann nur als Vorbereitung der Plenarbeschlüsse fungieren, wenn ihre Anschlußfähigkeit an das Geschehen im Plenum gesichert ist [868]).

Die Befürchtung, ein einzelner könnte in einem durch Blockbildung und in einem mit weitgehend festgelegtem Stimmverhalten durch die Fraktionen geprägten Gremium [869]) das Zünglein an der Waage spielen, ist jedenfalls nur von

---

[867]) Achterberg, AöR 1984 (Bd. 109), 505 (506).

[868]) Morlok, JZ 1989, 1035 (1041).

[869]) Vgl. hierzu Ritzel/Bücker, HdbPP, 6 Erg.Lfg./Dezember 1988, Vorbem. zu § 54, S. 6 f. Anm. 2.

theoretischer Natur. Die Sitzverteilung im Ausschuß kann so geregelt werden kann, daß der fraktionslose Abgeordnete nicht in der Lage ist, durch Ausübung seines Stimmrechts die Mehrheitsverhältnisse im Plenum auszuhebeln [870]). Was die Gewährleistung der dem Plenum entsprechenden Mehrheitsverhältnisse auch nach Zuerkennung des Stimmrechts anbelangt, erscheint es ohne weiteres möglich und auch zumutbar - es handelt sich nur um *einen* Ausschuß pro fraktionslosem Abgeordneten - adäquate Mechanismen einzuführen. So ist z.B. denkbar, die Regierungsseite im Ausschuß aufzustocken bzw. eine Neuberechnung der Ausschußgröße vorzunehmen, damit jede Fraktion im Ausschuß mindestens zwei Sitze hat [871]). Die Gefährdung der Arbeitsfähigkeit des Parlaments durch eine Mehr- oder gar Vielzahl von mit Stimmrecht ausgestatteten fraktionslosen Abgeordneten erscheint ebenfalls fraglich. Im übrigen könnte einer solchen Situation durch alternative Regelungsmodelle ebenfalls Rechnung getragen werden [872]).

Jedenfalls erscheint es mit Blick auf eine künftige, aber ungewisse Gefahr, die sich zudem "entschärfen" ließe, nicht möglich, das verfassungsrechtlich gesicherte Stimmrecht des Abgeordneten zu schmälern [873]).

Aufgrund der verfassungsrechtlichen Anspruchsposition des fraktionslosen Abgeordneten ergibt sich danach im Ergebnis auch die grundsätzliche Pflicht des Bundestages, eine hinlängliche Anzahl von Ausschußsitzen zu schaffen.

5. Der konkrete Anspruch zugunsten des fraktionslosen Gemeinderatsmitglieds

5.1 Effektivitätsverlust durch stimmrechtslose Mitwirkung in einem Ausschuß?

Aus Vorstehendem ergeben sich die Grundsätze, die auch für den einzelnen fraktionslosen Mandatsträger im Gemeinderat maßgebend sind. Es geht also darum, ob ihm ebenfalls ein bundesverfassungsrechtlich abgesicherter Anspruch auf vollberechtigte Mitarbeit in einem Ausschuß zuzugestehen ist, oder ob ihm evtl. mit Rücksicht auf die spezifischen Verhältnisse auf Gemeindeebene nur ein um das Stimmrecht verkürztes Recht auf Mitarbeit in einem Ausschuß einzuräumen ist.

---

[870]) Kürschner, S. 143.

[871]) Vgl. Mahrenholz, Sondervotum BVerfGE 80, 188 (240).

[872]) Morlok, JZ 1989, 1035 (1041), spricht die Einrichtung einer "Fraktion der Fraktionslosen" an.

[873]) Kürschner, a.a.O., S. 123 ff., hat in seiner Untersuchung (von 1984) die Situation im Bundestag, im Landtag von Schleswig-Holstein und im Europäischen Parlament beleuchtet und ist zu dem Ergebnis gekommen, daß die parlamentarische Stärkung fraktionsloser Abgeordneter durch ihre Entsendung in Ausschüsse nicht zur Beeinträchtigung der Parlamentsarbeit geführt hat.

Es ist zunächst zu klären, ob und woraus sich ein Verlust der Effektivität der Ausschußarbeit durch die zusätzliche Aufnahme von fraktionslosen Ratsmitgliedern in die Ausschüsse überhaupt ergeben kann.

Die Antwort auf diese Frage wird wiederum maßgeblich davon beeinflußt, ob es sich um eine vollberechtigte Mitarbeit, also mit Stimmrecht, handelt oder nicht.

Sofern eine nur stimmrechtslose Mitarbeit im Ausschuß in Frage steht, ergibt sich auch für die Gemeinderatsausschüsse kein Effektivitätsverlust für deren Arbeit. Zwar sitzt bei den Sitzungen eines Ausschusses eine Person mehr mit am Tisch, die mitberät, was eine Verlängerung des Sitzungsablaufs und weitere Umstände mit sich bringen kann.

Auch BVerfGE 80, 188 hat jedoch diesem Aspekt im Hinblick auf eine eingeschränkte Funktionsfähigkeit ersichtlich keine entscheidende Bedeutung zugemessen, da andernfalls nach der Logik des Urteils sogar der eingeräumte Anspruch auf begrenzte Mitarbeit nicht anzuerkennen gewesen wäre [874]).

Die Übertragung dieses Gesichtspunkts auf die Situation im Gemeinderat mit Bejahung eines verkürzten Anspruchs scheitert auch nicht daran, daß auf der kommunalen Ebene ungebundene Volksvertreter wesentlich öfter anzutreffen sind als in staatlichen Parlamenten, was grundsätzlich eine "Verkomplizierung" der Probleme bedeuten könnte. Einzelgänger in staatlichen Parlamenten sind in der Praxis eher die Ausnahme, die Bedeutung eines Anspruchs Fraktionsloser auf einen Ausschußsitz zeigt sich hier regelmäßig erst beim Verlust des Fraktionsstatus und beim Ausschußrückruf [875]). Es ist damit relativ unwahrscheinlich, daß bereits vor Ausschußbildung einzelne Parlamentarier fraktionslos sind [876]), hingegen kann es auf der kommunalen Ebene durchaus vorkommen, daß ein ohne Vermittlung über eine Parteiliste gewähltes Gemeinderatsmitglied von vornherein seine Arbeit im Rat als fraktionsloses Mitglied aufnimmt [877]).

Hieraus ergibt sich jedoch kein Hindernis für die Bejahung einer mindestens stimmrechtslosen Mitarbeit von Einzelgängern in Gemeinderatsausschüssen.

---

[874]) So auch BayVerfGH, NJW 1989, 1918 (1919): Bloße arbeitsökonomische Erwägungen können noch keine Funktionsbeeinträchtigung der Arbeitsfähigkeit begründen; anders tendierend wohl Scholtis, S. 313.

[875]) Vgl. Hölscheidt, DVBl. 1989, 291 (294); BayVGH, NVwZ 1990, 1197.

[876]) Hölscheidt, DVBl. 1989, 291 (294); natürlich ist auch auf Parlamentsebene der Einzug eines Parteilosen mit Direktmandat grundsätzlich denkbar, das ist jedoch eher unwahrscheinlich, vgl. Hans Meyer, HStR II, § 38 Rdnr. 51: "Solche Fälle werden jedoch nach menschlichem Ermessen nicht vorkommen."

[877]) Vgl. Ladeur, BayVBl. 1992, 387 (391), der darauf verweist, daß ein fraktionsloser Einzelbewerber nicht nur keine atypische, sondern vor allem auch keine unerwünschte Erscheinung auf Gemeindeebene darstellt.

Zunächst ist zu berücksichtigen, daß den Gefahren eines Effektivitätsverlusts durch vorausschauende Planung der Mitgliedszahlen in den Ausschüssen Rechnung getragen werden kann. Sollten mehrere fraktionslose Ratsmitglieder vorhanden sein, denen jeweils ein Sitz zu verschaffen ist, können diese - möglichst nach einvernehmlicher Festlegung, gegebenfalls auch durch Mehrheitsbeschluß - auf verschiedene Ausschüsse verteilt werden, wodurch ein sprunghaftes Ansteigen der Mitgliedszahlen in einzelnen Ausschüssen ausgeschlossen ist.

Auch aus der Tatsache, daß Fraktionslosigkeit auf Gemeindeebene eine durchaus anzutreffende, vom Gesetzgeber ausdrücklich gewollte Variante der Zusammensetzung der kommunalen Gremien ist [878]), erscheint es notwendig, die Ausnahmerechtsprechung des BVerfG in E 80, 188 im Rahmen eines Erst-recht-Schlusses auf den Gemeinderat zu übertragen: Denn wenn selbst ein atypischerweise fraktionslos gewordenes Parlamentsmitglied ein Recht auf Beteiligung an der Ausschußarbeit hat, so sollte dies erst recht für ein Ratsmitglied gelten, das - evtl. sogar mit sehr beachtlichem Stimmenanteil - ohne Parteivermittlung in den Gemeinderat gewählt worden ist [879]).

Außerdem ist in diesem Zusammenhang darauf hinzuweisen, daß Effektivitätsgesichtspunkte um so weniger einleuchtend sind, wenn man bedenkt, daß der Gesetzgeber die Bildung von kleinen Fraktionen im Gemeinderat überwiegend hinnimmt und dadurch möglicherweise viel unübersichtlichere Mehrheitsverhältnisse entstehen können als in einer Konstellation, in der neben mehr oder weniger großen Fraktionen einzelne fraktionslose Mitglieder an der Ausschußtätigkeit beteiligt sind [880]).

Für die Einräumung mindestens eines stimmrechtslosen Ausschußsitzes streitet auch ein weiterer Erst-recht-Schluß, der sich aus dem Vorhandensein des Instituts der "sachkundigen Bürger" in Gemeinderatsausschüssen ergibt.

Die Existenz von Nicht-Mitgliedern in einem Gemeinderatsausschuß, die nicht demokratisch legitimiert sind, legt jedenfalls nahe, daß die vom Volk legitimierten fraktionslosen Ratsmitglieder davon schlechterdings nicht ausgeschlossen werden können. Es ist nicht akzeptabel, daß das fraktionslose Ratsmitglied als stummer Zaungast einer Ausschußsitzung beiwohnen muß, in der nicht vom Volk gewählte Mitglieder, unter Umständen sogar mit Stimmrecht ausgestattet [881]), agieren. Es ist daher mit dem Grundsatz des freien Mandats nicht vereinbar, daß Nichtmitglieder des Gemeinderats, evtl. sogar einem nicht einmal

---

[878]) So ausdrücklich für die Wahl zum bayr. Bezirkstag, BayVGH, NVwZ 1990, 1197 (1198).

[879]) Ladeur, BayVBl. 1992, 387 (393).

[880]) Ladeur, BayVBl. 1992, 387 (391).

[881]) Vgl. z.B. § 36 IV S. 3 KV M-V.

in der Gemeinde Wahlberechtigten, besser behandelt werden als fraktionslose Mitglieder des Gemeinderats [882]).

Im Zwischenergebnis ist festzuhalten, daß sich aus dem freien Mandat der Gemeinderatsmitglieder und - kumulativ - mangels Vorliegen von effektivitätsmindernden Umständen in Anlehnung an die Rechtsprechung von BVerfGE 80, 188 ein Anspruch eines fraktionslosen Ratsmitglieds auf mindestens beratende Teilnahme in einem Ratsausschuß ergibt. Dies gilt unabhängig von den Sitzzahlen in den Ausschüssen, weil proportionalitätswahrende Aufstockungen nicht notwendig sind.

5.2 Effektivitätsverlust durch Einräumung eines vollberechtigten Sitzes in einem Ausschuß?

Zu klären bleibt, ob dem Einzelgänger darüber hinaus aus seinem bundesverfassungsrechtlich abgesicherten freien Mandat sogar ein Anspruch entsprechend Art. 38 I S. 2 GG auf einen mit Stimmrecht ausgestatteten Sitz in einem Ausschuß zusteht.

Maßgeblich ist auch insoweit, ob sich aus der Zubilligung eines solchen Rechts Effektivitätsverluste ergeben können oder nicht.

Die Rechtsprechung [883]) hat im Grundsatz zu Recht darauf hingewiesen, daß Ausschüsse ihren Aufgaben nur dann in effektiver, rationeller und sinnvoller Weise gerecht werden können, wenn sie erheblich kleiner sind als der Gesamtgemeinderat. Die Zahl der Ausschußmitglieder läßt sich nicht beliebig erhöhen, ohne daß hierunter die Effektivität der Ausschußarbeit leidet [884]).

Dem Anliegen der Schaffung von möglichst relativ kleinen und leistungsfähigen Ausschüssen könnte jedoch die Zuerkennung eines vollen Ausschußsitzes an einen Einzelgänger deshalb zuwiderlaufen, da sich hieraus möglicherweise eine Proportionalverzerrung ergeben könnte.

Ratsausschüsse müssen als verkleinerte Abbilder des Plenums dessen Zusammensetzung und das darin wirksame politische Meinungs- und Kräftespektrum grundsätzlich widerspiegeln [885]).

Die Zuerkennung eines vollen Ausschußsitzes an einen Einzelgänger könnte es aber notwendig machen, entsprechende Ausgleichsmaßnahmen zugunsten der

---

[882]) Vgl. OVG Lüneburg, NVwZ-RR 1989, 94 (95); Ladeur, BayVBl. 1992, 387 (392).

[883]) Vgl. z.B. VGH Baden-Württ., ESVGH, 28, 7 (12 f.); ähnlich auch BVerwG, NVwZ-RR 1993, 209.

[884]) BVerwG, NVwZ-RR 1993, 209, hatte in dem zu entscheidenden Fall die Festlegung der Ausschußstärke von 1/4 der Zahl des Rats als sachlich gerechtfertigt bewertet.

[885]) BVerwG, NVwZ-RR 1993, 209.

Fraktionen im Ausschuß treffen zu müssen. Soweit sich diese in der Aufstockung der Mitgliederzahl äußern, wird dies zum Anlaß genommen, einen Effektivitätsverlust zu bejahen.

Nach der hier vertretenen Auffassung ist jedoch dem Einzelgänger aus seinem freien Mandat im Ergebnis ein Anspruch auf einen mit Stimmrecht ausgestatteten Sitz in einem Ausschuß zuzuerkennen.

Die Gründe entsprechen im wesentlichen jenen, mit denen auch das Stimmrecht des Einzelgängers in staatlichen Parlamenten bejaht werden kann.

Die Befürchtungen, daß durch die Aufnahme eines fraktionslosen Ratsmitglieds in einen Ausschuß Effektivitätsverluste zu besorgen seien, sind nämlich nicht stichhaltig.

Grundsätzlich ist zunächst festzustellen, daß von einer unverhältnismäßigen Vertretung des fraktionslosen Ratsmitglieds nicht gesprochen werden kann, weil die Position des Minderheitenschutzes durch das Mehrheitsprinzip (Art. 42 II GG) begrenzt wird [886]). Die Mehrheit darf nicht der Obstruktion der Minderheit ausgesetzt werden.

Sofern überhaupt die "Gefahr" besteht, daß der Einzelgänger aufgrund des ihm so zugestandenen Stimmrechts die Mehrheitsverhältnisse des Plenums im Ausschuß verzerrt, kann dem durch Aufstockung der Mehrheitsfraktion um ein Mandat oder einer Neuberechnung der Ausschußgröße begegnet werden. Dabei ist eine solche Maßnahme dort, wo die Mehrheit einen komfortablen Vorsprung hat, noch nicht einmal notwendig.

Wenn doch einmal geboten, kann ein solches Korrektiv, das sich pro Einzelgänger nur auf einen Ausschuß beschränkt, keinesfalls schon als effektivitätsmindernd und als ernsthaftes Problem für den Fortbestand eines funktionierenden Ausschußwesens qualifiziert werden. Insgesamt gesehen wird man - wenn überhaupt - allenfalls relativ geringfügige Reibungsverluste für die Arbeit des betroffenen Ausschusses konstatieren, die es im Ergebnis nicht rechtfertigen, dem Einzelgänger das Stimmrecht vorzuenthalten. Dessen verfassungsrechtlich abgesicherten freien Mandat ist in dem anzustellenden Abwägungsvorgang vielmehr der Vorzug einzuräumen.

Als weitere Ausgleichsmaßnahme zur Verhinderung von Verzerrungen durch das Stimmrecht des Einzelgängers kann - mit Einschränkungen - an die Einführung eines Stichentscheids durch den Ausschußvorsitzenden gedacht werden [887]). Der

---

[886]) Kürschner, S. 143.

[887]) Ladeur, BayVBl. 1992, 387 (391).

Stichentscheid durch den Vorsitzenden kann ein probates Mittel zur Auflösung einer Patt-Situation in Kollegialorganen darstellen [888]).

Zu beachten ist jedoch, daß diese Entscheidungsform in dem hier interessierenden Zusammenhang als Korrektiv grundsätzlich nur in Betracht kommt, wenn verschiedene Ausgangsvoraussetzungen erfüllt sind. Dazu zählt unter anderem, ob der Vorsitzende von der Ratsmehrheit gestellt wird und ob ihm ein Stimmrecht überhaupt zusteht. Auch ist zu bedenken, daß der Stichentscheid durch den Vorsitzenden nur bei offener Abstimmung in Betracht kommt [889]). Dies zeigt, daß der Stichentscheid zur Lösung des Problems nur bedingt tauglich ist bzw. zum Teil weitergehende Anpassungen in den Gemeindeordnungen notwendig machen würde, die es - wenn möglich - zu vermeiden gilt.

Erwähnung finden soll auch die Einführung von Stimmbruchteilen entsprechend den Mehrheitsverhältnissen im Gemeinderat, die grundsätzlich ebenfalls dazu herangezogen werden können, eine verkleinerte Wiedergabe der Mehrheitsverhältnisse des Plenums im Ausschuß darzustellen [890]). Die Einführung von Volksvertretern mit unterschiedlicher Stimmkraft ist im Hinblick auf die Eigenschaften sicherlich mathematisch als gerechte Lösung anzusehen [891]). Sie begegnet jedoch den gleichen Bedenken im Hinblick auf ihre Vereinbarkeit mit den Grundsätzen des freien und gleichen Mandats wie die gänzlich stimmrechtslose Gewährung eines Rechts auf Ausschußmitarbeit. Wie das Stimmrecht des Parlamentsabgeordneten wird auch das Stimmrecht des Gemeinderatsmitglieds vom Grundsatz seines freien und gleichen Mandats umfaßt. Im Bestellungsvorgang der Gemeinderatsmitglieder (Art. 28 I S. 2, 38 I S. 1 GG) liegt der Grund für die Gleichheit für deren Stimmen im Gemeinderat selbst [892]).

Die Einführung eines unterschiedlichen Stimmgewichts der Abgeordneten im Plenum, also eines "Bruchteilsabgeordneten", würde gegen den Grundsatz der formalisierten Gleichbehandlung verstoßen [893]), eine Wertung, die es zuläßt, beim Zählwert der Stimmen zu differenzieren, ist nach hier vertretener Auffassung auf Parlamentsebene als unzulässig anzusehen [894]). Es spricht nichts dagegen, diese Grundsätze auch auf Gemeinderatsmitglieder zu übertragen, so daß damit auch

---

[888]) Dagtoglou, S. 145, bezeichnet dieses Prinzip als die "vielleicht älteste Regelung dieser Frage".

[889]) Dagtoglou, S. 148.

[890]) Vgl. Ladeur, BayVBl. 1992, 387 (391).

[891]) Konzak, ZParl 1993, 596 (600), bezeichnet dies als die mathematisch "ideale Lösung".

[892]) Vgl. Konzak, ZParl 1993, 596 (601), für den Abgeordneten.

[893]) Vgl. Hess. StGH, NJW 1977, 2065 (2068), zum Fall eines "ruhenden Mandats".

[894]) Vgl. Konzak, ZParl 1993, 596 (601 f., m.w.N.); anders wohl BVerfGE 80, 188.

deren Schutz in den Ausschüssen umfaßt ist. Die Einrichtung eines "Bruchteilsitzes" im Ausschuß zugunsten eines Einzelgängers ist daher grundsätzlich nicht möglich. Immerhin ist festzustellen, daß sie jedenfalls in verfassungsrechtlicher Hinsicht eher hinzunehmen wäre als dessen gänzliche Nichtberücksichtigung im Ausschuß [895]).

Der fraktionslose Ratsvertreter hat also einen Anspruch auf Zuteilung eines vollen Ausschußsitzes (nur) in einem Gemeinderatsausschuß [896]). Mit diesem Anspruch korrespondiert die Pflicht des Gemeinderats, genügend Ausschußplätze einzurichten [897]).

## 6. Der konkrete Anspruch von Minderheitenfraktionen im Gemeinderat auf grundsätzlich vollberechtigte Mitarbeit in allen Ausschüssen

### 6.1 Unterschiedliche Ausgangspunkte im Vergleich zur Situation des einzelnen Gemeinderatsmitglieds

Oben [898]) wurde bereits erörtert, daß alle Fraktionen in staatlichen Parlamenten im Grundsatz einen verfassungsrechtlich abgesicherten Anspruch auf Erhalt mindestens eines vollen Ausschußsitzes, also eines entsprechenden Grundmandats in jedem Ausschuß, haben [899]). Das Verfassungsgebot der proportionalen Zusammensetzung der Ausschüsse ergibt unter grundsätzlich zwingender Berücksichtigung der Grundsätze des Minderheitenschutzes für jede Fraktion die Möglichkeit, mit mindestens einem Sitz in jedem Ausschuß berücksichtigt zu werden. Dieses Prinzip wird durch § 12 GOBT bezüglich der Ausschüsse und durch § 55 III GOBT für die Unterausschüsse gewahrt [900]).

Nach der hier vertretenen Auffassung haben Minderheitenfraktionen im Gemeinderat im Grundsatz einen bundesverfassungsrechtlichen Anspruch auf Zuteilung eines vollen Grundmandats in allen Gemeinderatsausschüssen, so daß diese Position der Ratsfraktion der von Fraktionen in staatlichen Parlamenten gleichzustellen ist.

---

[895]) So auch Ladeur, BayVBl. 1992, 387 (391).

[896]) Ebenso z.B. Tettinger, S. 58 Rdnr. 91.

[897]) Es ist also somit im Geltungsbereich der ThürKO im Ergebnis nicht möglich, daß die Gemeinderäte unter Umgehung von § 27 I S. 4 zu niedrige Zahlen festsetzen, vgl. die Ausführungen oben zu II. 5.1, S. 71 f.; eindeutiger § 51 III S. 2 NGO.

[898]) Siehe die Ausführungen zu I. 2.3.4.4, S. 20 f.

[899]) Vgl. BayVerfGH, NJW 1989, 1918 (1919).

[900]) Vgl. Sondervotum Mahrenholz, BVerfGE 70, 324 (370). Dieses Prinzip hat in Brandenburg, vgl. Art. 70 II S. 2 BbgVf., sogar Verfassungsrang erfahren.

Es ist jedoch im Einzelfall insbesondere anhand der konkreten Mehrheitsverhältnisse im Rat und unter Berücksichtigung des Proportionalitätsgebots zu prüfen, ob das zu beachtende Gegenrechtsgut der Effektivität der Rats- und der Ausschußarbeit diesen Anspruch nicht ausnahmsweise untergehen läßt.

Es ist von vornherein darauf hinzuweisen, daß die Umsetzung dieses Anspruchs naturgemäß auf weitaus größere praktische Schwierigkeiten stößt als beim Einzelgänger.

Während dessen Anspruch auf Erhalt eines (vollen) Sitzes in einem Ausschuß kaum praktische Probleme bereitet, kann sich das hier anders darstellen, weil ein Anspruch in jedem Ausschuß in Frage steht. Im Gegensatz zu der nur punktuellen und damit relativ leicht beherrschbaren Veränderung zugunsten des Einzelgängers steht daher hier eine Beeinflussung auf das gesamte Ausschußsystem in Frage, die sich effektivitätsmindernd auswirken könnte, weil sie unter Umständen auch eine weitergehende Erhöhung der Ausschußzahlen zur Folge haben kann.

Darüber hinaus werden durch die Zuerkennung eines solchen Anspruchs auch Fragen zur Fraktionsmindeststärke berührt [901]).

Außerdem sind praktische Probleme bezüglich der Ermessensbegrenzung und -kontrolle des Rats bei der Festlegung der Mitgliedszahlen zu bewältigen, was auch damit zusammenhängt, daß es eine allgemeingültige Regel zur Relation von Mitgliedszahlen in Ausschüssen im Verhältnis zum Rat nicht gibt.

Die tragenden Gründe für die Bejahung des Anspruchs im Grundsätzlichen entsprechen den Argumenten, die auch für die Vollbeteiligung des einzelnen fraktionslosen Ratsmitglieds an der Ausschußarbeit streiten.

Wie auch von der Rechtsprechung [902]) festgestellt, überträgt Art. 28 I S. 2 GG die in Art. 20 I, II GG getroffene Grundentscheidung für die Prinzipien der Demokratie und der Volkssouveränität auf die Ebene der Gemeinden. Die Gemeindebürger werden durch den Gemeinderat als Volksvertretung repräsentiert.

Der ganzen Volksvertretung, das heißt der Gesamtheit ihrer gewählten Mitglieder, obliegt die Repräsentation, so daß hier - identisch der Situation in staatlichen Parlamenten - alle Mitglieder grundsätzlich gleiche Mitwirkungsrechte haben. Entsprechendes gilt für die Ratsfraktionen als Zusammenschlüsse politisch gleichgesinnter Mitglieder der Volksvertretung. Der Grundsatz der Beteiligung aller ist also umfassend.

Ebenso wie auf der Ebene der staatlichen Parlamente gilt auch für Ratsfraktionen, daß sie die Ausschußarbeit vorbereiten und verarbeiten. Das haben die

---

[901]) Vgl. Schröder, S. 425, der die Festsetzung der Mindeststärke auf zwei Ratsmitglieder stark kritisiert.

[902]) BVerwG, NVwZ-RR 1993, 209.

aufgezeigten politischen und sachlichen Ähnlichkeiten der Situation auf Kommunalebene deutlich gezeigt.

Auch in kommunalen Vertretungen bilden die Fraktionen das eigentliche Scharnier, das die Repräsentativfunktion der Ratsvertreter mit der parteienstaatlich bestimmten sachlichen Arbeit des Gemeinderats verbindet [903]). Diese für den staatlichen Parlamentsbetrieb prägende Feststellung kann zwar im Falle von sehr kleinen Fraktionen im kommunalen Bereich nicht uneingeschränkt und in jederlei Hinsicht übernommen werden, sie gilt hier jedenfalls für größere Fraktionen.

Bei kleinen Fraktionen und insbesondere solchen mit nur zwei Mitgliedern kann durchaus die Frage gestellt werden, ob hier eine effiziente politische und fachliche Vorbereitung der Ratsarbeit geleistet werden kann [904]). Die ablehnende Haltung der Verwaltungsrechtsprechung zur Zulassung von Minderheitenfraktionen in Ausschüsse bedeutet nichts anderes als eine praktische Folge daraus, daß das Zweier-Quorum zur Bildung einer Ratsfraktion eine relativ tief angesetzte Meßlatte darstellt [905]). So wird man auch der sog. Ein-Mann-Fraktion nach § 36 a I S. 4 HGO ein solches Recht nur schwerlich zugestehen können, weil dies systemsprengend wirken würde.

Weiter würde es eine offensichtliche Überforderung darstellen, daß ein einzelnes Ratsmitglied mit Fraktionsstatus in allen Ausschüssen vernünftig mitarbeiten soll, diese Bedenken gelten grundsätzlich auch für eine 2-er Fraktion [906]). Dabei ist zu bedenken, daß Gemeinderatsmitglieder nur ehrenamtlich tätig sind, ihre Heranziehung soll sich auf das sachlich und zeitlich Notwendige und Zumutbare beschränken [907]). Gleichwohl ist der hier vertretene Vorschlag grundsätzlich mit

---

[903]) Ott, S. 223 f. (m.w.N.).

[904]) Schröder, S. 425; ebenfalls zweifelnd, ob bei einer Mindeststärke von nur zwei Mitgliedern dem Bedürfnis nach Straffung und Konzentration der Arbeit Genüge getan werden kann, v. Mutius, JuS 1978, 537 (542); anders Ladeur, BayVBl. 1992, 387 (391), der in Frage stellt, ob auf Kommunalebene überhaupt ein Bedürfnis zur Vorklärung politischer Positionen besteht.

[905]) Daraus erklärt sich auch die Äußerung der Gerichte, daß jedenfalls "ansehnlich große Fraktionen und Gruppen" von einer Vertretung in den Ausschüssen nicht ausgenommen werden dürfen, vgl. z.B. OVG Hamburg, DVBl. 1986, 242 (247).

[906]) Kommunalvertreter klagen über die großen Belastungen, die ihr Mandat mit sich bringt, vgl. etwa den Bericht in FOCUS 22/1995, S. 82 (siehe oben FN 707, S. 122); jedes Ratsmitglied der Stadt Münster hat 1983 52,1 kg Sitzungsunterlagen erhalten, so Hofmann/Muth/Theisen, S. 344 (FN 159), unter Bezug auf einen Artikel in der Münsterischen Zeitung vom 27.1.1984.

[907]) Vgl. Kunze/Bronner/Katz, BW-GO, Kommentar, 4. Aufl., 9. Lief. Dez. 1995, § 15 Rdnr. 2; differenzierend VGH Baden-Württ., NVwZ-RR 1989, 91 (92), der das Rücksichtnahmegebot grundsätzlich anerkennt, jedoch zusätzliche Ratssitzungen mit damit

dem Ehrenamtsprinzip zu vereinbaren, weil es einer flexiblen Handhabung des Einzelfalles überlassen werden kann, ob und gegebenenfalls in welchem Umfang Minderheitenfraktionen von ihrem Recht auf Zuteilung von Ausschußsitzen Gebrauch machen. Es ist ihnen unbenommen, bei der Ausschußarbeit Schwerpunkte zu setzen, und bei der Ausschußbildung auf die Mitgliedschaft in weniger wichtigen Ausschüssen gegebenenfalls zu verzichten. Eine Minderheit ist jedenfalls nicht verpflichtet, ihr zustehende Rechte geltend zu machen.

Es ist somit im Grundsatz festzustellen, daß auch auf der Kommunalebene Fraktionen als notwendige Einrichtungen des "Verfassungslebens" anerkannt sind, ihre aus Art. 20 I, II, 21 GG herzuleitende Anerkennung setzt sich über Art. 28 I S. 2 GG auf der kommunalen Ebene fort [908]). Auch soweit der Gesetzgeber die Mindeststärke auf zwei Mitglieder festgesetzt hat, ist dies grundsätzlich zu respektieren, so daß der Gleichheitssatz auch für diese gilt. Im Falle von tatsächlich zu besorgenden Effektivitätsverlusten infolge ihrer Berücksichtigung - die nur pauschale Gefahr reicht nicht - kann dies freilich dazu führen, daß diese Fraktionen Abstriche machen müssen.

Auch der fraktionsangehörige Ratsvertreter einer kleinen Fraktion hat folgerichtig im Grundsatz ein Recht darauf, daß die Ausschußvorlagen, über die der Rat abstimmt bzw. über die selbständig entschieden wird, unter Mitwirkung von Vertretern seiner Fraktion erarbeitet werden. Hierdurch ist gewährleistet, daß fraktionsgebundene Ratsvertreter ihre politischen Vorstellungen über ausschußangehörige Fraktionskollegen auch in den Ausschüssen vorbringen lassen können, denen sie selbst nicht angehören bzw. denen sie infolgedessen auch nicht angehören müssen.

Durch diese Gedanken wird verdeutlicht, daß es - im Gegensatz zu der gebotenen Mitarbeit des fraktionslosen Mitglieds in nur einem Ausschuß - notwendig ist, daß eine Fraktion grundsätzlich in allen Ausschüssen vertreten ist. Dieses Bedürfnis wird um so handgreiflicher, wenn gar die Minderheitenfraktion mehr als nur zwei Mitglieder aufweisen sollte [909]).

Es ist somit mit dem verfassungsrechtlichen Anspruch der Fraktionen grundsätzlich nicht vereinbar, daß ihnen der Zugang zur Ausschußarbeit mit dem pauschalen Hinweis auf die angebliche Nichtvergleichbarkeit des Gemeinderats mit den staatlichen Parlamenten verweigert wird. Ebenso wie Fraktionen in staatlichen Parlamenten brauchen sich kleine Ratsfraktionen auch nicht ohne weiteres mit dem Hinweis bescheiden zu lassen, daß ihnen nach dem Proportionalitätsprinzip anhand der von der Ratsmehrheit oftmals relativ tief an-

---

verbundenen Mehrbelastungen als notwendig zuläßt, wenn dies geboten ist, dem Informationsrecht auch nur eines einzelnen Ratsmitglieds Rechnung zu tragen.

[908]) Schmidt-Jortzig, Kommunalrecht, S. 44 Rdnr. 76, für eine Herleitung unmittelbar aus Art. 21 I GG.

[909]) So z.B. in dem vom OVG des Saarlandes, NVwZ 1992, 289, entschiedenen Fall, wo den von der Ausschußarbeit ausgeschlossenen Fraktionen jeweils drei Mitglieder angehörten.

gesetzten Ausschußstärke rechnerisch keine Sitze in Ausschüssen zustehen, so daß sie das Nachsehen haben sollen [910]).

6.2 Wahrung des Prinzips des verkleinerten Abbilds - Effektivitätsverluste für die Ausschußarbeit durch Aufstockung der Mitgliederzahlen?

Es ist zu prüfen, ob die volle Zulassung von Fraktionen zu den Ausschüssen tatsächlich zu Effektivitätsverlusten führt oder nicht.

Bei der Festsetzung der Mitgliederzahlen der Ausschüsse zu Beginn der Wahlperiode bzw. auch unter Umständen während dieser verfügen die Gemeinderäte über einen weiten Ermessensspielraum, der nur in relativ wenigen Gemeindeordnungen zum Teil normativ etwas beschränkt ist [911]). Dabei sind eine Reihe von Gesichtspunkten gegeneinander abzuwägen.

So kann sich z.B. die Arbeitsbelastung der verschiedenen Ausschüsse unterschiedlich entwickeln, je nachdem, welche Sachbereiche die Gemeinde zu einer bestimmten Zeit vorrangig beschäftigen. Die Ausschußstärken können daher auch untereinander differieren. Von Bedeutung ist unter anderem auch, wieviele Fraktionen überhaupt vorhanden sind, welche Größe sie haben und welches "Qualifikationsprofil" die Ratsmitglieder mitbringen etc. Auf diese vielfachen Unwägbarkeiten muß der Gemeinderat flexibel reagieren können.

Dieses weite Ermessen zugunsten der Gemeinderäte bei der Festsetzung der Ausschußgrößen bedeutet jedoch nicht, daß diese die Mitgliederzahlen nach freiem Belieben festsetzen könnten. Die Ermächtigung unterliegt vielmehr der allgemeinen rechtsstaatlichen Schranke, daß von ihr entsprechend dem Normzweck Gebrauch zu machen ist und der durch höherrangiges Recht gezogene Rahmen zu beachten ist [912]). Der aufgezeigte Beteiligungsanspruch der Ratsfraktionen stellt einen solchen durch höherrangiges Recht gesetzten Rahmen dar, der - wie schon erwähnt - seinerseits durch das Rechtsgut der Effektivität der Ausschußarbeit begrenzt wird.

Allgemeine Grenzen bei der Ausschußgröße gibt es bezüglich des Minimums wie des Maximums der Mitgliederzahl.

---

[910]) Der Verdacht, daß es sich bei der Festlegung von niedrigen Ausschußzahlen durch die Ratsmehrheit oftmals um politisch motivierte Ausgrenzungsmanöver zu Lasten von unliebsamen Minderheiten handeln dürfte, liegt nahe, vgl. z.B. den Fall von BayVGH, BayVBl. 1993, 180 (182); zur staatlichen Parlamentspraxis vgl. Röper, ZParl 1994, 5 (7 ff.).

[911]) Bremer, S. 91; vgl. z.B. § 40 I S. 1 BW-GO, wonach jedem beschließenden Ausschuß neben dem Bürgermeister als Vorsitzenden mindestens vier Ratsmitglieder angehören müssen; ansonsten billigen die Gemeindeordnungen ausdrücklich ein weites Ermessen zu, vgl. z.B. § 40 II GO-RP, bzw. setzen dieses stillschweigend voraus, vgl. z.B. Art. 33 BayGO; eine Grenze nach oben sieht § 26 I S. 1 u. 3 ThürKO vor, wonach für den Hauptausschuß eine Limitierung "bis zu sechs weiteren Mitgliedern" besteht.

[912]) So auch VGH Baden-Württ., NVwZ-RR 1993, 657 (658).

Aus dem Begriff des Kollegiums ergibt sich zumindest mittelbar, daß die Untergrenze bei drei Mitgliedern zu ziehen ist, da andernfalls der Kollegialcharakter des Ausschusses aufgegeben würde [913]).

Die für das vorliegende Problem besonders bedeutsame Festlegung der Obergrenze der Zahl der Ausschußmitglieder ergibt sich ebenfalls aus dem Charakter des Ausschusses als "Untergremium", dessen Mitgliederzahl kleiner als die des den Ausschuß bildenden Kollegiums sein muß; sie kann daher niemals so hoch wie dessen Mitgliederzahl sein [914]). Das bedeutet, daß es mit abnehmender Anzahl der Plenumsmitglieder zwangsläufig auch zu kleineren Ausschüssen kommen muß, so daß schon rein rechnerisch die Möglichkeit des Ausschlusses kleiner Gruppen bei kleinen Gemeinderäten größer ist als bei großen [915]). Mit abnehmender Gemeinderatsgröße wächst dann gleichzeitig auch die Gefahr des Effektivitätsverlusts in Folge von Aufstockung.

Umgekehrt ist festzustellen, daß auch eine zu gering gewählte Ausschußstärke - auch deutlich über dem absoluten Minimum von drei Mitgliedern - die Gefahr von Effektivitätsverlusten in sich bergen kann [916]).

Es kann weiter davon ausgegangen werden, daß mit zunehmender Ratsgröße eine zunehmende Ermessensbeschränkung des Rats bei der Festlegung der Mitgliederzahl mit Anspruch auf Berücksichtigung aller Fraktionen mit mindestens einem Sitz in allen Ausschüssen festzustellen ist. Die Gefahr des Effektivitätsverlusts schwindet dann.

Das Ermessen des Gemeinderats bei der Festlegung der Ausschußstärken als Ausfluß der nach Art. 28 II S. 1 GG verfassungsrechtlich garantierten Organisationsautonomie der Gemeinden soll auch nach der hier vertretenen Auffassung nicht gravierenden Reglementierungen unterworfen werden. Es ist jedoch aufgrund der aufgezeigten weitergehenden Parlamentsähnlichkeit des Mandats der Gemeinderatsmitglieder und der sich daraus ergebenden Anspruchsposition der Ratsfraktionen aus Bundesverfassungsrecht weitergehend zu

---

[913]) Bremer, S. 91.

[914]) Bremer, ebd.

[915]) Vgl. Masson-Samper, BayGO-Kommentar, 58. Erg.-Lief., Sept. 1992, Art. 32 Rdnr. 2, auch mit Hinweis auf die früher in Bayern (bis zum 1.1.1983) geltende Regelung, wonach beschließende Ausschüsse deshalb nur in Gemeinden mit mehr als 3000 Einwohnern (ab einer Ratsgröße von 16 Mitgliedern, vgl. Art. 31 II BayGO) eingerichtet werden durften. Es könne jedoch nach wie vor einem "Gebot demokratischer Fairneß" entsprechen, zum Schutz kleiner Gruppen von der Ausschußbildung in sehr kleinen Gemeinderäten abzusehen.

[916]) Bezeichnend daher auch die Änderung der BrhvVerf., nach deren § 34 IV S. 1 (a.F.) ein konkreter Rahmen (drei bis neun Ausschußmitglieder) vorgegeben war, hingegen die Nachfolgefassung der Stadtverordnetenversammlung (48 Verordnete) vorschreibt, Ausschüsse aus "mindestens zehn" Mitgliedern zu bilden.

begrenzen und damit auch weitergehend überprüfbar, als dies von der Verwaltungsrechtsprechung gemeinhin praktiziert wird.

Die von Art. 28 II S. 1 GG den Gemeinden verliehene Organisationsbefugnis hat dabei gegenüber dem Gebot der Einhaltung des Grundsatzes der repräsentativen Demokratie grundsätzlich zurückzutreten, weil dieses höherrangig einzustufen ist. Es ist allgemein anerkannt, daß auch zwischen Verfassungsrechtsprinzipen bzw. -gütern eine Normenhierarchie bestehen kann, was sich nicht zuletzt aus Art. 79 III GG ergibt [917]). Der Grundsatz der repräsentativen Demokratie ist dabei als ein maßgeblich beherrschendes Organisationsprinzip für die Innehabung und Ausübung aller Staatsgewalt einzustufen. Art. 28 II S. 1 GG garantiert den Gemeinden die Einrichtung einer kommunalen Selbstverwaltung. Der Sinngehalt von Art. 28 II GG als einer Norm des Staatsorganisationsrechts bzw. als einer reinen Gewährleistungsnorm [918]) wird unter anderem durch Art. 20 II, 28 I S. 2 GG geprägt, die eine Demokratisierung der kommunalen Selbstverwaltung als deren essentielles Merkmal vorsehen. Mithin wird auch der von Art. 28 II S. 1 GG gebotene Kernbereichsschutz bei der Organisationshoheit entsprechend beeinflußt.

Was die gerichtliche Überprüfung des Ermessens des Gemeinderats bei der Festlegung von Ausschußgrößen anbelangt, ist festzustellen, daß sich die Verwaltungsrechtsprechung bei der Beantwortung dieser wichtigen Frage vornehmlich damit begnügt, die vom Rat im Einzelfall festgesetzte Ausschußgröße im Verhältnis zur Größe des Plenums darzustellen, ohne jedoch eine Bewertung und Überprüfung vorzunehmen [919]). Damit ist jedoch zugleich auch die Crux des Problems umrissen: Es gibt kaum allgemeine und objektiv nachvollziehbare Maßstäbe dafür, wann von einem "gesunden Verhältnis" beider Größen zueinander ausgegangen werden kann und wann nicht mehr, mit anderen Worten, es ist relativ unbestimmt bzw. unbestimmbar, ab welcher Ausschußgröße von einer Effektivitätsminderung in einem beachtlichen Ausmaß [920]) auszugehen ist, wann sozusagen das Verhältnis "umkippt".

Diese Festlegung kann auch von vornherein, etwa durch den Gesetzgeber, nur sehr schwer und grundsätzlich nicht einheitlich getroffen werden, weil sich aufgrund der angedeuteten Umstände die Notwendigkeit verschiedener Aus-

---

[917]) Vgl. z.B. Stern, Staatsrecht I, S. 113, § 4 II 1; BVerfGE 1, 14 (32).

[918]) Stern, Staatsrecht I, S. 120, § 4 II 3 g.

[919]) BVerwG, NVwZ-RR 1993, 209: Ausschußstärke von etwa 1/4 der Zahl des Rats ist gerechtfertigt; VGH Baden-Württ., NVwZ-RR 1993, 657 (658): etwa 1/3; OVG Rheinland-Pfalz, Urt. v. 03. Nov. 1981 (Az.: 10 C 12/81): Bei einem 23köpfigen Rat ist eine Ausschußstärke von 5 Mitgliedern nicht ermessensfehlerhaft. Hölzl-Hien, BayGO-Kommentar, 20. Erg.-Lief. März 1993, Art. 33 Anm. 1, bilden ein Beispiel, wonach es bei einem 16köpfigen Rat möglich ist, Ausschüsse mit 8 Mitgliedern und einem Vorsitzenden zu bilden.

[920]) Die Arbeitsfähigkeit ist jedenfalls nicht schon dann beeinträchtigt, wenn lediglich Gründe der Arbeitsökonomie für ein kleineres Gremium sprechen, vgl. BayVerfGH, NJW 1989, 1918.

schußstärken ergeben kann. Die Möglichkeit des Gemeinderats, hierauf flexibel reagieren zu können, darf ihm keineswegs genommen werden.

Eine Einschränkung über Gebühr liegt jedoch nicht vor, wenn zugunsten der Minderheitenfraktionen dem Gemeinderat ein Gebot zur Ausschöpfung einer grundsätzlichen Höchstgrenze gesetzt wird, unter der er mit der Folge der Nichtberücksichtigung von Minderheitenfraktionen nur bleiben darf, wenn er dies besonders rechtfertigt.

6.3 Vorschlag einer Drittelregelung bei der Bestimmung der Ausschußstärken

Nach der hier vorgeschlagenen Lösung hat die Ausschußbildung im Ergebnis so zu erfolgen, daß der Gemeinderat bei der Festlegung der Ausschußstärken unter entsprechender Ermessensbegrenzung verpflichtet ist, grundsätzlich 1/3 der Mitgliedzahl des Plenums vorzusehen. Diese Größe ist auch von der Rechtsprechung grundsätzlich als zulässig anerkannt worden [921]).

Aufgrund dieser Vorgabe sind dann die Ausschüsse nach dem Verhältnismäßigkeitsprinzip zu bilden. Sofern Minderheitenfraktionen hierbei rechnerisch zum Zuge kommen, erhalten sie jeweils einen vollberechtigten Sitz, so daß die Ausschußbildung so erfolgen kann.

Wenn allerdings auch diese Drittelregelung nach Anwendung eines Proportionalverfahrens [922]) der Minderheitenfraktion nicht zum Einzug in die Ausschüsse verhelfen kann, muß der Anspruch der Minderheit zurücktreten. Wegen des Überschreitens des Drittels der Zahl des Plenums mit vollberechtigten Ausschußmitgliedern ist in diesem Fall zu unterstellen, daß sich Effektivitätsverluste für die Ausschußarbeit einstellen könnten.

Zwar wäre auch bei dem Überschreiten dieser Grenze der Eintritt eines Effektivitätsverlusts nicht automatisch vorgegeben. Es ist keineswegs zwingend, daß beispielsweise bei einem Rat mit 27 Mitgliedern ein Ausschuß, etwa mit 12 oder 13 Mitgliedern, nicht auch die gleiche effektive Arbeit soll leisten können wie ein 9er Ausschuß. Dennoch muß aus Gründen der Rechtssicherheit und der Praktikabilität eine Grenzziehung letztlich erfolgen.

Auch wenn sich schwierige praktische Probleme für die Umsetzung dieser Lösung ergeben, so z.B., wenn der Gemeinderat - gerichtsüberprüfbar - besondere triftige Gründe hat, eine Reduzierung einer Ausschußstärke unter einem Drittel der Zahl der Ratsmitglieder vorzusehen, kann dies im Ergebnis eine

---

[921]) VGH Baden-Württ., NVwZ-RR 1993, 657 (658).

[922]) Wegen der Benachteiligung von kleinen Fraktionen durch das Verfahren nach d'Hondt und zur weitergehenden Verbesserung von deren Situation sollte außerdem ernsthaft in Erwägung gezogen werden, dieses Verfahren gesetzlich zwingend abzuschaffen und durch andere Verfahren, etwa Hare-Niemeyer, zu ersetzen; keine verfassungsrechtliche Rechtfertigung mehr für das d'Hondtsche Verfahren wegen Verstoßes gegen den Grundsatz der Fraktionsgleichheit konstatiert Konzak, ZParl 1993, 596 (612, m.w.N.).

vollberechtigte Zulassung der Minderheitenfraktionen in diesem Ausschuß ausschließen [923]).

In allen Fällen, in denen Minderheitenfraktionen nach der Drittelregelung bzw. infolge einer ausnahmsweise und zulässigerweise festgelegten kleineren Ausschußstärke nicht zum Zuge kommen, verbleibt es jedoch auf jeden Fall bei einem Grundmandatsanspruch auf beratende Teilnahme in allen Ausschüssen, der den Minderheitenfraktionen von Verfassungs wegen nicht genommen werden kann.

In diesen Fällen gebietet der verfassungsrechtliche Grundsatz der Fraktionsgleichheit, daß allen Fraktionen jedenfalls die Möglichkeit auf beratende Teilnahme zu gewährleisten ist [924]). Die Wahrung der Mehrheitsverhältnisse des Plenums und die gleichzeitige Gewährleistung einer effektiven Arbeitserledigung in den betroffenen Ausschüssen ist hierdurch gewährleistet, weil mehrheitssichernde Aufstockungen der Ausschußzahlen nicht notwendig sind. Hierbei handelt es sich keineswegs um eine uneffektive "halbe Lösung" [925]), sondern um einen im Rahmen des Machbaren zu treffenden Kompromiß im Sinne eines "Immer noch besser als nichts", dessen Eingehung die Prinzipien der repräsentativen Demokratie und des Minderheitenschutzes letztlich mindestens gebieten [926]).

Es ist schließlich noch zu vermerken, daß es im Falle der rechnerischen Nichtberücksichtigung von Minderheitenfraktionen nach dem Proportionalprinzip trotz Anwendung der vorgeschlagenen Drittelregelung selbstverständlich im weiteren Ermessen des Gemeinderats verbleibt, auch kleinere Ausschußstärken festzulegen. Den Minderheitenfraktionen verbleibt auf jeden Fall der Grundmandatsanspruch auf beratende Teilnahme.

---

[923]) Hierbei muß es sich um restriktiv zu behandelnde Ausnahmefälle handeln, "Effektivität" als Grund scheidet aus. So erscheint es z.B. durchaus denkbar, daß Belange des Geheimschutzes auch auf Gemeindeebene ausschußverkleinernde Wirkungen entfalten können.

[924]) In Kleinstgemeinden mit ganz geringen Ratsstärken, vgl. z.B. § 29 II GO-RP (denkbar ist hier die Bildung von Räten mit nur sechs Mitgliedern), ist von einer Ausschußbildung ohnehin im Grundsatz abzusehen, weil sie schlichtweg keinen Sinn mehr macht. Das hier vorgeschlagene Modell kann daher in der Praxis nicht in Konflikt mit der allgemeinen Regel geraten, wonach Ausschüsse nicht die Stärke des Plenums erreichen dürfen.

[925]) So Masson-Samper, BayGO-Kommentar, 61. Erg.-Lief., Nov. 1994, Art. 33 Rdnr. 2; ähnlich wie hier z.B. Gramlich, BayVBl. 1987, 43 (45) und OVG Hamburg, DVBl. 1986, 242 (247).

[926]) So auch Scholtis, S. 313 f., der jedoch die Aufstockung nur um einen Sitz "gerade noch" mit dem Erfordernis des Erhalts der Funktionsfähigkeit im Einklang sieht. Das erscheint inkonsequent, weil im Falle des Vorhandenseins von mehr als nur einer Minderheitenfraktion wohl wiederum keiner Fraktion etwas zugestanden werden soll.

Auch die Möglichkeit zur interfraktionellen Einigung im Gemeinderat zugunsten von Minderheitenfraktionen besteht nach wie vor, so daß diese durchaus auch in kleineren Ausschüssen vollberechtigt vertreten sein können [927]). Hiervon wird in der Praxis ohnehin nicht selten Gebrauch gemacht, jedoch besteht nach Gemeinderecht eben kein Anspruch. Diesen sich aus Bundesverfassungsrecht ergebenden Anspruch sucht jedoch die vorliegende Lösung - unter Abwägung gegen das Rechtsgut des Erhalts der Effektivität der Ausschußarbeit - soweit wie möglich zu sichern.

Wie sich die vorgeschlagene Lösung in der Praxis auswirkt, soll nachfolgend kurz beispielhaft dargestellt werden.

In einem vom OVG des Saarlandes zu entscheidenden Fall [928]) lag der Sachverhalt so, daß im aus 51 Mitgliedern bestehenden Rat 31 Vertreter von der Mehrheitsfraktion und 14 von der zweitstärksten Fraktion gestellt wurden. Zwei Minderheitenfraktionen stellten je drei Ratsmitglieder.

In den nach dem d'Hondtschen Verfahren besetzten Ausschüssen, deren Stärke der Rat durchweg auf 13 Mitglieder festgesetzt hatte, gingen beide Minderheitenfraktionen leer aus. Lediglich dem für sie "glücklichen Umstand", daß das saarländische Kommunalrecht "zufälligerweise" eine Grundmandatsregelung aufweist, waren sie wenigstens mit beratender Stimme vertreten [929]).

Die Verteilung nach dem d'Hondtschen Verfahren ergibt, daß schon eine Aufstockung der 13er Ausschüsse jeweils auf 15 Mitglieder ausreichend gewesen wäre, den Minderheitenfraktionen jeweils einen vollberechtigten Ausschußsitz zu verschaffen. Die Ausschöpfung der Drittelregelung war also noch nicht einmal notwendig. Jedenfalls kann sich daraus grundsätzlich kein gravierender Effektivitätsverlust für die Ausschußarbeit ergeben [930]). Nach dem zu bevorzugenden Verfahren nach Hare-Niemeyer hätte die Anwendung der Drittelregelung mit Festlegung von 17er Ausschüssen sogar den Einzug in die Ausschüsse gesichert, wenn die Minderheitenfraktionen nur zwei Mitglieder umfasst hätten.

Noch krasser erscheint ein Fall, den das OVG Rheinland-Pfalz [931]) zu entscheiden hatte.

---

[927]) Vgl. Jacoby, S. 186 ff.

[928]) NVwZ 1992, 289.

[929]) § 48 III S. 1 Saar-KSVG. In den Bundesländern, wo keine Grundmandatsregelung besteht, gibt es also nach Auffassung der Rechtsprechung noch nicht einmal einen Rechtsanspruch darauf.

[930]) BVerwG, NVwZ-RR 1993, 209, als Revisionsinstanz in dieser Sache, begnügt sich in der Begründung letztlich mit der pauschalen Feststellung, die Festlegung einer Ausschußstärke etwa von einem Viertel der Zahl der Ratsmitglieder sei sachlich gerechtfertigt.

[931]) Urt. v. 03. Nov. 1981 (Az.: 10 C 12/81).

In einem 23köpfigen Rat mit zwei Fraktionen und einer Freien Wählergruppe verfügten die Fraktionen über 15 bzw. 5 Mitglieder, die Gruppe über 3 Mitglieder. Der Rat setzte die Ausschußstärken im Haupt- und Finanzausschuß auf 5 Mitglieder fest, wodurch die Gruppe ausfiel. Schon die Festsetzung von 6 Mitgliedern hätte ihr den Einzug in die Ausschüsse erbracht.

Das OVG hat den Antrag der Gruppe abgewiesen, weil die mit 5 Mitgliedern festgesetzte Stärke nicht ermessensfehlerhaft und somit nicht zu beanstanden sei. Zur Begründung hat es unter anderem einen Vergleich zur Mindestregelung in § 40 I S. 1 BW-GO [932]) gezogen, was verfehlt ist. Eine solche vom Gesetzgeber vorgegebene Mindestregelung dient vor allem der Sicherung der Arbeitseffektivität der Ausschüsse vor zu tief angesetzten Ausschußstärken, also gewissermaßen der "Sicherung der Effektivität nach unten". Wenngleich hierbei der Gesetzgeber sicherlich auch Minderheitenbelange im Auge hatte, kann diese Größe nicht schematisch und nur deswegen als Rechtfertigung auch für "Limitierungen nach oben" herangezogen werden, weil die Zahl "5" in beiden Vergleichsfällen zufälligerweise die Gleiche ist.

Das geht schon deswegen nicht, weil diese Beurteilung die Gemeinderatsgröße in Form eines weiteren statischen Bezugspunkts erfordern würde, den es jedoch in der Form gerade nicht gibt [933]). Es muß vielmehr die im Einzelfall vorliegende Ratsgröße, die variabel ist, als Maßstab herangezogen werden [934]).

Richtig ist es, daß dem verfassungsrechtlichen Anspruch der Freien Wählergruppe auf Mitarbeit in den Ausschüssen unter entsprechender Ermessensbegrenzung durch geringfügige Aufstockung der Ausschußstärke Geltung zu verschaffen ist, weil hierdurch eine Effektivitätseinbuße nicht zu besorgen ist.

7. Konsequenzen der aufgezeigten Lösungsansätze für das geltende Gemeindeverfassungsrecht

Das geltende Gemeindeverfassungsrecht in den Bundesländern trägt der aufgezeigten bundesverfassungsrechtlichen Situation weitgehend nicht Rechnung.

Bezüglich des festgestellten Anspruchs des einzelnen fraktionslosen Ratsmitglieds auf Erhalt eines vollberechtigten Sitzes in einem Ausschuß finden sich mit den §§ 27 I S. 4 ThürKO, 51 III S. 2 NGO lediglich in zwei

---

[932]) "Die beschließenden Ausschüsse bestehen aus dem Vorsitzenden und mindestens vier Mitgliedern."

[933]) Nach der Logik des Gerichts müßte die kleinste Gemeinderatsgröße als Vergleichspunkt herangezogen werden. Nach § 25 II BW-GO ist das ein 8er Rat, so daß man dem Gesetz nach der Lesart des Gerichts sogar entnehmen könnte, daß Ausschüsse die Hälfte der Ratssitze haben können.

[934]) Die Argumentation des Gerichts würde einen 5er Ausschuß auch in einem wesentlich größeren Rat rechtfertigen.

Gemeindeordnungen befriedigende Regelungen, die zu akzeptieren sind bzw. etwas zu korrigieren sind.

§ 27 I S. 4 ThürKO ist in verfassungskonformer Auslegung im Sinne einer Rechtspflicht des Rats zur Schaffung einer hinlänglichen Anzahl von Ausschußsitzen anzuwenden. § 51 III S. 2 NGO ist zu ändern, indem ein voller Sitz zu verschaffen ist.

In allen übrigen Gemeindeordnungen fehlt eine entsprechende Vorschrift zugunsten der Einzelgänger, so daß sie jeweils aufzunehmen ist.

Eine vollständige Fehlanzeige ist in bezug auf die Regelung eines Anspruchs der Ratsfraktionen auf Zuteilung mindestens eines vollberechtigten Sitzes in jedem Ausschuß zu erstatten. Zwar findet sich in einigen Gemeindeordnungen ein Grundmandatsanspruch, allerdings lediglich auf beratende Teilnahme in jedem Ausschuß. Dies genügt jedoch dem nach Verfassungsrecht grundsätzlich zuzubilligenden Anspruch auf vollberechtigte Teilnahme nicht. Mit der vorgeschlagenen Drittelregelung ist er in die Gemeindeordnungen aufzunehmen. Der Grundmandatsanspruch auf einen Ausschußsitz nur mit Beratungsrecht ist als Subsidiäranspruch in allen Gemeindeordnungen vorzusehen.

Die aufgezeigten Defizite in den Gemeindeordnungen sind mit den dargestellten verfassungsrechtlichen Grundsätzen nicht vereinbar. Gleichwohl ergibt sich deswegen keine Nichtigkeit, da die Rechtsverstöße in der Unterlassung der Schaffung von besonderen Regelungen für den Einzelgänger im Gemeinderat bzw. die Minderheitenfraktion bestehen und den Gesetzgebern bei der Aufhebung der gleichheitswidrigen Benachteiligungen gewisse Gestaltungsspielräume zustehen [935]).

8. Rechtsschutzmöglichkeiten der bei der Ausschußbildung übergangenen Minderheiten anhand der gefundenen Arbeitsergebnisse

Übergangene Minderheiten können nach § 40 I S. 1 VwGO den Verwaltungsrechtsweg beschreiten, weil es sich um eine öffentlich-rechtliche Streitigkeit handelt, denn ihr Gegenstand betrifft organschaftliche Rechte und Pflichten aufgrund der Gemeindeordnung, die den Beteiligten gerade in ihrer Eigenschaft als Träger öffentlicher Gewalt zustehen [936]). Weil es um rechtliche Beziehungen zwischen Organen bzw. Organteilen innerhalb eines Verwaltungsträgers geht, wird sie als sog. Innenrechtsstreitigkeit bezeichnet [937]).

---

[935]) BVerfGE 73, 40 (100 ff.); Ladeur, BayVBl. 1992, 387 (393).

[936]) Vgl. Hellermann, Jura 1995, 145; die Tatsache, daß eine prozessuale Sicherung der Mitgliedschaftsrechte existiert, wird i.ü. ebenfalls als ein Aspekt der Ähnlichkeit zum Parlamentsrecht hervorgehoben, vgl. Ott, S. 276 f., mit Hinweis auf Art. 93 I Nr. 1 GG, §§ 63 ff. BVerfGG.

[937]) Vgl. Hellermann, ebd.; Ehlers, NVwZ 1990, 105; auch Schröder, NVwZ 1985, 246: "Intraorganstreit".

Die Streitigkeit ist nicht von verfassungsrechtlicher Art, weil sie als kommunalverfassungsrechtliche Streitigkeit [938]) dem Verwaltungsrecht angehört.

Weil die streitigen binnenrechtlichen Maßnahmen keine Verwaltungsakte darstellen [939]), kommt als statthafte Klageart jedenfalls eine Anfechtungs- oder Verpflichtungsklage (§ 42 VwGO) grundsätzlich nicht in Betracht [940]).

Die Ansicht, daß für den Kommunalverfassungsstreit wegen einer Unzulänglichkeit der vom Prozeßrecht gebotenen Klagearten eine besondere Klageart sui generis vorzusehen sei, bzw., daß der Kommunalverfassungsrechtsstreit selbst eine solche besondere Klageart darstelle, wird heute weitgehend nicht mehr vertreten [941]). Es wird vielmehr angenommen, daß die VwGO flexibel genug ist, so daß es der Konstruktion einer sui generis Klage nicht bedarf. Insbesondere lassen es die wenig strukturierten Feststellungs- und Leistungsklage der VwGO zu, der Interessenlage bei der Geltendmachung von Mitgliedschaftsrechten im Kommunalverfassungsstreit ausreichend Rechnung zu tragen [942]).

Mit dieser Feststellung ist auch der Notwendigkeit der Einführung einer sog. allgemeinen Gestaltungsklage in das System der Klagearten der VwGO, um damit eine kassatorische Entscheidung für derartige Organstreitigkeiten zu ermöglichen, eine grundsätzliche Absage zu erteilen. Die Notwendigkeit der Herbeiführung einer Kassationsentscheidung wurde mit dem Bedürfnis nach effektiverem Rechtsschutz begründet, weil nach dieser Auffassung mit der Leistungs- oder Feststellungsklage ein befriedigender Rechtszustand nicht erreicht werden kann [943]). Mit einer Leistungsklage könne nur dazu bewegt werden, den Organbeschluß aufzuheben, auch die bloße Feststellung der Rechtswidrigkeit bedeute nicht den weitgehendsten Rechtsschutz, wie er von Art. 19 IV GG garantiert werde [944]).

---

[938]) Vgl. Schoch, JuS 1987, 783 ff.

[939]) Vgl. z.B. Schuegraf, BayVBl. 1969, 116; Hellermann, Jura 1995, 145 (146); Erichsen, FS Menger, S. 211 (230).

[940]) H.M., vgl. nur Schoch, JuS 1987, 783 (787 f., m.w.N.); für bestimmte Situationen anders Streinz, BayVBl. 1983, 744 (747).

[941]) Vgl. z.B. Stober, S. 222; Pietzcker, in: Schoch/Schmidt-Aßmann/Pietzner, VwGO Vorb § 42 Abs. 1 Rdnr. 18 u. § 42 Rdnr. 159. Diese Klageart wurde insbesondere vom OVG Münster angenommen, vgl. z.B. NJW 1972, 1682 (Leitsätze).

[942]) Vgl. Schröder, NVwZ 1985, 246; auch das OVG Münster nimmt in seiner späteren Rechtsprechung die allgemeine Leistungsklage bzw. die Feststellungsklage an, vgl. z.B. NVwZ 1990, 188.

[943]) Graf, BayVBl. 1982, 332 (333).

[944]) Graf, ebd.

Dem ist zunächst zu entgegnen, daß Art. 19 IV GG auf den Schutz von Individualrechten im Außenrechtsbereich zugeschnitten ist, mithin bei Innenrechtsstreitigkeiten keine Anwendung finden kann [945]). Im übrigen ist darauf zu verweisen, daß Art. 19 IV GG nicht unbedingt den effizientesten, sondern einen dieser Garantie genügenden Rechtsschutz fordert [946]), wovon auszugehen ist.

Ein weiteres gewichtiges Argument gegen die Zulassung einer Gestaltungsklage wird aus grundsätzlichen Überlegungen zur Konnexität von Prozeß- und materiellem Recht hergeleitet [947]). Eine allgemeine Gestaltungsklage setzt grundsätzlich voraus, daß die zu kassierenden Rechtsakte materiellrechtlich wirksam sind, so daß "etwas Aufhebbares" überhaupt vorhanden sein kann [948]). Ob rechtswidrige Entscheidungen, Beschlüsse oder Wahlen innerhalb von oder zwischen Selbstverwaltungsorganen nichtig oder bloß aufhebbar sind, ist aber streitig [949]). Für die Annahme einer die Gestaltungsklage ausschließende Nichtigkeit wird unter Berufung auf Art. 20 III GG ins Feld geführt, daß ein hoheitlicher Akt, der gegen geltendes höherrangiges Recht verstößt, unwirksam sei, sofern der Gesetzgeber keine abweichende Regelung für die Fehlerfolgen treffe. Dies habe er in § 43 II VwVfG für Verwaltungsakte vorgesehen. Da das Gemeinderecht keine dem § 43 VwVfG entsprechende Norm vorsehe, könnten fehlerhafte Organbeschlüsse daher auch keine Wirksamkeit erlangen [950]).

Dem wurde hauptsächlich mit Hinweis auf gemeindeverfassungsrechtliche Vorschriften zur aufschiebenden Wirkung eines vom Bürgermeister als rechtswidrig beanstandeten Gemeinderatsbeschlusses [951]) überzeugend entgegengehalten, daß die kommunalen Gesetzgeber durchaus entsprechende Regelungen getroffen haben, die eine Wirksamkeit vorsehen oder jedenfalls nahelegen [952]).

---

[945]) Vgl. Erichsen, FS Menger, S. 211 (232).

[946]) Pietzcker, in: Schoch/Schmidt-Aßmann/ Pietzner, VwGO Vorb § 42 Abs. 1 Rdnr. 20 (m.w.N.).

[947]) Vgl. Papier, DÖV 1980, 292 (299).

[948]) Pietzcker, in: Schoch/Schmidt-Aßmann/Pietz-ner, VwGO Vorb § 42 Abs. 1 Rdnr. 20 (m.w.N.); differenzierend Erichsen, FS Menger, S. 211 (231), der richtigerweise darauf verweist, daß auch bezüglich nichtiger Verwaltungsakte eine gerichtliche Aufhebung teilweise für zulässig gehalten wird.

[949]) Vgl. Pietzcker, ebd.: Frage "keineswegs geklärt".

[950]) Papier, DÖV 1980, 292 (299).

[951]) Vgl. z.B. §§ 65 I S. 5 NGO; 54 II GO-NRW; 52 II S. 3 SachsGO; 44 ThürKO.

[952]) Vgl. z.B. Ehlers, NVwZ 1990, 105 (108), mit weiterem Hinweis auf das beamtenrechtliche Remonstrationsrecht, das im Ergebnis ebenfalls die grundsätzliche innenrechtliche Wirksamkeit einer rechtswidrigen Weisung an den Beamten voraussetze.

Die Anordnung einer aufschiebenden Wirkung ist nur sinnvoll, wenn der beanstandete Regelungsakt überhaupt Regelungswirkungen entfalten kann, dies vermag er nur, wenn er wirksam ist, eine vorübergehende Aussetzung oder Beseitigung des Rechtsscheins einer (möglicherweise) nichtigen Regelung bedürfte keiner aufschiebenden Wirkung [953]). Im übrigen ist das kommunalaufsichtsrechtliche Aufhebungs- bzw. Beanstandungsrecht von rechtswidrigen Ratsbeschlüssen [954]) als ein weiterer Beleg gegen die Annahme einer Unwirksamkeit zu bewerten [955]).

Bezüglich der hier vorliegenden speziellen Fallkonstellation spricht überdies ein Analogieschluß zum Recht des Verwaltungsakts gegen die Annahme der Nichtigkeit. Wie in der Untersuchung dargelegt, ergibt sich der Anspruch der übergangenen Minderheiten aus einer analogen Anwendung von Art. 38 I S. 2 GG, wobei - weil vom kommunalen Gesetzgeber größtenteils nicht umgesetzt - das Ausschußrecht in den Gemeindeordnungen insoweit nicht eindeutig ist. Würde es sich bei den organschaftlichen Akten der Ausschußbildung um Verwaltungsakte handeln, könnte man ihnen bei dieser Ausgangssituation und unter weiterer Beachtung des Umstands, daß die Rechtsprechung die hier angenommene Analogie zum Parlamentsrecht weitgehend ablehnt, jedenfalls keine evidente Unwirksamkeit im Sinne von § 44 I VwVfG attestieren. Im übrigen sind auch vergleichbare Nichtigkeitsgründe wie im Katalog des § 44 II VwVfG nicht ersichtlich.

Gemeinderatsbeschlüsse, die Minderheiten unter Mißachtung von deren Rechten von der Ausschußarbeit ausschließen, sind daher rechtswidrig, aber nicht nichtig und damit wirksam.

Ein Bedürfnis zur Zulassung einer Gestaltungsklage ergibt sich im Ergebnis gleichwohl grundsätzlich nicht, weil eine Aufhebung auch mit einer allgemeinen Leistungsklage geltend gemacht werden kann [956]). In gleichwohl möglichen Zweifelsfällen betreffend Wirksamkeit oder Unwirksamkeit [957]), kann im übrigen der konkret zu stellende Antrag nach Hinweis des Gerichts entsprechend gefaßt

---

[953]) Vgl. Ehlers, ebd., bezogen auf die GO-NRW; zweifelnd Pietzcker, in: Schoch/Schmidt-Aßmann/Pietzner, VwGO Vorb § 42 Abs. 1 Rdnr. 20 (FN 56), der in diesen Vorschriften weniger Regelungen zu den Wirkungen der Rechtswidrigkeit selbst sieht, sondern diese mehr als Befugnisnormen für die beteiligten Gemeindeorgane, wie die Interimszeit zu überbrücken ist, einstuft.

[954]) Vgl. z.B. § 120 I ThürKO.

[955]) Vgl. Ehlers, NVwZ 1990, 105 (108).

[956]) Pietzcker, in: Schoch/Schmidt-Aßmann/Pietz-ner, VwGO Vorb § 42 Abs. 1 Rdnr. 20 (m.w.N.).

[957]) Beispielsweise wenn Minderheiten trotz der Existenz von Minderheitenregelungen in der Gemeindeordnung von der Ausschußarbeit ausgeschlossen werden.

werden, so daß zwischen Leistungsklage und einer auf die Nichtigkeitsfeststellung abzielenden Feststellungsklage variiert werden kann [958]).

Für einzelne fraktionslose Ratsmitglieder bzw. für Minderheitenfraktionen, denen der Zugang zur Ausschußarbeit verweigert wurde, stehen daher grundsätzlich eine allgemeine Feststellungsklage (§ 43 I VwGO) bzw. eine sog. allgemeine Leistungsklage (entspr. § 43 II VwGO) [959]) zur Verfügung.

Die statthafte Klageart richtet sich nach den konkreten Umständen des Einzelfalles, insbesondere nach dem konkreten Begehren des Klägers. Unter Zugrundelegung der hier gefundenen Ergebnisse ist daher für den Einzelgänger und die Minderheitenfraktion eine differenzierte Betrachtungsweise zu wählen.

Diese Untersuchung bejaht zugunsten eines fraktionslosen Gemeinderatsmitglieds einen Anspruch auf vollberechtigte Mitarbeit in einem Ausschuß. Allerdings geht der Anspruch nicht soweit, daß er sich auch auf einen bestimmten Ausschuß konzentriert, insoweit ist nach wie vor ein Ermessensspielraum des Gemeinderats anzuerkennen [960]). Dieser Umstand beeinflußt auch die Gestaltung des Klageantrages bzw. allgemein die Wahl der Klageart.

Eine allgemeine Leistungsklage kommt daher hier grundsätzlich nicht in Betracht. Mit dieser Klage können alle öffentlich-rechtlichen Ansprüche auf Vornahme oder Unterlassung von Amtshandlungen, die keine Verwaltungsakte sind, geltend gemacht werden [961]). Da ein übergangenes Ratsmitglied keinen Anspruch auf einen ganz bestimmten Sitz geltend machen kann, würde darunter die Bestimmtheit des Klageantrages leiden, der nur darauf abzielen könnte, den Gemeinderat zu einer Neuverteilung der Sitze in der Weise zu verpflichten, daß dem Käger dabei mindestens ein Ausschußsitz zufällt [962]). Dies würde bei einer gegebenenfalls durchzuführenden Vollstreckung zu Problemen führen, weil die vom Rat im Gefolge eines solchen Leistungsurteils durchzuführende Neuwahl bzw. Neubestimmung der Ausschüsse nach dem Verfahren der jeweiligen Gemeindeordnung eine unvertretbare Handlung darstellt. Da der Gemeinderat diese Neukonstituierung der Ausschüsse nur über seine Mitglieder bewirken kann, kann die unvertretbare Handlung wegen dem insoweit entgegenstehenden freien Mandat aller Gemeinderatsmitglieder nur schwerlich mit dem Mittel der Zwangs-

---

[958]) Pietzcker, in: Schoch/Schmidt-Aßmann/Pietz-ner, VwGO Vorb § 42 Abs. 1 Rdnr. 20.

[959]) Vgl. Papier, DÖV 1980, 292 (298).

[960]) Vgl. auch BVerfGE 80, 188 (226), für die Parlamentsebene.

[961]) Vgl. Schoch, JuS 1987, 783 (787).

[962]) Vgl. Hellermann, Jura 1995, 145 (146).

gelddrohung (§ 167 I S. 1 VwGO i.V.m. § 888 ZPO) erzwungen werden [963]). Aus diesen Gründen wird man die Erhebung einer Feststellungsklage präferieren [964]).

Keine Rolle spielen diese Probleme beim angenommen Anspruch der Fraktionen, einen Sitz in allen Ausschüssen zu erhalten. Hier kann der Gemeinderat ohne weiteres über die Erhebung einer allgemeinen Leistungsklage entsprechend verpflichtet werden, weil es Ermessensspielräume der eben genannten Art grundsätzlich nicht geben wird.

Die weiteren Sachurteilsvoraussetzungen sind in beiden Fällen unproblematisch gegeben: Für den Kläger einer allgemeinen Leistungsklage ergibt sich durch den Ausschluß von der Ausschußarbeit die mögliche Verletzung eigener Mitgliedschaftsrechte (entsprechend § 42 II VwGO), woraus sich für den Fall einer Feststellungsklage auch das allgemeine Feststellungsinteresse (§ 43 I VwGO) ergibt [965]).

Auch die Annahme der Beteiligtenfähigkeit stellt kein Problem dar. Zu verklagen ist der Gemeinderat selbst, nicht die Gemeinde [966]), er ist in entsprechender Anwendung von § 61 Nr. 2 VwGO beteiligtenfähig [967]). Dies gilt jeweils auch für das klagende Einzelratsmitglied und die Ratsfraktion [968]).

Ein Vorverfahren gemäß §§ 68 ff. VwGO findet nicht statt, eine Klagefrist (§ 74 VwGO) ist ebenfalls nicht zu beachten [969]).

Die Begründetheit richtet sich im einzelnen nach den im III. Abschnitt unter 5. und 6. gefundenen Ergebnissen.

---

963) Hellermann, ebd.

964) Hellermann, ebd., mit dem Hinweis, daß die Annahme einer Leistungsklage "nicht gänzlich unvertretbar" erscheine.

965) Vgl. näher Hellermann, Jura 1995, 145 (146 f.), der auch darauf verweist, daß die Subsidiaritätsklausel des § 43 II S. 1 VwGO einer Feststellungsklage hier grundsätzlich nicht entgegenstehe.

966) Vgl. Hellermann, Jura 1995, 145 (147, m.w.N.).

967) Vgl. Schoch, JuS 1987, 783 (787); Stober, S. 223.

968) Stober, ebd.

969) Hellermann, Jura 1995, 145 (147).

IV. Thesenartige Darstellung der wesentlichen Arbeitsergebnisse

1. Das Gemeinderecht in der Bundesrepublik Deutschland gesteht Minderheiten (fraktions- und gruppenlose Ratsmitglieder und Minderheitenfraktionen) bei der Besetzung von Gemeinderatsausschüssen weitgehend keine garantierten Rechte auf Mitarbeit zu. Nur wenn diese nach dem Verhältnismäßigkeitsprinzip zum Zuge kommen, sind sie im Ausschuß vertreten. Es gibt nur relativ wenige gesetzliche Ausnahmen in Form von Grundmandatsbestimmungen für Fraktionen und für einzelne Ratsmitglieder.

2. Diese einfachgesetzliche Rechtslage wird der bundesverfassungsrechtlichen Vorgabe nicht gerecht. Danach haben fraktionslose Ratsmitglieder einen Anspruch auf vollberechtigte Mitarbeit in einem Ausschuß, Fraktionen auf Erhalt eines vollen Sitzes grundsätzlich in allen Ausschüssen. Anspruchsgrundlage ist Art. 38 I S. 2 GG analog i.V.m. den Grundsätzen der repräsentativen Demokratie (Art. 20 II S. 2; 28 I S. 2 GG).

3. Das aus der verfassungsrechtlich garantierten Organisationsautonomie der Gemeinden resultierende Ermessen der Gemeinderäte, bei der Ausschußstärkenfestsetzung relativ frei zu sein, wird durch diesen verfassungsrechtlichen Anspruch der Minderheiten begrenzt. Nur wenn die Gewährung von Ansprüchen zu einer Effektivitätsminderung der Ausschußarbeit führt, müssen sie zurücktreten.

Dieser Fall ist bezüglich des einzelnen Ratsmitglieds in nur einem Ausschuß auszuschließen. Bei Fraktionen ist er anzunehmen, wenn auch eine aufgrund des Anspruchs zuzubilligende Einräumung einer Ausschußstärke von einem Drittel des Rats nicht ausreicht, den Einzug der Fraktion in die Ausschüsse zu sichern. Wegen der hervorragenden Bedeutung der verfassungsrechtlich abgesicherten Stellung von Ratsfraktionen und wegen einer gleichzeitig auszuschließenden Effektivitätsminderung verbleibt es dann auf jeden Fall bei einem Grundmandatsanspruch auf beratende Teilnahme in allen Ausschüssen.

4. Die Gemeindeordnungen der Bundesrepublik Deutschland sind daher insoweit nicht mit höherrangigem Recht vereinbar und daher revisionsbedürftig. Eine Nichtigkeit ergibt sich jedoch hieraus nicht, weil die Gestaltungsfreiheit der Gesetzgeber bei der Aufhebung der dargestellten gleichheitswidrigen Beeinträchtigungen zu respektieren ist.

5. Die Berechtigung der vorgenannten Thesen resultiert aus einem Vergleich des Gemeinderats mit den staatlichen Parlamenten, genauer mit dem staatlichen Parlamentsrecht. Im normativen Vergleich zeigt sich eine Ähnlichkeit in Form einer weitgehenden Kongruenz von rechtlichen Fundamentalgrundsätzen und ihren Ausprägungen, was sich insbesondere beim Repräsentativprinzip und beim Kollegialprinzip zeigt. Auch aus dem Demokratieprinzip ergeben sich bei der Betrachtung des Gemeinderats Parallelen.

Vor allem das freie Mandat der Ratsmitglieder weist im Hinblick auf seine Schutzwirkungen Identitäten zum parlamentarischen Mandat auf. Bei Fragen der Vorverlagerung der Repräsentation in die Ausschüsse ergeben sich so weitgehend identische Interessenlagen, wegen der hervorgehobenen Bedeutung der gemeindlichen Ausschußarbeit gegenüber der von Parlamentsausschüssen erscheint es im Gemeinderecht sogar noch stärker geboten, dem Repräsentationsprinzip Geltung zu verschaffen.

Zwar ist das Gewaltenteilungsprinzip als wesentliches Prinzip des staatlichen Parlamentsrechts weitgehend nicht auf die Gemeindeebene übertragbar, dies kann jedoch im Ergebnis den Analogieschluß nicht verhindern.

6. Die Ähnlichkeiten belegen, daß der Gemeinderat als Parlament im politologischen Sinn zu qualifizieren ist. In rechtlicher Hinsicht ist dies jedoch nicht möglich, weil die Gemeinden nach geltendem Verfassungsrecht in das System der Landesexekutive eingebettet sind. Den Gemeinden selbst ist daher das Attribut von eigenständigen Gliedern im Bundesstaat - neben Bund und Ländern - im staatsrechtlichen Sinn abzusprechen. Die geltende Verfassungslage trägt eine solche Theorie nicht. Für den Gemeinderat bedeutet dies, daß von einer "Legislative", wie dieser Begriff staatsrechtlich bezogen auf "Parlamente" zu verstehen ist, nicht ausgegangen werden kann. Der Gemeinderat ist somit kein Parlament im Rechtssinn.

Literaturverzeichnis

- *Achterberg, Norbert:* Parlamentsrecht, Tübingen 1984.

- *Achterberg, Norbert:* Die Abstimmungsbefugnis des Abgeordneten bei Betroffenheit in eigener Sache, AöR 1984 (Bd. 109), 505-531.

- *Kommentar zum Grundgesetz* für die Bundesrepublik Deutschland (Reihe Alternativkommentare), 2. Aufl., Band 1, Art. 1-37, Neuwied 1987, zitiert: AK-Bearbeiter.

- *Badura, Peter:* Die parlamentarische Demokratie, in: Handbuch des Staatsrechts der Bundesrepublik Deutschland, herausgegeben von Josef Isensee und Paul Kirchhof, Band I Grundlagen von Staat und Verfassung, Heidelberg 1987, § 23, S. 953-986, zitiert: "HStR I".

- *Bagehot, Walter:* Die englische Verfassung, in: Streifthau, Klaus (Hrsg.), Neuwied/Berlin 1971, zitiert: Bagehot.

- *Banner, Gerhard:* Kommunale Steuerung zwischen Gemeindeordnung und Parteipolitik, DÖV 1984, 364-372.

- *Becher, Uwe:* Die persönliche Rechtsstellung des Gemeindevertreters im Verhältnis zu der des Parlamentariers, München 1964, Diss. jur.

- *Becker, Erich:* Entwicklung der deutschen Gemeinden und Gemeindeverbände im Hinblick auf die Gegenwart, in: Peters, Hans (Hrsg.): Handbuch der Kommunalen Wissenschaft und Praxis, Erster Band, Kommunalverfassung, Berlin/Göttingen/Heidelberg 1956, S. 62-112, zitiert: "HKPW I, Entwicklung".

- *Becker, Erich:* Die Selbstverwaltung als verfassungsrechtliche Grundlage der kommunalen Ordnung in Bund und Ländern, in: Peters, Hans (Hrsg.): Handbuch der kommunalen Wissenschaft und Praxis, Erster Band, Kommunalverfassung, Berlin/Göttingen/Heidelberg 1956, S. 113-183, zitiert: "HKWP I, Selbstverwaltung".

- *Berkenhoff, H.A.:* Das Kommunalverfassungsrecht in Nordrhein-Westfalen, Köln-Braunsfeld 1960.

- *Bernzen, Christian - Gottschalck, Detlef:* Abgeordnetenstatus und Repräsentation: Anmerkungen zum "Wüppesahl-Urteil" des Bundesverfassungsgerichts, Zeitschrift für Parlamentsfragen (ZParl) 1990, 393-403.

- *Bethge, Herbert:* Parlamentsvorbehalt und Rechtssatzvorbehalt für die Kommunalverwaltung, NVwZ 1983, 577-580.

- *Bick, Ulrike:* Die Ratsfraktion, Berlin 1988.

- *Birk, Dieter:* Gleichheit im Parlament, NJW 1986, 2521-2525.

- *Bleckmann, Albert:* Staatsrecht I - Staatsorganisationsrecht, Köln/Berlin/Bonn/München 1993.

- *Bluntschli, Johann Caspar:* Die Lehre vom modernen Staat, 3 Bände, Neudruck der 6. Aufl. von 1886, Aalen 1965.

- *Böckenförde, Ernst-Wolfgang:* Demokratie als Verfassungsprinzip, in: Handbuch des Staatsrechts der Bundesrepublik Deutschland, herausgegeben von Josef Isensee und Paul Kirchhof, Band I Grundlagen von Staat und Verfassung, Heidelberg 1987, § 22, S. 887-952, zitiert: "HStR I".

- *Böckenförde, Ernst-Wolfgang:* Demokratische Willensbildung und Repräsentation, in: Handbuch des Staatsrechts der Bundesrepublik Deutschland, herausgegeben von Josef Isensee und Paul Kirchhof, Band II Demokratische Willensbildung - Die Staatsorgane des Bundes, Heidelberg 1987, § 30, S. 29-47, zitiert: "HStR II".

- *Bremer, Bernd:* Die kommunalen Ausschüsse nach Bayerischem Recht, München 1967, Diss. jur.

- *Czybulka, Detlef:* Die Legitimation der öffentlichen Verwaltung - unter Berücksichtigung ihrer Organisation sowie der Entstehungsgeschichte zum Grundgesetz, Heidelberg 1989.

- *Dagtoglou, Podromos:* Kollegialorgane in der Verwaltung, Stuttgart 1960.

- *Danwitz, Thomas von:* Plebiszitäre Elemente in der staatlichen Willensbildung, DÖV 1992, 601-608.

- *David, Joachim:* Die Satzungsgewalt der Gemeinden in Nordrhein-Westfalen, 2. Aufl., Münster 1961.

- *Demmler, Wolfgang:* Der Abgeordnete im Parlament der Fraktionen, Berlin 1994.

- *Derlien, Hans-Ulrich - Gürtler, Christoph - Holler, Wolfgang - Hermann, Josef:* Kommunalverfassung und kommunales Entscheidungssystem, Meisenheim a. Glan 1976.

- *Ehlers, Dirk:* Die Klagearten und besonderen Sachentscheidungsvoraussetzungen im Kommunalverfassungsstreitverfahren, NVwZ 1990, 105-112.

- *Ehlers, Dirk:* Die Volksvertretung auf Gemeinde- und Kreisebene, Jura 1988, 337-343.

- *Engelken, Klaas:* Einbeziehung der Unionsbürger in kommunale Abstimmungen (Bürgerentscheide, Bürgerbegehren)?, NVwZ 1995, 432-436.

- *Ennuschat, Jörg:* Der Hauptausschuß in Gemeindeordnung und Gemeindepraxis, VR 1991, 118-121.

- *Erichsen, Hans-Uwe:* Der Innenrechtsstreit, in: System des verwaltungsgerichtlichen Rechtsschutzes: Festschrift für Friedrich Menger zum 70. Geburtstag/hrsg. von Hans-Uwe Erichsen... - Köln; Berlin; Bonn; München 1985, S. 211-233.

- *Erlenkämper, Friedel:* Entwicklungen im Kommunalrecht, NVwZ 1993, 427-437; NVwZ 1994, 440-450; NVwZ 1995, 649-662.

- *Fliegauf, Harald:* Mehr Demokratie durch mehr Volksentscheid?, JR 1992, 485-493.

- *Firsching, Ansgar:* Zur Ausübung des Organisationsermessens der Gemeinden bei der Bildung von Ausschüssen bzw. bei der Verringerung der Mitgliedszahlen von Ausschüssen, BayVBl. 1995, 365-367.

- *Foerster, German:* Die Ausschüsse der Gemeindevertretung Probleme aus dem neuen Kommunalrecht, Die Gemeinde, Zeitschrift für die Schleswig-Holsteinische Selbstverwaltung 1978, 201-204, 235-238.

- *Frenz, Walter:* Gemeindliche Selbstverwaltungsgarantie und Verhältnismässigkeit, Die Verwaltung 1995, 33-63.

- *Friesenhahn, Ernst:* Parlament und Regierung im modernen Staat, VVDStRL 16 (1958), 9-73.

- *Fröhlinger, Margot:* Die Festsetzung der Fraktionsmindeststärke im Gemeinderat, DVBl. 1982, 682-687.

- *Frost, Herbert:* Die Parlamentsausschüsse, ihre Rechtsgestalt und ihre Funktionen, dargestellt an den Ausschüssen des Deutschen Bundestages, AöR 1970 (Bd. 95), 38-85.

- *Frotscher, Werner:* Stadtparlament und Stadtregierung: BVerfGE zugunsten des repräsentativ-demokratischen Prinzips auf kommunaler Ebene, Zeitschrift für Parlamentsfragen (ZParl) 1976, 494-501.

- *Frowein, Jochen Abr.:* Das freie Mandat der Gemeindevertreter, DÖV 1976, 44-46.

- *Frowein, Jochen Abr.:* Die kommunale Volksvertretung, Der Status der kommunalen Vertretungskörperschaft und ihrer Mitglieder, in: Püttner, Günter (Hrsg.): Handbuch der kommunalen Wissenschaft und Praxis, Bd. 2, 2. Aufl., Berlin/Heidelberg/New York 1981, § 28, S. 81-89, zitiert: "Handbuch Bd. 2".

- *Fürst, Dietrich:* Kommunale Entscheidungsprozesse, Baden-Baden 1975.

- *Gabriel, Oscar W.:* Mängelanalyse des politischen Willensbildungsprozesses in der Gemeinde in: Kux, Wilhelm R.: Politische Beteiligung im repräsentativen System, Studien zur Kommunalpolitik, Bd. 21, Bonn 1979, S. 73-252, zitiert: "Mängelanalyse".

- *Gabriel, Oscar W. - Haungs, Peter - Zender, Matthias:* Opposition in Großstadtparlamenten, Melle: Knoth 1984, zitiert: "Opposition".

- *Geis, Max-Emanuel:* Zum Recht des Gemeinderatsmitglieds auf freie Meinungsäußerung in der Gemeinderatssitzung, BayVBl. 1992, 41-45.

- *Gern, Alfons:* Deutsches Kommunalrecht, 2. Aufl., Baden-Baden 1997.

- *Gönnenwein, Otto:* Gemeinderecht, Tübingen 1963.

- *Graf, Wolfgang:* Verwaltungsgerichtliche Kassation kommunalverfassungsrechtlicher Akte, BayVBl. 1982, 332-334.

- *Gramlich, Ludwig:* Nicht besser doch das Grundmandat?, BayVBl. 1987, 43-45.

- *Grawert, Rolf:* Gemeinden und Kreise vor den öffentlichen Aufgaben der Gegenwart, VVDStRL 36 (1978), 277-403.

- *Hartig, Michael:* Ist der Gemeinderat ein Parlament?, Baden-Württembergische Verwaltungspraxis (BMVPr.) 1987, 193-196.

- *Hättich, Manfred:* Zur Theorie der Repräsentation (1967), in: Rausch, Heinz (Hrsg.): Zur Theorie und Geschichte der Repräsentation und Repräsentativverfassung, Darmstadt 1968, S. 498-509, zitiert: "Repräsentation".

- *Heilmann, Hartmut:* Verfassungswidrigkeit des Art. 48 Abs. 1 Satz 2 BayGO? - Zugleich ein Beitrag zum Institut der Stimmenthaltung in der freiheitlichen Demokratie -, BayVBl. 1984, 196-202.

- *Hellermann, Johannes:* Mitwirkungsrechte des fraktionslosen Ratsmitglieds, Jura 1995, 145-150.

- *Hendler, Reinhard:* Selbstverwaltung als Ordnungsprinzip, Köln/Berlin/Bonn/München 1984.

- *Hendler, Reinhard:* Das Prinzip Selbstverwaltung, in: Handbuch des Staatsrechts der Bundesrepublik Deutschland, herausgegeben von Josef Isensee und Paul Kirchhof, Band IV Finanzverfassung-Bundesstaatliche Ordnung, Heidelberg 1990, § 106, S. 1133-1169, zitiert: "HStR IV".

- *Herhaus, Werner:* Die Gemeinde in der Bundesrepublik Deutschland als politisches System, Hannover 1989, zitiert: "System".

- *Herhaus, Werner:* Die Realisierung der Gewaltenteilung in den inneren Gemeindeverfassungen ausgewählter Bundesländer, Hannover 1992, zitiert: "Gewaltenteilung".

- *Hesse, Konrad:* Grundzüge des Verfassungsrechts der Bundesrepublik Deutschland, 20. Aufl., Heidelberg 1995.

- *Hien, Eckart:* Zum Stimmenthaltungsverbot in den Bayerischen Kommunalgesetzen, BayVBl. 1984, 203-207.

- *Hirte, Herbert:* Folgen fehlerhafter Besetzung von Ausschüssen in kommunalen Vertretungskörperschaften, DÖV 1988, 108-113.

- *Hofmann, Harald - Muth, Michael - Theisen, Rolf-Dieter:* Kommunalrecht in Nordrhein-Westfalen, 8. Aufl., Witten 1996, zitiert: "Hofmann/Muth/Theisen".

- *Hofmann, Jochen:* Anmerkung zu BayVerfGH, Entscheidung vom 23.7.1984 Vf. 15 - VII - 83, BayVBl. 1984, 747-749.

- *Hohm, Karl-Heinz:* Recht auf Chancengleichheit der Fraktionen und oppositioneller Minderheitenschutz, NJW 1985, 408-413.

- *Hölscheidt, Sven:* Die Ausschußmitgliedschaft fraktionsloser Bundestagsabgeordneter, DVBl. 1989, 291-295.

- *Hölzl, Josef - Hien, Eckart:* Gemeindeordnung mit Verwaltungsgerichtsordnung, Landkreisordnung und Bezirksordnung für den Freistaat Bayern, Kommentar Loseblatt, München, Stand 1993 ff.

- *Ipsen, Jörn:* Schutzbereich der Selbstverwaltungsgarantie und Einwirkungsmöglichkeiten des Gesetzgebers, Zeitschrift für Gesetzgebung (ZG) 1994, 194-212.

- *Jacoby, Peter Michael:* Der Schutz der Minderheiten in gemeindlichen Volksvertretungen, Stuttgart 1986, Diss. jur.

- *Janssen, Albert:* Die Behandlung der Petitionen auf kommunaler Ebene, Archiv für Kommunalwissenschaften (AfK), 1987, 206-225.

- *Janssen, Albert:* Die zunehmende Parlamentarisierung der Gemeindeverfassung als Rechtsproblem, Vortrag, gehalten am 2. Dezember 1987, Schriftenreihe des Niedersächsischen Städtetages, Heft 17, zitiert: "Parlamentarisierung".

- *Klüber, Hans:* Das Gemeinderecht in den Ländern der Bundesrepublik Deutschland, Berlin/Heidelberg/New York 1972.

- *Knemeyer, Franz-Ludwig:* Bayerisches Kommunalrecht, 9. Aufl., Stuttgart/München/Hannover/Berlin/Weimar/Dresden 1996.

- *Konzak, Olaf:* Systeme zur Berechnung der Stellenanteile der Fraktionen für die Ausschußbesetzung, Zeitschrift für Parlamentsfragen (ZParl) 1993, 596-612.

- *Körner, Hans:* Ausschüsse, Kommissionen und Deputationen, in: Püttner Günter (Hrsg.): Handbuch der kommunalen Wissenschaft und Praxis, Bd. 2, 2. Aufl., Berlin/Heidelberg/New York 1981, § 28, S. 129-144, zitiert: "Handbuch Bd. 2".

- *Köttgen, Arnold:* Innere Struktur und Zuständigkeit der Gemeindevertretung, DVBl. 1952, 421-424.

- *Köttgen, Arnold:* Wesen und Rechtsform der Gemeinden und Gemeindeverbände, in: Peters, Hans (Hrsg.): Handbuch der Kommunalen Wissenschaft und Praxis, Erster Band Kommunalverfassung, Berlin/Göttingen/Heidelberg 1956, S. 185-234, zitiert: "Wesen".

- *Köttgen, Arnold:* Sicherung der gemeindlichen Selbstverwaltung (1960), abgedruckt in Band 25 der Schriftenreihe des Vereins für Kommunalwissenschaften e.V. Berlin, Kommunale Selbstverwaltung zwischen Krise und Reform, S. 193-209, Stuttgart/Berlin/Köln/Mainz 1968, zitiert: "Sicherung".

- *Krebs, Walter:* Verwaltungsorganisation, in: Handbuch des Staatsrechts der Bundesrepublik Deutschland, herausgegeben von Josef Isensee und Paul Kirchhof, Band III Das Handeln des Staates, Heidelberg 1988, § 69, S. 567-622, zitiert: "HStR III".

- *Kuhn, Herbert:* Indemnität für ehrenamtliche Gemeinderatsmitglieder?, BayVBl. 1989, 169-172.

- *Kunze, Richard - Bronner, Otto - Katz, Alfred:* Gemeindeordnung für Baden-Württemberg, 4. Aufl., 1986 ff., zitiert: "Kunze/Bronner/Katz".

- *Kürschner, Jörg:* Die Statusrechte des fraktionslosen Abgeordneten, Berlin 1984.

- *Küster, Otto:* Das Gewaltenproblem im modernen Staat, AöR 1949 (Bd. 75), 397-414.

- *Kux, Wilhelm R.:* Politische Beteiligung im repräsentativen System, Einleitung in Problemstellung, Untersuchungsabfolge und einige Ergebnisse dieses

Bandes, in: Politische Beteiligung im repräsentativen System, S. XVI-XXXI, Studien zur Kommunalpolitik, Bd. 21, Bonn 1979.

- *Ladeur, Karl-Heinz:* Zum Anspruch des fraktionslosen Gemeinderatsmitglieds auf Einräumung von Mitgliedschaftsrechten in Gemeinderatsausschüssen, BayVBl. 1992, 387-394.

- *Lange, Rolf:* Selbstverwaltung in Hamburg, Stuttgart/Köln/Berlin/Mainz 1980.

- *Larenz, Karl:* Methodenlehre der Rechtswissenschaft, fortgeführt von Claus-Wilhelm Canaris, 3. Aufl., Berlin/Heidelberg/New York etc., 1995, zitiert: "Larenz/Canaris".

- *Lehmann-Grube, Hinrich:* Der Einfluß politischer Vertretungskörperschaften auf die Verwaltung, DÖV 1985, 1-9.

- *Lehné, Hermann - Weirich, Rainer:* Saarländisches Kommunalrecht, 2. Aufl. (Stand: 5. Ergänzungslieferung Dezember 1996), St. Ingbert.

- *Leibholz, Gerhard:* Das Wesen der Repräsentation und der Gestaltwandel der Demokratie im 20. Jahrhundert, 3. Aufl., Berlin 1966, zitiert: "Repräsentation".

- *Leibholz, Gerhard:* Strukturprobleme der modernen Demokratie, 3. Aufl., Karlsruhe 1967, zitiert: "Strukturprobleme".

- *Leibholz, Gerhard:* Parteienstaat und Repräsentative Demokratie, DVBl. 1951, 1-8.

- *Lemke-Müller, Sabine:* Zur Parlamentsreform im Deutschen Bundestag: Mehr Transparenz, Öffentlichkeit und Effektivität, Aus Politik und Zeitgeschichte 1996, S. 3-19.

- *Linck, Joachim:* Öffentlichkeit der Parlamentsausschüsse, DÖV 1973, 513-520.

- *Masson, Christoph - Samper, Rudolf:* Bayerische Kommunalgesetze Gemeindeordnung Landkreisordnung Bezirksordnung Verwaltungsgemeinschaftsordnung, Kommentar Loseblatt, München, Stand der Ergänzungslieferung wie bei Fußnote angegeben.

- *Maunz, Theodor - Zippelius, Reinhold:* Deutsches Staatsrecht, 30. Aufl., München 1998, zitiert: "Maunz/Zippelius".

- *Mayntz, Renate:* Parteigruppen in der Gross-Stadt, Köln u. Opladen 1959.

- *Meyer, Hans:* Demokratische Wahl und Wahlsystem, in: Handbuch des Staatsrechts der Bundesrepublik Deutschland, herausgegeben von Josef Isensee und Paul Kirchhof, Band II Demokratische Willensbildung - Die Staatsorgane des Bundes, Heidelberg 1987, § 37, S. 249-267, zitiert: "HStR II".

- *Meyer, Hans:* Wahlgrundsätze und Wahlverfahren, in: Handbuch des Staatsrechts der Bundesrepublik Deutschland, herausgegeben von Josef Isensee und Paul Kirchhof, Band II Demokratische Willensbildung - Die Staatsorgane des Bundes, Heidelberg 1987, § 38, S. 269-311, zitiert: "HStR II".

- *Meyer, Hubert:* Kommunales Parteien- u. Fraktionenrecht: Verfassungsrechtliche Determinanten und ausgewählte Probleme unter besonderer

Berücksichtigung der Chancengleichheit sowie Fragen der Finanzierung, 1. Aufl., Baden-Baden 1990, zugleich Diss. jur.

- *Miller, Manfred:* Von der bürgerschaftlichen Mitwirkung zum Parteienprivileg?, DVBl. 1986, 1131-1138.

- *Model, Otto - Müller, Klaus:* Grundgesetz für die Bundesrepublik Deutschland, 11. Aufl., Köln/Berlin/Bonn/ München 1996.

- *Morlok, Martin:* Parlamentarisches Geschäftsordnungsrecht zwischen Abgeordnetenrechten und politischer Praxis, JZ 1989, 1035-1047.

- *Muckel, Stefan:* Bürgerbegehren und Bürgerbescheid - wirksame Instrumente unmittelbarer Demokratie in den Gemeinden?, NVwZ 1997, 223-228.

- *Münch, Ingo von - Kunig, Philip* (Hrsg.): Grundgesetz-Kommentar, Band 2 (Artikel 21 bis Artikel 69), 3. Aufl., München 1995, zitiert: "v. Münch/Kunig-Bearbeiter".

- *Mutius, Albert von:* Grundfälle zum Kommunalrecht, JuS 1978, 537-543.

- *Mutius, Albert von:* Kommunalrecht, München 1996.

- *Oppermann, Thomas:* Das parlamentarische Regierungssystem des Grundgesetzes, Anlage-Erfahrungen-Zukunftseignungen, DÖV 1974, 804-807.

- *Ott, Yvonne:* Der Parlamentscharakter der Gemeindevertretung, Eine rechtsvergleichende Untersuchung der Qualität staatlicher und gemeindlicher Vertretungskörperschaften, Baden-Baden 1994, Diss. jur.

- *Ottens, Wolfgang:* Die Konstituierung der neu gewählten Gemeindevertretung, Die Gemeinde, Zeitschrift für die Schleswig-Holsteinische Selbstverwaltung 1990, 109-121.

- *Pagenkopf, Hans:* Kommunalrecht, Band 1 Verfassungsrecht, 2. Aufl., Köln/Berlin/Bonn/München 1975.

- *Papier, Hans-Jürgen:* Die verwaltungsgerichtliche Organklage, DÖV 1980, 292-299.

- *Patzelt, Werner:* Deutschlands Abgeordnete: Profil eines Berufsstands, der weit besser ist als sein Ruf, Zeitschrift für Parlamentsfragen (ZParl) 1996, 462-502.

- *Penski, Ulrich:* Rechtsgrundsätze und Rechtsregeln, JZ 1989, 105-114.

- *Pietzcker, Jost:* in Schoch/Schmidt-Aßmann/Pietzner (Hrsg.), Verwaltungsgerichtsordnung, Kommentar, München, Stand: Mai 1997.

- *Püttner, Günter:* Kommunale Selbstverwaltung, in: Handbuch des Staatsrechts der Bundesrepublik Deutschland, herausgegeben von Josef Isensee und Paul Kirchhof, Band IV Finanzverfassung-Bundesstaatliche Ordnung, Heidelberg 1990, § 107, S. 1171-1194, zitiert: "HStR IV".

- *Rauball, Johannes - Rauball, Reinhard:* Gemeindeordnung für Nordrhein-Westfalen, Kommentar, 2. Aufl., München 1974.

- *Rausch, Heinz*, in: Rausch, Heinz (Hrsg.): Zur Theorie und Geschichte der Repräsentation und Repräsentativverfassung, Darmstadt 1968. zitiert: "Repräsentation".

- *Rehn, Erich - Cronauge, Ulrich - Lennep von, Gerd:* Gemeindeordnung für das Land Nordrhein-Westfalen, Kommentar, 2. Aufl., 19. Erg. Februar 1997, zitiert: "Rehn/Cronauge".

- *Reichert, Bernd - Röber, Klaus-Ulrich:* Kommunalrecht, Besonderes Verwaltungsrecht für Baden-Württemberg, 3. Aufl., Baden-Baden 1986.

- *Reinhart, Wolfgang:* Gewaltenteilung in Staats- und Kommunalverfassungsrecht, Mannheim 1984, Diss. jur.

- *Ringe, Karl:* Über die Rechtsstellung der niedersächsischen Ratsausschüsse. Zur Rechtsnatur der gemeindlichen Organisationsnormen, DVBl. 1966, 813-816.

- *Ritzel, Heinrich - Bücker, Joseph:* Handbuch für die parlamentarische Praxis (mit Kommentar zur Geschäftsordnung des Deutschen Bundestages), Loseblattsammlung, Frankfurt a.M., Stand wie bei Fußnote angegeben, zitiert: "HdbPP".

- *Röper, Erich:* Ausschußsitze auch für fraktionslose Stadtverordnete, VR 1991, 298-299.

- *Röper, Erich:* Wahl versus Zugriffsrecht - um der Wehrhaftigkeit der Parlamente willen, Zeitschrift für Parlamentsfragen (ZParl) 1994, 5-14.

- *Rothe, Karl-Heinz:* Gibt es noch ein Rederecht der kommunalen Mandatsträger?, DÖV 1990, 736-741.

- *Rothe, Karl-Heinz:* Über Begriff, Rechte und Pflichten der Ratsfraktionen, DVBl. 1988, 382-388.

- *Rudzio, Wolfgang:* Das politische System der Bundesrepublik Deutschland, 3. Aufl., Opladen 1991.

- *Rupp, Hans Heinrich:* Grundfragen der heutigen Verwaltungsrechtslehre, Tübingen 1965.

- *Scheuerle, Wilhelm A.:* Das Wesen des Wesens. Studien über das sogenannte Wesensargument im juristischen Begründen, AcP 163 (1964), 429-471.

- *Scheuner, Ulrich:* Das repräsentative Prinzip in der modernen Demokratie (1961), in: Rausch, Heinz (Hrsg.): Zur Theorie und Geschichte der Repräsentation und Repräsentativverfassung, Darmstadt 1968, S. 386-418, zitiert: "Repräsentation".

- *Schindler, Peter:* Datenhandbuch zur Geschichte des Deutschen Bundestages 1980 bis 1987. Eine Veröffentlichung der Wissenschaftlichen Dienste des Deutschen Bundestages, Baden Baden 1989.

- *Schmalz, Dieter:* Methodenlehre für das juristische Studium, 3. Aufl., Baden-Baden 1992.

- *Schmidt-Aßmann, Eberhard:* Kommunalrecht, in: Schmidt-Aßmann (Hrsg.), Besonderes Verwaltungsrecht, 11. Aufl., Berlin/New York 1999.

- *Schmidt-Jortzig, Edzard:* Rechte der Ratsfraktionen gegenüber der Gemeindeverwaltung, DVBl. 1980, 719-723.

- *Schmidt-Jortzig, Edzard:* Kommunale Organisationshoheit, Göttingen 1979, zitiert: "Organisationshoheit".

- *Schmidt-Jortzig, Edzard:* Kommunalrecht, Stuttgart/Berlin/Köln/Mainz 1982, zitiert: "Kommunalrecht".

- *Schmitt, Carl:* Verfassungslehre, München und Leipzig 1928.

- *Schnapp, Friedrich E.:* Dogmatische Überlegungen zu einer Theorie des Organisationsrechts, AöR 1980 (Bd. 105), 243-278.

- *Schneider, Hans Peter:* Das parlamentarische System, in: Benda, Ernst - Maihofer, Werner - Vogel, Hans-Jochen (Hrsg.): Handbuch des Verfassungsrechts, 2. Aufl., Berlin/New York 1994, zitiert: "Handbuch".

- *Schoch, Friedrich:* Kommunalverfassungsstreit im System des verwaltungsgerichtlichen Rechtsschutzes, JuS 1987, 783-793.

- *Scholler, Heinrich - Broß, Siegfried:* Die Rechtsstellung von Minoritäten in den Gemeindevertretungen, VR 1979, 228-232.

- *Scholtis, Norbert:* Minderheitenschutz in kommunalen Vertretungskörperschaften, Siegburg 1986.

- *Schreiber, Oliver:* Zum Gebot der Spiegelbildlichkeit bei der Bildung und Besetzung gemeindlicher Ausschüsse in Bayern, BayVBl. 1996, 134-141, 170-174.

- *Schröder, Meinhard:* Die Geltendmachung von Mitgliedschaftsrechten im Kommunalverfassungsstreit, NVwZ 1985, 246-247.

- *Schröder, Meinhard:* Grundlagen und Anwendungsbereich des Parlamentsrechts, Baden-Baden 1978.

- *Schröder, Meinhard:* Kommunalrecht, in: Achterberg, Püttner, Würtenberger (Hrsg.), Besonderes Verwaltungsrecht, Band II Kommunal-, Haushalts-, Abgaben-, Ordnungs-, Sozial-, Dienstrecht, 2. Aufl., Heidelberg 2000, zitiert: "Kommunalrecht".

- *Schuegraf, Elmar:* Der Fraktionsausschluß und seine rechtliche Kontrolle, BayVBl. 1969, 116-118.

- *Schulze-Fielitz, Helmuth:* Der Fraktionslose im Bundestag: Einer gegen alle?, Kritik an der Rechtsprechung zum Ausschluß von Minderheiten, DÖV 1989, 829-838.

- *Schwerdtner, Eberhardt:* Chancengleichheit und Minderheitenschutz in der Kommunalpolitik, DÖV 1990, 14-18.

- *Schwerdtner, Eberhardt:* Der Minderheitenschutz - auch ein elementarer Grundsatz im Kommunalrecht?, Verwaltungsblätter für Baden-Württemberg (VBlBW) 1993, 328-330.

- *Seewald, Otfried:* Kommunalrecht, in: Steiner (Hrsg.), Besonderes Verwaltungsrecht, 6. Aufl., Heidelberg 1999.

- *Sobolewski, Marek:* Politische Repräsentation im modernen Staat der Bürgerlichen Demokratie, in: Rausch, Heinz (Hrsg.): Zur Theorie und Geschichte der Repräsentation und Repräsentativverfassung, Darmstadt 1968, S. 419-442.

- *Starck, Christian:* Die Verfassungen der neuen deutschen Länder, Heidelberg 1994.

- *Starck, Christian:* Autonomie und Grundrechte, Zur Regelungsbefugnis öffentlich-rechtlicher Autonomieträger im Grundrechtsbereich, AöR 1967 (Bd. 92), S. 449-478.

- *Starck, Christian:* Grundrechtliche und demokratische Freiheitsidee, in: Handbuch des Staatsrechts der Bundesrepublik Deutschland, herausgegeben von Josef Isensee und Paul Kirchhof, Band II Demokratische Willensbildung - Die Staatsorgane des Bundes, Heidelberg 1987, § 29, S. 3-27, zitiert: "HStR II".

- *Stern, Klaus:* Zur Revision des Grundgesetzes: Zur Position der Gemeinden und Gemeindeverbände in der Verfassungsordnung, DÖV 1975, 515-523.

- *Stern, Klaus:* Das Staatsrecht der Bundesrepublik Deutschland, Band I, 2. Aufl., München 1984, zitiert: "Staatsrecht I".

- *Stern, Klaus:* Das Staatsrecht der Bundesrepublik Deutschland, Band II, München 1980, zitiert: "Staatsrecht II".

- *Stettner, Rupert:* Grundfragen einer Kompetenzlehre, Berlin 1983.

- *Stober, Rolf:* Kommunalrecht in der Bundesrepublik Deutschland, 3. Aufl., Stuttgart/Berlin/Köln 1996.

- *Stober, Rolf:* Der Ehrenbeamte in Verfassung und Verwaltung, Königstein/Ts. 1981, zitiert: "Der Ehrenbeamte".

- *Streinz, Rudolf:* Die Stellung der Mitglieder kommunaler Ausschüsse in Bayern, BayVBl. 1983, 705-711, 744-748.

- *Tettinger, Peter J.:* Besonderes Verwaltungsrecht, 5. Aufl., Heidelberg 1998.

- *Thiele, Robert:* Niedersächsische Gemeindeordnung, Kommentar, 3. Aufl., Köln 1992.

- *Thieme, Werner:* Verwaltungsprobleme des Landes und der Stadt Bremen, DÖV 1993, 361-368.

- *Thränhardt, Dietrich:* Zehn Thesen zur Reform der Kommunalverfassung, in: Thränhardt, Dietrich - Uppendahl, Herbert (Hrsg.): Alternativen lokaler Demokratie - Kommunalverfassung als praktisches Problem, Königstein/ Ts. 1981, S. 35-42.

- *Trachternach, Theo:* Parteien in der kommunalen Selbstverwaltung, Würzburg 1974.

- *Trossmann, Hans:* Parlamentsrecht des Deutschen Bundestages, Kommentar, München 1977.

- *Unruh, Christoph von:* Demokratie und kommunale Selbstverwaltung, DÖV 1986, 217-224.

- *Vetterlein, Thomas-G.:* Parlamentarische Willensbildung auf Kommunalebene: Krise und Reform eines Verfassungsorgans, Zeitschrift für Parlamentsfragen (ZParl) 1976, 531-548.

- *Viniol, Volker:* Die beschließenden Ausschüsse der §§ 27, 28 BetrVG im Vergleich mit den beschließenden Ausschüssen des Kommunalrechts, Diss. jur. 1978.

- *Vogel, Hans-Jochen:* Gewaltenvermischung statt Gewaltenteilung? Zu neueren Entwicklungen im Verhältnis der Verfassungsorgane zueinander, NJW 1996, 1505-1511.

- *Waechter, Kay:* Kommunalrecht, 3. Aufl., Köln/Berlin/ Bonn/München 1997.

- *Wallerath, Maximilian:* Strukturprobleme kommunaler Selbstverwaltung, DÖV 1986, 533-545.

- *Wehling, H.-G.:* Zum Stand der Änderungen in den Gemeindeordnungen der Bundesrepublik, Zeitschrift für Parlamentsfragen (ZParl), 1976, 460-471.

- *Widtmann, Julius:* Bayerische Gemeindeordnung, Kommentar, 4. Aufl., München 1980.

- *Wimmer, Raimund:* Plädoyer für ein kommunales Fraktionsrecht, DVBl. 1974, 502-505.

- *Wohlfarth, Jürgen:* Der praktische Fall: Der fraktionslose Stadtverordnete im Ratsausschuß, VR 1992, 219-221.

- *Wohlfarth, Jürgen:* Kommunalrecht: Auf der Grundlage des saarländischen KSVG, 2. Aufl., Baden-Baden 1998.

- *Wolff, Hans J. - Bachof, Otto - Stober, Rolf:* Verwaltungsrecht II, Besonderes Organisations- und Dienstrecht, 5. Aufl., München 1987.

- *Wurzel, Gabriele:* Gemeinderat als Parlament?, Würzburg 1975, Diss. jur.

- *Wurzel, Gabriele:* Usurpation parlamentarischer Kompetenzen durch Stadt- und Gemeinderäte, BayVBl. 1986, 417-427.

- *Ziebill, Otto:* Politische Parteien und kommunale Selbstverwaltung, Stuttgart/Berlin/Köln/Mainz 1964.

- *Ziekow, Jan:* Der Status des fraktionslosen Abgeordneten-BVerfGE 80, 190, JuS 1991, 28-34.

- *Zuleeg, Manfred:* Die Fraktionen in den kommunalen Vertretungskörperschaften, in: Püttner Günter (Hrsg.): Handbuch der kommunalen Wissenschaft und Praxis, Bd. 2, 2. Aufl., Berlin/Heidelberg/New York 1981, § 28, S. 145-164, zitiert: "Handbuch Bd. 2".

Kolibri 360 GmbH
Ferdinand-Jühlke-Straße 7
99095 Erfurt, Deutschland
produktsicherheit@kolibri360.de

Druck:
CPI Druckdienstleistungen GmbH
im Auftrag der
Kolibri 360 GmbH
Ferdinand-Jühlke-Str. 7
99095 Erfurt